资本论 下册

（第二卷）

［德］ 马克思◎著

郭大力　王亚南◎译

湖南人民出版社·长沙

目录

第三篇

社会总资本的再生产与流通

附录

I　年剩余价值率

假设有一个流动资本 2,500 镑，其五分之四，即 2,000 镑，是不变资本（生产材料）。五分之一即 500 镑，是可变资本（投在工资上面的资本）。

假设周转期间为五周；劳动期间为四周；流通期间为一周。这样，资本 I 2,000 镑包含 1,600 镑不变资本，400 镑可变资本；资本 II 500 镑，包含 400 镑不变资本，100 镑可变资本。每周劳动，有 500 镑资本投下。在一年五十周中，年生产物等于 $50 \times 500 = 25,000$ 镑。不断在劳动期间使用的 2,000 镑的资本 I，每年周转 $12\frac{1}{2}$ 次。$12\frac{1}{2} \times 2000 = 25,000$ 镑。在这 25,000 镑中，有五分之四，即 20,000 镑，是不变的，投在生产手段上的资本；五分之一，即 5,000 镑，是可变的，投在工资上的资本。2,500 镑的总资本，则周转 $\frac{25000}{2500} = 10$ 次。

在生产中支出的可变流动资本，在其价值所依以再生产的生产物被售卖，由商品资本化为货币资本，俾能重新用来支付劳动力的限度内，才能重新在流通过程中发生作用。但投在生产中的不变流动资本（生产材料，其价值再现为生产物的价值部分），也是这样。这两部分——流动资本的可变部分和不变部分——的共通点，及二者与固定资本的区别点，不是这个事实：由这二部分移转到生产物的价值，会以商品资本为媒介而流通，以商品生产物的流通为媒介而流通。生产物的价值一部分，从而，当作商品来流通的生产物（商品资本）的价值一部分，就是由固定资本的磨损构成的，那就是，由固定资本在生产中移转到生产物的价值部分构成。它们的区别乃在：固定的资本会继续以其旧使用形态，在流动资本（等于流动可变资本加流动不变资本）周转期间一个或长或短的循环中，发生作用；反之，各个周转，则以全部流动资本（在商品资本姿态上从生产范围出来，加入流通范围的流动资本全部）的代置为条件。流动的不变资本和流动的可变资本，在流通的前段（W′-G′）是共通的。在后段，它们就分开了。商品再转化为货币；由此转化的货币，一部分转化为生产库存品（流动的不变资本）。这种生产库存品各部分的购买期限是不同的；有些由货币转化为生产材料的时候较早，别一些则较迟，但结局总会完全这样转化过来的。由商品售卖得回的货币，会有另一部分，当作货币准备，逐渐为支付劳动力（在生产过程中并合的劳动力）而支出。这一部分，构成流动的可变资本。不过，这两部分的全部收回，总是由于资本的周转，由于生产物的转化（由生产物化为商品，由商品化为货币）。也就因此，所以在前章，我们不顾及固定资本，只对于流动资本（不变部分与可变部分）的周转，加以特殊的和共通的考察。

这里研究的问题，必须更进一步，假定流动资本只单纯地由其可变部分所构成。那就是，虽尚有不变流动资本与可变流动资本一同周转，但我们暂且把这不变部分搁开。

有 2,500 镑的金额垫支下去，年生产物的价值等于 25,000 镑，但流动资本的可变部分为 500 镑；所以，在这 25,000 镑中包含的可变资本，等于 $\frac{25000}{5}=5,000$ 镑。以 500 除 5,000，即得周转的次数 10，与总资本 25,000 镑的情形，正好相同。

在这里，我们是只考察剩余价值的生产。在这场合，平均计算——即以垫支资本的价值，不以不断在一个劳动期间内使用的资本部分（就我们的例说，是以 500，不以 400，是以资本Ⅰ加资本Ⅱ，不以资本Ⅰ），除年生产物的价值——是绝对正确的。但以后我们会知道。从别一个观点看，这种计算方法，和一般计算平均数的方法一样，不是完全正确的。那就是，为资本家的实际目的，这种计算是很正确的，但不能准确地、适切地，把周转上一切现实的事情表现出来。

以上，我们把商品资本的价值一部分完全搁开。这一部分，就是商品资本中包含的剩余价值，它是在生产过程中生产，并体化在生产物中。现在，我们却须把这个价值部分拿来作目标了。

假设每周投下的可变资本 100 镑，会生产 100% 的剩余价值，即 100 镑，所以，在五周的周转期间投下的可变资本 500 镑，将生产 500 镑的剩余价值，劳动日的半数是由剩余劳动构成。

若可变资本 500 镑会生产 500 镑剩余价值，5,000 镑就会生产 $10 \times 500 = 5,000$ 镑的剩余价值了。但垫支的可变资本，只为 500 镑。一年间生产的剩余价值总额对垫支可变资本的价值总额的比例，被我们称为年剩余价值率（Jahresrate des Mehrwerts）。在当前的场合，这个比例 $= \frac{5000}{500} = 1000\%$。我们将比例详细分析一下，就会知道，年剩余价值率，等于垫支可变资本在一周转期间生产的剩余价值率，乘可变资本的周转次数（与全部流动资本的周转次数相一致）之积。

在当前的场合，一个周转期间垫支的可变资本，为 500 镑；这个周转期间生产的剩余价值，也为 500 镑。所以，一个周转期间的剩余价值率 $\frac{500m}{500v} = 100\%$。这个 $100\% \times 10$（一年间周转的次数） $= \frac{5000m}{500v} = 1000\%$。

这就是年剩余价值率。但就一定周转期间取得的剩余价值量说，那是等于这个期间垫支的可变资本（在这场合 = 500 镑），乘剩余价值率（在这场合，为 100%）。所以，就我们的例说，是 $500 \times \frac{100}{100} = 500 \times 1 = 500$ 镑。如果垫支资本为 1,500 镑，则在剩余价值不变的场合，剩余价值量 $= 1,500 \times \frac{100}{100} = 1,500$ 镑。

在一年间周转十次的可变资本 500 镑，会在一年间，生产剩余价值 5,000 镑，其年剩余价值率为 1000%。我们称此为资本 A。

现在，再假设别一个可变资本 B，计 5,000 镑，在全年五十周间垫支，并在一年间只周转一次。我们更假定在一年之终，生产物的代价，会在它完成的那一日支付进来；那就是，它所以化成的货币资本，会在它完成的那一日流回来。在这里，流通期间被假设为零，周转期间与劳动期间相等，为一年。这样，就和上述的情形一样，在每周的劳动过程中，有可变资本 100 镑，在五十周当中，有可变资本 5,000 镑了。假设剩余价值率仍为 100%，那就是，在每劳动日中，有一半的时间，由剩余劳动构成。若我们仅考察五周，则投下的可变资本 = 500 镑，剩余价值率 = 100%，在五周间生出的剩余价值量 = 500 镑。在这场合，被榨取的劳动力的量及榨取程度，依照我们的前提，是和上述资本 A 的情形，正好相等。

每周所投可变资本 100 镑，会生产剩余价值 100 镑；故在五十周间，所投资本 $100 \times 50 = 5,000$ 镑，会生产剩余价值 5,000 镑。每年生产的剩余价值之量，和上述的场合，同为 5000 镑，但年剩余价值率却是全然不同的。在这场合，年剩余价值率，等于一年间生产的剩余价值，被除于垫支的可变资本：$\dfrac{5000m}{5000v} = 100\%$，而在前一场合，即资本 A 的场合，却为 1000%。

在资本 A 和资本 B，我们每周都支出 100 镑的可变资本；价值增殖程度或剩余价值率，也同为 100%；可变资本量，也同为 100 镑。这样，将有同量的劳动力被榨取；榨取的量和程度，在这二场合，皆相等；劳动日相等，必要劳动与剩余劳动的分割也相等。在一年间使用的可变资本额，同为 5,000 镑；其所推动的劳动量相等；由二等额资本所推动的劳动力内取出的剩余价值量，也同为 5,000 镑。但 A 的年剩余价值率和 B 的年剩余价值率，相差有 900% 之多。

这个现象，使我们发生一个印象，好像剩余价值率，不仅取决于可变资本所推动的劳动力的榨取量与榨取程度，且还取决于某一些尚未曾说明的由流通过程发生的影响。实际上，这个现象也是被人如此解释。至少，在所考察非为纯粹的形态，而为复杂隐蔽的形态（年利润率）时，曾在十九世纪二十年代之始，使里嘉图学派完全解体。

若我们把资本 A 和资本 B 放在真正相同（不仅外貌相同）的情状下，这个现象的奇异性就会消灭的。在这里，我们要使二者有真正相同的情状，可变资本 B 和资本 A 便须在相同的期间内。为支付劳动力而支出其全部。

在这场合，资本 B5,000 镑，会在五周内投下，每周 1,000 镑，全年投资 50,000 镑。依照我们以前的假设，剩余价值也当为 50,000 镑。周转资本等于 50,000 镑，垫支资本等于 5,000 镑。以垫支资本除周转资本，得 10，即为周转次数。以剩余价值率 $\frac{5000m}{5000v}$ = 100%，乘周转次数 10，得年剩余价值率，即 $\frac{5000m}{5000v} = \frac{10}{1}$ = 1000%。这样，A 与 B 的年剩余价值率，就同为 1000% 了。但剩余价值量，在 B 为 50,000 镑，在 A 为 5,000 镑。所生产的诸剩余价值量之比，和所垫支的诸资本价值（A 与 B）之比，相等；那就是等于 5000：500 = 10：1。但与资本 A 比较，资本 B 会在同时间推动十倍的劳动力。

会生产剩余价值的，只是实际在劳动过程上使用的资本。一切有关剩余价值的法则（当然，剩余价值率不变，剩余价值量由可变资本相对量决定的法则，也包括在内的），都只适用于这种资本。

劳动过程是由时间测量的。在劳动日的长度不变时（在这里，我们为要说明年剩余价值率的差别，曾假定资本 A 与资本 B 的一切条件相等，故也假定劳动日的长度不变），一劳动周由一定数的劳动日构成。又，我们还可视一定的劳动期间（在这里，是五周的劳动期间），为一个 300 小时的劳动日，若每劳动日等于 10 小时，每劳动周等于六劳动日。但我们还须以此数，乘每日在同一劳动过程上同时使用的劳动者数。如果劳动者数为十人，则一周的劳动时数 = 6×10×10 = 600 小时，五周劳动期间的劳动时数 = 600×5 = 3,000 小时。在剩余价值率相等，劳动日的长度相等，而在同时间推动的劳动力的量又相等（一个价格相等的劳动力，乘相同的劳动者数）时，其所使用的可变资本量也相等。

回头来用我们原来的例。在 A 与 B 二场合，每周等量的可变资本 100 镑，将在全年每一周使用。被使用的实际在劳动过程中发生机能的可变资本，是相等的，但垫支的可变资本全然不等。就资本 A 说，500 镑在每五周中垫支，每周使用其中的 100 镑。就资本 B 说，有 5,000 镑，在第一个五周的期间垫支了，但每周只使用 100 镑，每五周只使用 500 镑，只使用垫支资本的十分之一。在第二个五周的期间，垫支了 4,500 镑，但只 500 镑被使用，以下可以类推。为一定期间而垫支的可变资本，只以其一部分，化为被使用的，实际发生机能的有作用的可变资本；而这一部分的比例如何，要看它是以怎样大的部分，实际加入每一个劳动过程进行所据的期间内，换言之，要看它是以怎样大的部分，实际在劳动过程中发生机能的。在中间期间内，可变资本的一部分垫支下了，但要到后来某一个期间方才被使用。就劳动过程说，这一部分，虽存在，犹如不存在，对于价值及剩余价值的形成，是一点影响没有的。比方说，资本 A 计 500 镑。它是为五周垫支的，但这 500 镑是每周依次以 100 镑，加入劳动过程。在第一周，其五分之一被使用了；五分之四，仅垫支而不使用。它是为其次四周的劳动过程准备的，为其次四周的劳动过程所必须垫支的。

有种种事情，使垫支可变资本（Vorgeschossnen variablen Kapital）对使用可变资本（angewandten variablen Kapital）的比例，发生差别。这种种事情，在如下的限度内，才会在剩余价值率不变时，影响剩余价值的生产：这种种事情，会使一定期间（例如一周，五周等），实际所得而使用的可变资本量，发生差别。垫支可变资本，在实际被使用的限度内，且在实际被使用的时间内，才有可变资本的机能；在仅垫支而不实际使用的时间内，它是没有可变资本的机能的。但一切事情，能使垫支可变资本对使用可变资本的比例发生差别的，不外是周转期间的差别（周转期间的差别，又由劳动期间的差别，或由流通期间的差别，或兼由二者的差别，去决定），剩余价值生产的法则，即：在剩余价值率相等时，等量的机能可变资本，将生产等量的剩余价值。所以，如果资本 A 与资本 B，在相等的期间，以相等的剩余价值率，使用等量的可变资本，即 A 与 B 也必在相等的期间内，生出等量的剩余价值，不必问一定期间内使用的可变资本，与同期间内垫支的可变资本，成什么比例，也不必问所产生的剩余价值量，与垫支可变资本（不是使用可变资本），成什么比例。这种比例的差别，不与剩余价值生产的法则矛盾，却与这个法则相印证，是这个法则的一个不可避免的结果。

试考察资本 B 最初五周的生产段落。在第五周之末，有 500 镑被使用被消费掉。价值生产物等于 1,000 镑，剩余价值率为 $\frac{500m}{5000v} = 100\%$，和资本 A 的场合，完全一致。在这里，我们且不问资本 A 的剩余价值，将与垫支资本一同实现，资本 B 的剩余价值却不与垫支资本一同实现的事实，因为这里我们只要考察剩余价值的生产，及剩余价值与其生产期间内垫支的可变资本的比例。反之，若我们计算资本 B 的剩余价值的比例时，不以剩余价值与垫支资本 5,000 镑中那在生产期间内使用的消费的部分相比较，而以剩余价值，与垫支总资本相比较，剩余价值率就是 $\frac{500m}{5000v} = 10 = 10\%$。换言之，资本 B 的剩余价值率为 10%，资本 A 的剩余价值率为 100%，刚好十倍。推动等量劳动，而劳动又以同比例分为有给劳动和无给劳动的二等量资本，在这里，有了剩余价值率上的差别。若说这种分别与剩余价值生产的法则相矛盾——我们的答复是很单纯，一察事实的关系，就很明白的：在 A 的场合，那表示现实的剩余价值率，即五周间可变资本 500 镑所生产的剩余价值，对这个可变资本 500 镑的比例；反之，在 B 的场合，这种计算，既与剩余价值的生产无关，也与剩余价值率的决定无关。因在这场合，500 镑可变资本所生产的剩余价值 500 镑，不与在生产期间垫支的可变资本 500 镑相比较来计算，却与 5,000 镑的资本相比较来计算。实则，在这 5,000 镑中，有十分之九，即 4,500 镑，和 500 镑剩余价值的生产，是毫无关系，其目的，仅在供以后四十五周逐渐使用，故就最初五周的生产说，那虽存在，是等于不存在的。但在这里，我们考察的，只不过是最初五周的生产。在这情形下，A 与 B 的剩余价值率上的差别，是全然不成问题的。

现在，我们且比较资本 A 的年剩余价值率与资本 B 的年剩余价值率。就资本 B 说，是 $\frac{5000m}{5000v}=100\%$；就资本 A 说是 $\frac{5000m}{5000v}=1000\%$。但二者的剩余价值率的比例，却是和以前一样的。在以前，是：

$$\frac{资本 B 的剩余价值率}{资本 A 的剩余价值率}=\frac{10\%}{100\%}$$

在现在却是：

$$\frac{资本 B 的剩余价值率}{资本 A 的剩余价值率}=\frac{100\%}{1000\%}$$

但 $\frac{10\%}{100\%}=\frac{100\%}{1000\%}$，所以，比例是和以前一样的。

但问题现在是倒转了。资本 B 的年率，为 $\frac{5000m}{5000v}=100\%$，那对于我们已知的剩余价值生产的法则和剩余价值率的法则，没有何等不一致的地方，即在外貌上，也没有任何不一致的地方。5,000v 在一年之间垫支了，生产地消费了，并生产了 5,000m。所以，剩余价值率即如上述的分数，$\frac{5000m}{5000v}=100\%$。年剩余价值率与现实的剩余价值率相一致。在这场合，待我们说明的变则，不像前面一样是资本 B，却宁可说是资本 A。

就资本 A 说，剩余价值率为 $\frac{5000m}{500v}$ = 1000%。在 B 的场合，500m（五周的生产物），是以垫支资本 5,000 镑为基础而计算的，在这 5,000 镑中，有十分之九，不曾在其生产上使用。但在 A 的场合，5,000m 是以 500v 为基础而计算的，这 500v，仅为生产 5,000m 实际使用的可变资本的十分之一。因为，这 5,000m 乃是 5,000 镑可变资本在五十周间由生产的消费当中得出的生产物，不是五周间消费的 500 镑资本的生产物。在前一场合，五周间生产的剩余价值，以一个为五十周垫支的资本为计算基础，这个资本比五周间消费的资本更大十倍。在这场合，五十周间生产的剩余价值，以一个为五周垫支的资本为计算基础，这个资本比五十周间消费的资本更小十倍。

500 镑的资本 A，只为五周垫支。在第五周之末，它会流回，而在一年间，依十次的周转，每年更新十次。由此，我们可以得到两个结论：

第一，在 A 场合垫支的资本，与每周生产过程不断使用的资本部分比较，仅为其五倍。反之，B 资本，在五十周间，是只周转一次的，那必须为五十周垫支，与每周不断使用的资本部分比较，为其五十倍。所以，一年间为生产过程垫支的资本，和一定生产期间（比方说一周）继续使用的资本之比例，可因周转之故，发生变化。上述第一场合，可以说明这点。在这场合，五周的剩余价值，不以五周使用的资本为计算基础，却以五十周使用的更大十倍的资本为计算基础。

第二，资本 A 的周转期间五周，仅为一年的十分之一，故一年包含十个这样的周转期间，500 镑的资本 A，会在这十个周转期间内，重新被使用的。在这场合，使用的资本，等于为五周垫支的资本，乘一年周转期间的次数。一年间使用的资本 = 500 × 10 = 5000 镑。而在一年间垫支的资本，则 = $\frac{5000}{10}$ = 500 镑。在事实上，虽不断有 500 镑重新被使用，但任何五周垫支的资本，都不外是这 500 镑。反之，就资本 B 说，在五周间虽只使用 500 镑；这 500 镑也只为这五周垫支。但因周转期间为五十周，所以，一年间使用的资本，即等于五十周垫支的资本，不等于五周垫支的资本。每年生产的剩余价值额，在剩余价值率不变时，是定于一年间使用的资本，不定于一年间垫支的资本。每年周转一次的资本 5,000 镑，并不比每年周转十次的资本 500 镑更大。它们所以是等量，则因每年周转一次的资本，比每年周转十次的资本，更大十倍。

一年间周转的可变资本——及与这个资本部分相等的年生产物部分或年支出部分——即是一年间被使用的，生产地消费的可变资本。由此得到的结论是：假设一年间周转的可变资本 A 和一年间周转的可变资本 B，是同样大的，且在同样的价值增殖条件下被使用，则二者的剩余价值率必相等，二者每年生产的剩余价值量也相等；所以——因使用的资本量相等——年剩余价值率，依 $\frac{\text{一年间生产的剩余价值量}}{\text{一年间周转的可变资本}}$ 这个公式表示时，也必相等。总括说：无论周转的可变资本的相对量如何，它们在一年间生产的剩余价值之率，总由各资本在平均期间（例如一周的平均或一日的平均）的剩余价值之率决定。

根据剩余价值生产的法则及剩余价值率决定的法则，以上所述，便是唯一的结论。

我们且进一步看看，$\frac{\text{一年间周转资本}}{\text{垫支资本}}$（当然，这里我们只垫支资本是说可变资本）的比例，表示了什么。一年间，这个分数，表示一年间垫支的资本的周转次数。

就资本 A 说，我们得：$\dfrac{一年间周转的资本\,5000\,镑}{垫支资本\,500\,镑}$。

就资本 B 说，$\dfrac{一年间周转的资本\,5000\,镑}{垫支资本\,500\,镑}$。

在这两个比例上，分子都表示垫支资本乘周转次数之积，在 A 为 500×10；在 B 为 $5,000 \times 1$。又或表示垫支资本乘周转时间（以年计算者）的反数之积。在 A，周转时间为 $\dfrac{1}{10}$，其反数为 $\dfrac{10}{1}$，所以 $500 \times \dfrac{10}{1} = 5,000$。在 B，则 $5,000 \times \dfrac{1}{1} = 5,000$。分母则表示周转资本乘周转次数的反数；在 A 为 $5,000 \times \dfrac{1}{10}$；在 B 为 $5,000 \times \dfrac{1}{1}$。

这两个在一年间周转的可变资本，各自会推动一定的劳动量（有给劳动与无给劳动之和）。二者所推动的劳动量，在这场合是相等的，因周转资本既相等，其价值增殖率又相等。

一年间周转的可变资本对垫支的可变资本之比例，（1）指示了垫支资本，对一定劳动期间使用的可变资本之比例。假设像资本 A 一样，周转次数为十，每年又假设为五十周，则周转时间为五周。可变资本必须为这五周垫支；为五周垫支的资本，必五倍于一周使用的可变资本。这就是，在一周间，垫支资本（在这场合是 500 镑）只有五分之一，能被使用。但在资本 B，周转次数 $\dfrac{1}{1}$，周转时间为一年即五十周。故垫支资本与每周使用资本的比例，为 50：1。资本 B 和资本 A 如要成为同样的，资本 B 每周便须投下 1,000 镑，不仅 100 镑。（2）所以，资本 B 必须十倍于资本 A（即为 5,000 镑），它们方才推动等量的可变资本，而在剩余价值率不变时，推动等量的劳动（有给的和无给的），并在一年间生产等量的剩余价值。现实的剩余价值率，不外表示在一定期间使用的可变资本对同期间生产的剩余价值之比例，或表示这期间使用的可变资本所推动的无给劳动之量。是故，这个剩余价值率，对于那一部分已经垫支但在当时尚未被使用的可变资本，是绝对没有关系；从而，对于一定期间垫支的资本部分与同期间使用了的资本部分之比例，也无何等关系。这个比例，就不同的资本说，是由周转期间，而变化，而分化的。

由上所述还会得到如次的结论：年剩余价值率，只在一个场合，会与现实的剩余价值率（表示劳动榨取程度的比率）相一致。那就是垫支资本每年只周转一次的场合。在垫支资本每年只周转一次时，垫支资本与一年间周转的资本相等，从而，一年间生产的剩余价值量对一年间使用在这种生产上的资本之比例，与一年间生产的剩余价值量对一年间垫支的资本之比例，是一致的，同一的。

（A）年剩余价值率等于 $\dfrac{\text{一年间生产的剩余价值量}}{\text{垫支可变资本}}$。但一年间生产的剩余价值量，等于现实剩余价值率，乘其生产上所使用的可变资本。年剩余价值量生产上所使用的资本，等于垫支资本，乘其周转次数。我们命周转次数为 n，则公式 A 化为

（B）年剩余价值率等于 $\dfrac{\text{显示剩余价值率×垫支可变资本×n}}{\text{垫支可变资本}}$。

拿资本 B 来做例。资本 B 的年剩余价值率 $= \dfrac{100\% \times 5000 \times 1}{5000} =$ 100%。在 n 为 1 时，那就是，在垫支可变资本每年仅周转一次，从而，与一年间使用的或周转的资本相等时，年剩余价值率始与现实的剩余价值率相等。

命年剩余价值率为 M′，现实剩余价值率为 m′，垫支可变资本为 v，周转次数为 n，则 $M' = \dfrac{m' \, vn}{v} = m'n$。所以 $M' = m'n$。在 $n = 1$ 时，$M' = m'$ 因 $M' = m' \times 1 = m'$。

由此更可得到如下的结论：年剩余价值率常等于 $m'n$，即等于现实剩余价值率（即在一个周转期间内，由这个期间内消费的可变资本，所生产的剩余价值之率）乘这个可变资本在一年间周转的次数，或乘周转时间（以一年为单位计算的周转时间）的反数。（假设可变资本每年周转十次，其周转时间为 $\dfrac{1}{10}$ 年，其反数为 $\dfrac{10}{1} = 10$）。

由此更可得到如下的结论：在 $n = 1$ 时 $M' = m'$。在 n 较 1 为大时，那就是，垫支资本在一年间周转一次以上，或周转资本较垫支资本为大时，则 M′ 也较 m′ 为大。

最后，在 n 较 1 为小时，那就是，当一年间周转的资本，仅为垫支资本的一部分，周转期间经过一年以上时，则 M′ 较 m′ 为小。

我们且考察一下最后的场合。

上例的各个前提仍旧保持，但假设周转期间延长为五十五周。劳动过每周需有 100 镑可变资本，所以一个周转期间需有 5,500 镑，每周生产 100m；所以，m′ 和以前一样是 100%。周转次数 n，在这场合，等于 $\dfrac{50}{55} = \dfrac{10}{11}$，周转时间为 $1 + \dfrac{1}{10}$ 年（一年假设为五十周），即 $\dfrac{11}{10}$ 年。

$$M' = \frac{100\% \times 5500}{5500} = 100\% \times \frac{10}{11} = \frac{1000}{11}\% = 90\frac{10}{11}\%$$，比 100% 更小。在事实上，如果年剩余价值率为 100%，则 5,500v 必须在一

年间生产 5,500m。但在这场合，要生产 5,500m，已须有 $\frac{11}{10}$ 年。

5,500v 在一年间仅生产 5,000m；故年剩余价值率 $= \frac{5000m}{5500v} \times \frac{10}{11} =$

$\frac{10}{11} = 90\frac{11}{11}\%$。

年剩余价值率，或一年间生产的剩余价值与垫支的总可变资本（不是一年间周转的可变资本）之比较，绝不只是一件主观的事情；引起这种对比的，是资本之现实运动。就资本 A 的所有者说，他垫支的可变资本 500 镑，会在年终流回来，此外，并生产剩余价值 5,000 镑。其垫支资本之量，不是由一年间使用的资本量表示，乃由周期流回的资本量表示。至若在年终，资本是否一部分为生产库存品，一部分为商品资本或货币资本，又资本是以何种比例分为这诸部分，都与我们当前的问题无关。就资本 B 的所有者说，他的垫支资本 5,000 镑会在年终流回，并一同带回 5,000 镑的剩余价值。就资本 C（即最后考察的 5,500 镑的资本）的所有者说，在一年间生产 5000 镑剩余价值（因有 5,000 镑投下了，剩余价值率为 100%），但其垫支资本不会在年终流回，其所生产的剩余价值，也不会在年终实现。

$M' = m'n$ 这个公式表示，在一个周转期间适于所用可变资本的剩余价值率——$\left(\dfrac{\text{在一个周转期间产出的剩余价值量}}{\text{在一个周转期间所用的可变资本}}\right)$，必须与垫支可变资本的周转期间或再生产期间的次数，或与可变资本循环更新的期间的次数相乘。

我们已经在第一卷第四章（货币之资本化）及第一卷第二十一章（单纯的再生产）讲过，资本价值一般是垫支，不是支出，因为这种价值通过循环的各个阶段之后，会归到它的出发点，并带回剩余价值。这个情形，表明它只是垫支的。由其出发点到其复归点所经过的时间，即其垫支时间。资本价值所通过的全部循环（由垫支到复归的时间去量计），构成资本价值的周转。周转所经历的时间，构成一个周转期间。当这个期间终毕，循环终了时，同一资本价值会重新开始相同的循环，重新自行增殖其价值，重新产生剩余价值。如果可变资本，像 A 一样，在一年间周转十次，则同一资本垫支，将在一年间，产出十倍于一周转期间所产出的剩余价值量。

由资本主义社会的立场，我们必须把资本垫支的性质弄明白。

在一年间周转十次的资本 A，是在一年间垫支十次。每入一新周转期间，它就须新垫支一次。但同时，资本 A 在一年间决不垫支这 500 镑以上的资本价值，而在事实上，我们这里考察的生产过程，也决不支配 500 镑以上的资本价值。这 500 镑一经完成它的循环，A 就会重新开始同样的循环。并且依照资本的性质，资本要保持它的资本性质，便必须当作资本，不断在反复的生产过程中发生机能。在这场合，它的垫支不能长过五周。如果周转拉长一点，资本就嫌不够，如果缩短，那就会有一部分成为过剩。那并不是垫支十个 500 镑的资本，只是一个 500 镑的资本，在继起的时间内，垫支十次。所以，年剩余价值率，不以一个垫支十次的 500 镑的资本（或 5,000 镑）为计算基础，却以一个垫支一次的 500 镑的资本为计算基础，这好比，一个台娄尔，虽流通十次，仍不过是流通中的一个台娄尔，它虽尽了十个台娄尔的机能，但在每次兑换之后，它依然代表一个台娄尔的价值。

同样，资本 A 在每一次流回之际，甚至在年终流回之际，也表示，其所有者只不断运用这 500 镑的资本价值。每次流回他手里的，也只是 500 镑。故其垫支资本也不外就是 500 镑。所以，这 500 镑成了年剩余价值率计算式的分母。在这里，我们得到了

上述的公式：$M' = m'vn = m'n$。现实的剩余价值率 $m' = \dfrac{m}{v}$，等于

剩余价值量被除于生产此剩余价值量的可变资本。设以 $\dfrac{m}{v}$ 代 $m'n$

中的 m'，我们就取得了别一个公式：$M' = \dfrac{mn}{v}$。

但这 500 镑资本，由十次周转，从而，由垫支更新十次之故，是尽了 5,000 镑资本的机能。这好比，500 个台娄尔一年间通流十次，和每年通流一次的 5,000 个台娄尔，是尽同样的机能。

II 个别可变资本的周转

"生产过程，不问其社会形态如何，总是继续的，总会周期地，不断地，重新通过相同的诸阶段。……每一个社会生产过程，被视为一个不断的关联，被视为一个不断更新的流，都同时是再生产过程。……剩余价值，当作资本价值之周期的加量，或当作机能资本之周期的果实，总会取得由资本发生的……所得的形态。"（第一卷第二十一章）

我们有资本 A，那是五周周转一次，全年周转十次的。在第一个周转期间，有 500 镑可变资本垫支了；那就是，每周有 100 镑化为劳动力，所以，在第一个周转期间之末，有 500 镑支出在劳动力上面了。这 500 镑，原来是垫支总资本的一部分，现在不复是资本了。那已当作工资支付了。劳动者会把它支付出去购买生活资料；以是有 500 镑价值的生活资料，被消费了。500 镑价值的商品量，是消灭了（劳动者在货币等形态上节省的，也不是资本）。这个商品量，对于劳动者，是不生产地消费的（不过它是保持劳动力作用状态所必要的，而劳动力又为资本家所必要的

一个工具）。——其次，这 500 镑，对于资本家说，是化为等价值（或等价格）的劳动力了。劳动力，即由他消费在劳动过程内。在第五周之末，生出一个 1000 镑的价值生产物。其半数（即 500 镑）是可变资本（为支付劳动力而支出的可变资本）的再生产的价值。其余半数（即 500 镑）则是新生产的剩余价值。但五周的劳动力——资本一部分，因购买它，故转化为可变资本——也支出了，消费了（生产地消费了）。昨日活动的劳动，不是今日活动的劳动。其价值，加其创造出的剩余价值，是当作一个和劳动力分开的物品（生产物）的价值，而存在的。但生产物化为货币时，其中的一部分，与垫支可变资本价值相等的一部分，当会重新化为劳动力，从而重新当作可变资本用。不错的，再生产的且再转化为货币形态的资本价值，也许会使用同一劳动者，即同一劳动力的担当者。但这个事情是没有关系的。资本家在第二周转期间，尽可以换用新劳动者，不再用旧劳动者。

所以，在事实上，在十个五周周转期间依次支出在工资上面的资本，是 5,000 镑，不是 500 镑。这种工资，又由劳动者，支出在生活资料上面。这样垫支的资本 5,000 镑，是消费了，不复存在了。从别方面说，依次体化在生产过程中，也不是价值 500 镑的劳动力，而是价值 5,000 镑的劳动力；它不只再生产它自身的价值 5,000 镑，且会生产一个超过额，一个剩余价值 5000 镑。第二周转期间垫支的可变资本 500 镑，与第一周转期间垫支的可变资本 500 镑，不是同一个资本。第一周转期间垫支的可变资本，是消费了，支出在工资上面了。但它会由一个新的可变资本 500 镑代置，那是在第一周转期间在商品形态上生产，并复化为货币形态的。所以，这个新的货币资本 500 镑，乃是第一周转期间新生产的商品量的货币形态。不错的，在资本家手中，会再有一个 500 镑的货币额，那就是，剩余价值除外，他手中的货币资本，和他原来垫支的货币资本相等。但正因有这个事实，所以我们不能看清，他所运用的，是一个新生产的资本。商品资本的别的价值部分，收回不变资本部分的，却不是新生产的价值；它不过变化了它的存在形态。——再拿第三周转期间来说。很明白，这里第三次垫支的资本500镑，不是旧的资本，只是新生产的资本；因为，它是第二周转期间所生产的一部分商品量的货币形态。这一部分商品量的价值，恰好与垫支可变资本的价值相等。第一周转期间所生产的商品量，已经卖去了。与垫支资本可变价值部分相等的价值部分，转化为第二周转期间的新的劳动力，并生产一个新的商品量，这个商品量又会卖去，其价值一部分，又会在第三周转期间，形成500镑的垫支资本。

十个周转期间的情形，是可以类推的。在这十个周转期间内，每五周会把新生产的商品量（其价值，在代置可变资本的限度内，都是新生产的，不像不变流动资本部分那样，只是重现），掷到市场上来，俾不断有新劳动力合并在生产过程中。

垫支可变资本500镑周转十次所完成的结果，不是500镑资本可供十次生产的消费，也不是一个供五周使用的可变资本，可在五十周间使用。在这五十周间，宁可说使用了10×500镑的可变资本；500镑的资本，只能供五周使用；在五周完毕之后，必须用一个新生产的资本500镑来代置。以上所述，对于资本A和资本B，是一样适用的。但区别就在这里开始了。

在第一个五周的期间之末，A和B同样垫支了，支出了可变资本500镑。A与B，都曾以这个资本的价值，转化为劳动力，而由这个劳动力新生产的生产物的价值，也同样会被提出一部分（与所支出可变资本500镑价值相等的部分），来代置。就A与B说，劳动力都不仅由等额的新价值，代置所支出的可变资本500镑的价值，且还加上了一个剩余价值；依照我们的假设，其量与所支出的可变资本的量相等。

但在 B 的场合，代置垫支可变资本及提供剩余价值的价值生产物的存在形态，不能重新当作生产资本用，那就是，不能当作可变资本用。在 A 的场合，它的存在形态，却是能这样用的。B 在五周间支出的可变资本，虽会由新生产的价值加剩余价值而代置，但他不到年终，即不能有逐次在五周间支出的可变资本。因代置价值的存在形态，不能重新当作生产资本或可变资本用。其价值确是由新价值代置了，但其价值形态（在这里，是指绝对价值形态，即货币形态）未曾更新。

第二个五周的期间（及一年间依次各个五周的期间），和第一个期间一样，必须有 500 镑准备好。把信用关系丢开不说，则在年初，即须准备好 5,000 镑，当作潜能的垫支货币资本，不过这 5,000 镑是逐渐在一年间实际支出并转化为劳动力的。

但在 A 的场合，因垫支资本循环（即周转）已经终了之故，它的价值代置（Wertersatz），在第一个五周终了之后，便会恢复原来的货币形态；在这个形态上，它又能在五周间，推动新的劳动力。

A 与 B 在第二个五周的期间，都须消费新的劳动力，并为支付这种劳动力而支出新资本 500 镑。用第一个 500 镑支付的劳动者的生活资料，是过去了，其价值在一切场合，都从资本家手中消灭了。用第二个 500 镑，新的劳动力被购买了，新的生活资料从市场取去了。总之，所支出的，是一个新的资本 500 镑，不是旧的。但就 A 说，新的资本 500 镑，是新生产的价值代置（代置以前支出的 500 镑）的货币形态。就 B 说，这个价值代置的存在形态，却不能当作可变资本用。这 500 镑是在那里的，但不在可变资本的形态上。所以，要继续次五周的生产过程，必须有 500 镑追加的资本，在现成的货币形态上垫支下去。所以，A 与 B，在五十周间，是支出同样多的可变资本，支付并消费同样多的劳动力。不过，B必须用一个总价值5,000镑的垫支资本，来支付；A却可依次用五周生产的价值代置（代置五周垫支的资本500镑）之不断更新的货币形态来支付。在这场合，所须垫支的货币资本，并不比最初五周所须垫支的货币资本更大；那就是，并不比最初五周的垫支额500镑更大。这500镑可以供全年使用。很明白，在劳动榨取程度相等，现实剩余价值率相等时，A年剩余价值率与B年剩余价值率之比，与一年间推动同量劳动力所须垫支的A可变货币资本量与B可变货币资本量之比相反。A

的年剩余价值率 $= \dfrac{5000m}{500v} = 1000\%$。B的年剩余价值率 $= \dfrac{5000m}{5000v} =$

100%。但 $500v : 5,000v = 1 : 10 = 100\% : 1000\%$。

这当中的区别，是由周转期间（即一定期间使用的可变资本能重新当作资本用，从而，能当作新资本用的价值代置的期间）的差别而起的。在A和B的场合，同期间使用的可变资本，会发生同样的价值代置的现象。在同期间，也会发生同样的剩余价值的增加。但在B，虽然每五周有500镑的价值代置加500镑的剩余价值，但这种价值代置，不形成任何新的资本，因为它不在货币形态上。在A，则不仅旧资本价值由一个新资本价值代置了，它还再在货币形态上成立了，从而，是当作新的有机能作用的资本，代置的。

价值代置之化为货币，化为可变资本垫支的形态，是有迟速之别的。但这种迟速的差别，对于剩余价值的生产，是一个毫无影响的事情。剩余价值的生产，依存于所用可变资本的量及劳动的榨取程度。但这个事情，会变更在一年间推动一定量劳动力所必须垫支的货币资本之量；从而，影响年剩余价值率。

Ⅲ　从社会方面考察可变资本的周转

且从社会的观点，考察这个问题一下。假设雇佣一名劳动者每周须费一镑，劳动一日为十小时。A 与 B 每周皆雇用一百名劳动者（一百劳动者每周须费 100 镑，五周须费 500 镑，五十周须费 5,000 镑），每名劳动者在每周六日中，劳动 60 小时。这样，100 劳动者每周劳动 6,000 小时，在五十周间，劳动 300,000 小时。这个劳动力为 A 及 B 所使用了，社会不能为别的目的，把它们支出。在这限度内，从社会方面看，A 与 B 的情形，并无不同之处。再者，A 与 B 每年付给 100 名劳动者的工资，都是 5,000镑（合计 200 名劳动者，所以是付 10,000 镑），并从社会取出此额的生活资料。在这限度内，从社会方面看，A 与 B 的情形也是一样的。因为在 A 与 B 的场合，劳动者都是每周支付一次，所以，他们也每周从社会取出他们的生活资料；在 A 与 B 的场合，每周也都会把货币等价投到流通中来。但区别就是从此开始的。

第一，A 的劳动者所投在流通中的货币，不像 B 的劳动者那样，仅是劳动力的价值的货币形态（实际，它是已经交付的劳动之支付手段）。从营业开始后第二周转期间起，它自身在第一周转期间的价值生产物的货币形态（＝劳动力的价值加剩余价值，第二周转期间的劳动，就是用这个支付的），也被投在流通中了。B 却不是这样的。在 B 的场合，货币也是已经交付的劳动之支付手段，但这个已经交付的劳动，不是用它自身的货币化的价值生产物（它自身所生产的价值的货币形态）支付。这种支付，只能在第二年发生，到那时，B 的劳动者的工资，才可以用他自身前一年的货币化的价值生产物，来支付。

资本周转期间越是短，——它在一年内更新其再生产期间的间隔时间越是短——则原来由资本家在货币形态上垫支的可变资本部分，越能迅速地，转化为价值生产物（包括剩余价值，那是劳动者为代置这个可变资本而造出的）的货币形态。资本家必须从自己基金垫支货币的时间越是短，则与一定生产规模范围比例而言，他所须垫支的资本就越少；从而，在剩余价值率不变时，他在一年间夺得的剩余价值量，也必定比例地越大，因为，他可以在一年间，以更多的回数，用劳动者自己的价值生产物的货币形态，来重新购买劳动者，并推动他的劳动。

在生产规模不变时，垫支可变货币资本（即流动资本一般）的绝对量，会比例于周转期间的缩短而减少，年剩余价值率则比例于周转期间的缩短而增加。在垫支资本量不变，剩余价值率不变时，生产的规模及一个周转期间所造出的剩余价值的绝对量，会在年剩余价值率因再生产期间缩短而增进时，增加起来。由上所说，我们可以概括的结论说，在劳动榨取程度相等时，推动同一量生产流动资本和同一量劳动所必须垫支的货币资本，因周转期间的大小，而有极大的差别。

第二——这是和第一种区别相关联的——可变资本在 A 与 B 的劳动者手中，化成了支付手段，A 与 B 的劳动者即用此支付他们所购买的生活资料。比方说，他们不仅从市场取去小麦，且还以货币等价为代替。但 B 的劳动者所用以支付其生活资料，并从市场取去其生活资料的货币，不是他们一年间投在市场上的价值生产物的货币形态，他虽给生活资料贩卖者以货币，但不曾给他以商品（生产手段或生活资料），使他能用他所得的货币来购买。A 的情形却不是这样的。所以，在 B 的场合，有劳动力，有劳动力的生活资料，有 B 所用的劳动手段（固定资本），有生产资料，是被从市场取去，被一个货币等价当作代替品投在市场上了，但在一年中，没有生产物投到市场上，来代替所取去的生产资本的物质要素。若我们设想一个非资本主义的社会，那就是设想一个共产主义的社会，则货币资本会完全消灭，从而，由此在交易上引起的烟幕也会消灭。我们的问题，将还原得非常单纯：社会必须事先计算，须以多少劳动，多少生产手段，多少生活资料，用在某种事业上，方能运用无害。例如，铁路的建筑。那必须有一个长期间（一年或一年以上），不提供任何的生产手段或生活资料，也不提供任何的有用效果，但在建筑时，它却须从全年的总生产中，夺去很多的劳动，很多的生产手段和很多的生活资料。但在资本主义社会，社会的理智却必须到事情过后来用。在这种情形下，会不断发生，且必定会不断发生各种大的搅动。从一方面说，那会在金融市场上发生压迫；反之，金融市场的松缓，却会大批唤起这样的企业，因此而在此后的金融市场上发生压迫；在这场合，金融市场所以受压迫，仅因货币资本必须大规模在长期间不断垫支。固然，工业家商人会把经营事业所必要的货币资本，拿来从事铁道投机等，因而向金融市场贷借，以为补救。但在这里，这个事实还完全与我们无关。从别方面说，那对于社会上可以利用的生产资本，也会发生压迫。因生产资本的要素，须不断从市场中取出，而仅有货币等价投到市场上来，所以，只有支付能力的需要将会增进，但这种需要，不伴着提供任何供给上的要素。因此，生活资料和生产资料的价格，都会腾贵。而在此际，照例还会有许多诈欺的计划发生，招致大的资本转移。有一群投机家，营造厂主，工程设计师，辩护士等，会利用这个机会来致富。他们会在市场上，引起强烈的消费品需要。工资也会提高。就营养资料说，农业也由此受到刺激了。但这种营养资料是不能在一年间突然增加的，所以它们的输入，会像咖啡，砂糖，葡萄酒之类的外产营养资料及各种奢侈品的输入一样增加。在输入业的这若干部门，会发生入超（Uebereinfuhr）及投机的结果。从别方面说，在生产可以急速增加的产业部门（即真正的制造业，开矿业等），价格的提高又会促成突然的扩大，并立即以崩溃为其后继。又，在劳动市场上，这种影响也会发生。大量潜在的相对的过剩人口，甚至已有职业的劳动者，会被吸收到新的营业上去。一般说，像铁路建造那样大规模的企业，将会从劳动市场，吸去一定量的劳动力。这种劳动力，只有从那些需要大力气的营业部门（如农业），夺取过来。这种现象，甚至在新企业已成为既成营业部门，其所需流浪劳动阶级已经形成之后，还会继续不断发生。铁路建造工程暂时超出平均规模以上时候的情形，就是这样。把工资压下的劳动预备队，一部分是被吸收了。工资到处都腾贵；甚至劳动市场上一向待遇就好的部分，也腾贵。这个情形，一直维持下去，以至发生必然的崩溃。那会把劳动预备队再游离出来，使工资再降到最低程度，甚至降到这程度以下①。

在周转期间长短定于真正劳动期间（即生产物完成到市场上来所必要的期间）的限度内，它是以各种投资之现有的物质生产条件为基础的。这种种生产条件在农业上，多有自然生产条件的性质；在制造业及大部分开采业上，却与生产过程的社会发展，一同变化。

在劳动期间的长短系以配送量（即生产物通常当作商品投到

① 原稿上，这里有这样一个注，供将来修订时参考。"资本主义生产方法的矛盾：当作商品买者，劳动者在市场上是重要的；但当作商品（劳动力）的卖者，资本主义社会却有一种趋势，要把它限制在价格的最低限上。——还有一个矛盾：资本主义生产以其全力伸张的时期，屡被证实是生产过剩的时期。因为，生产能力（Produktionspotenzen）决不能利用到这种程度，以致更多的价值不仅生产出来，且能实现出来。商品的售卖，商品资本的实现，从而剩余价值的实现，不仅由社会一般的消费需要所限制，且由这样一个社会的消费需要所限制。这个社会的大多数人，是常常贫困且必然是常常贫困的。但这个问题，应当在下一篇讨论。"

市场上来的量）为基础的限度内，它具有因袭习惯的性质。但因袭习惯又以生产规模为物质的基础，只在个别观察时，才可以说是偶然的。

最后，在周转期间长短定于流通期间长短的限度内，它有一部分要受下述诸事的左右：例如市况会发生不断的变化，贩卖有难易，生产物必须以一部分投于相当远隔的市场。且不说需要的范围，价格的变动在这里也是有主要作用的，因为在价格跌落时，贩卖会受到有意的限制，生产则依旧进行，反之，在价格提高时，生产与贩卖会并步前进，甚至发生贩卖先于生产的现象。在此，我们必须考察由生产地点到贩卖地点的现实距离，认其为真正的物质基础。

例如英国以棉织物或棉纱，卖给印度。输出商人支付给英国棉织工厂主。（输出商人要在金融市场状况良好时，才会愿意如此做的。如果工厂主要由自己的信用活动，代置其货币资本，情形就已经不好了。）输出商人后来把货物到印度市场上售卖，并从印度市场，汇回他的垫支资本。在这样收回之前，情形和劳动期间延长一样，以致生产过程要依一定规模继续进行，必须有新货币资本垫支。工厂主用以支付劳动者及更新流动资本其余各种要素的货币资本，不是他所生产的棉纱的货币形态。必须到棉纱价值以货币或生产物的形态流回英国时，他方才能以棉纱的货币形态，这样做。这种货币，和上述的场合一样，必须是追加的货币资本。所不同者，垫支这种追加货币资本的，是商人，不是工厂主，而这种货币资本所以到商人手上，则是由于信用活动。再者，在这个货币投到市场上来以前或在其当时，是不会有追加生产物投到英国市场上，来等待人们用这种货币去购买，而供生产的消费或个人的消费的。如果这个状态竟以大规模继续至长期间，则结果与上述的场合（劳动期间延长的结果）无异。

棉纱在印度再以信用售卖的事情，也是可能的。此际，即用这个信用，在印度购买生产物，当作归还品（Retour）送回英国来，或把一张数额相当的汇票，汇到英国来。如果这个状态延长下去，那对于印度的金融市场，是一种压迫，其反动所及，且会在英国引起恐慌。这种恐慌，即令同时有贵金属输出到印度，也不免会在印度唤起新的恐慌，因曾从印度各银行受信用的英国各厂商及其印度支店，行将陷于破产之境。这样，贸易差额（Handelsbilanz）呈逆势的市场和贸易差额呈现顺势的市场，会同时发起恐慌。这种现象，还会更复杂。例如，英国以银条送印度，但英国对印度的债权人会在印度索债，所以，印度不久就会拿它的银条，送回英国去。

向印度的输出贸易和从印度来的输入贸易，——虽然后者的范围（除有特殊事情，例如棉花昂贵等）由前者决定，且为前者所刺激——差不多互相均衡的事情，也是可能的。英国与印度之间的贸易差额，好像是可以平衡的，或两方面都只表示些微的变动。但恐慌一旦在英国发生，那就可以看到，未售出的棉制品，将堆积在印度，不能由商品资本转化为货币资本，从这方面说是生产过剩；反之，在英国，则不仅有未售出的印度货物堆积着，已经卖出已经消费掉的生产物的代价，也尚未曾付进。所以，在金融市场上表现为恐慌的事情，实际上不过是表现生产过程和再生产过程的变态。

第三，就所用的流动资本（可变的和不变的）说，周转期间的长短（在以劳动期间长短为原因的限度内），会引起这种差别：在一年间周转数次的场合，可变资本或不变流动资本的要素，得由其自身的生产物来供给。棉炭生产，衣服制造，皆可为例，在反此的场合，这种供给是不能有的，至少是不能在一年之内进行的。

第十七章

剩余价值的流通

以上我们讲过，哪怕一年间生产的剩余价值量相等，周转期间上的差别，仍会引起年剩余价值率上的差别。

但剩余价值的资本化（Kapitalisation）——即蓄积——上，必然会有差别。而在这限度内，哪怕在剩余价值率不变时，一年间生产的剩余价值量也会发生差别。

我们且先说明，用前章的例解，资本 A 有一个经常的周期的所得，从而，除营业开始的那一个周转期间外，他自己在一年间的消费，无须垫支一种特别的基金来支办，已可取给于所生产的剩余价值。但 B 却不能不由一个特别的基金，来支办他自己一年间的消费。A 与 B 在同一期间生产的剩余价值，是相等的。但在B，这个剩余价值不到一年之末不能实现，从而，不到一年之末，也不能供给个人的消费和生产的消费。在所论为个人的消费时，剩余价值是被提前取去了。为这个目的的基金，是必须垫支的。

在生产资本中，有一部分是不容易归类的。这一部分，便是固定资本修理及保护所必要的追加资本。现在，生产资本的这一部分，可以在一种新的光明下表现了。

在 A 的场合，这部分资本的全部或大部分，无须在生产开始时垫支。这个资本部分，无需在可供利用的形态上，甚至无需存在。当剩余价值直接转化为资本，换言之，直接当作资本使用时，这个资本部分，可由营业本身生出。在一年内周期产出并且实现的剩余价值的一部分，可充作修理等必要的支出。这样，依原规模继续营业所必要的资本的一部分，就在营业的进行中，依剩余价值一部分的资本化，而由营业本身生产出来。这在资本家B是不可能的。在他，这部分资本，必须是原垫支资本的一部分。在A与B的场合，这部分资本，都会在资本家的账簿上，表现为垫支资本。事实上，它也是垫支资本。因为，依照我们以前的假定，这是生产资本的一部分，是依照一定规模维持营业进行所必需的。但这部分资本究从如何一个基金垫支的问题，会生出一种大的区别来。在B，那实际是原垫支的资本或准备好的资本的一部分。但在A，那却是当作资本用的剩余价值的一部分。这后一种情形告诉我们，不仅蓄积的资本，可以是资本化的剩余价值，即原垫支资本的一部分，也可以是资本化的剩余价值。

当信用的发展介在当中时，原垫支资本与资本化剩余价值之关系，会更复杂。例如，A向银行家C借取开始营业及继续在一年间营业所必要的生产资本的一部分。他开始营业及继续营业所必要的资本，本来为他自己所没有。银行家C把这个金额贷付给他。但C所用以贷付的，仅是产业家D、E、F等存储的剩余价值。从A的观点看，那固然不是蓄积的资本。但从D、E、F等看，资本家A不外是他们的代理人；他的职务，在将他们所已经占有的剩余价值，化为资本。

我们已在第一卷第二十二章讲过，蓄积，剩余价值的资本化，从其实在的内容看，乃是规模累进扩大的再生产过程。惟此所谓扩大，或系在外延上，在旧有工厂之外，设立新的工厂，或系在内容方面，将以前已有的经营规模扩充。

生产规模的扩大，可以逐渐进行，而以剩余价值的一部分，用来从事改良，从而使所用劳动的生产力提高，或同时还使劳动的榨取得以加强。在劳动日不受法律限制的地方，流动资本（生产材料与工资）的追加支出，已可将生产规模扩大，而无须使固定资本增加，这样，固定资本每日被使用的时间是延长了，其周转期间是相应缩短了。又，资本化的剩余价值，在市况较好时，还会引起原料的投机，以及种种使原垫支资本感到不足的行为。

但很明白，某一些营业的周转期间虽以较多的次数反复，从而在一年之内，以更多的次数把剩余价值实现，但仍有一些时期，在这些时期内，劳动日不能延长，个个的改良也无由进行。同时，它又只能在一定限度内，一方面，依营业全机构（例如建筑物）的改造，一方面像农业一样，依劳动基金（Arbeitsfond）的扩大，而在均衡的规模上，将全营业扩大。很明白，它将需有定量的追加资本。这种追加资本，只有由多年的剩余价值的蓄积才能取得。

这样，在现实的蓄积（即剩余价值到生产资本的转化，及与此相应的规模扩大的再生产）之外，就还须有货币的蓄积了。这就是，把剩余价值一部分，当作潜能的货币资本储藏着，等达到一定数量后，再当作追加的能动的资本去应用。

从个别资本家的立场说，情形就如上所述。但资本主义生产的发展，会使信用制度也同时发展，资本家不能在自己营业上运用的货币资本，会被别人拿去运用，并由此得到利息。这种货币资本，就在一种特别的意义上，成了他的货币资本，那就是成为一种与生产资本相异的资本。但它会在别人手里当作资本。很明白，当剩余价值的实现次数更频繁，剩余价值生产的规模也更增大时，新货币资本或当作资本的货币，就会以更大的比例，投到金融市场上来，并至少会以其中的大部分，供扩大的生产去吸收。

追加的潜能的货币资本，以货币贮藏（Schatze）为最单纯的表现形态。这种贮藏，可以是追加的金或银，而这种追加的金或银，又系直接或间接由贵金属生产国的交换得到。并且，也只有这个方法，可以绝对增加一国的货币贮藏。但相反的情形也是可能的——那还是多数的情形——即，贮藏的货币，不外是从国内流通中取出的货币，而在个别资本家手里采取货币贮藏的形态。又，如下的情形也是可能的：这种潜能的货币资本，单由价值记号构成——在这里，我们也把信用货币存而不论——或单由资本家对第三者的权利证（即向第三者要求支付的法律文据）构成。在这各种场合，追加货币资本的存在形态虽有种种不同，但在它为将来资本（Kapital in spe Zukünftiges Kapitel）的限度内，它不外表示资本家在将来的追加社会年生产物中，享有着追加的及准备的要求权利。

"现实蓄积的财富之量，就其大小观察，……与其所属社会（无论其文明阶段如何）的生产力比较，是极微极微的；与该社会在少数年间的现实消费比较，也是极微极微的。因为它是这样微小，所以立法者与经济学者的主要注意力，应向着生产力及其未来的自由的发展，不应像以前一样，只注意目前可以看到的蓄积的财富。在所谓蓄积的财富中，有一大部分只是名义的，不由实物（例如船舶、房屋、棉制品、土地改良等）构成，只由权利凭证构成。这种权利凭证，不外是对于未来社会年生产力的请求权，是由不安全的姑息计策或制度产生，由它们永久化的。……这种种物件（有形物或实在财富的蓄积），当作一种手段，使其所有者，能在社会未来生产力将要创造的财富中，占取相当的部分。这种使用权，不用任何强力，也会由分配的自然法则，渐渐从此等物件所有者手中取去。若再得共同组合劳动（Cooperative labour）为其助，就可在少数年内，从他们手中取去了。"（汤姆孙《分配原理之研究》伦敦 1850 年第 453 页。此书第一版，出版于 1824 年。）

"无论就量而言，就作用力而言，社会的现实的蓄积，与人类生产力比例而言，皆仅构成其中极小的比例，甚至与一代人少数年间的普通消费比例而言，那也只构成其中极小的比例。但这一点，不仅很少人理解，且为大多数人所不能想象。这当中的理由是极明显的，但其影响却极有害。每年消费的财富，一经使用，就会消灭；它仅暂时呈现在我们眼里，并在它被人享受或消费时，才给人以印象。财富中那仅只渐渐消费的部分，例如家具，机械，建筑物等，却会从我们幼时到我们年长，继续呈现在我们眼里，好像是人类努力的永久的纪念碑。当公共财富中这固定的耐久的仅只渐渐消费的部——土地与原料（人们在其上劳动），工具（人们用它来劳动）与房屋（那在人们劳动时，使人们不致为风雨所侵害）——为人所私有时，私有者会为自己的利益，用这种私有权，来支配社会上一切现实生产劳动者的年生产力。但，这种种物品，与这个劳动的不断反复的生产物相对而言，是极微小极微小的。大不列颠与爱尔兰的人口，计二千万；每个人（男女老少平均计算）的消费额约为二十镑。合计，每年消费的劳动生产物，约为四万万镑。但依估计，英国蓄积资本的总额，不过十二万万镑，仅三倍于年劳动生产物；如果平均分配，每人仅得资本六十镑。在这里，我们所考察的，与其说是估计的绝对量是否准确，毋宁说是这当中的比例。这个总资本的利息，依照现在的生活标准，仅可维持全部人口两个月；全部蓄积资本（如果可以找到受主），在全人口不从事劳动的场合，仅能维持全人口三整年！在三年之终，没有房屋，没有衣服，没有食物，他们一定会饿死，不然，也必定会变作奴隶，在那些在三年间维持他们的人面前，变作奴隶。假设一个健全的人，可以活四十年。三年对四十年，是成什么比例呢？但现实财富，甚至最富国的蓄积资本，就是用这样的比例，和一代人的生产力，即一代人的生产能力相对待。并且，这里所说的生产能力，还不是指在全体一律安全的智慧的制度下（尤其是共同组合劳动下）所能有的生产能力。它所指的，仅是在不完善不叫人兴奋不安全的姑息计策下实际所有的生产能力！……并且，就因为要维持这个外貌上莫大的既存资本，或者说，就因为要在强制分配的现状下维持对于年劳动生产物的支配权与独占权，这全部可厌的机构（恶德啊，犯罪啊，不安全的痛苦啊）就被永久化了。必要的欲望不先满足，任何物都是不能蓄积的；人类愿望的巨流，在求享受。是故，随便在什么时候，社会的现实财富之量，比较起来，都是微小的。生产与消费，形成一个永久的循环。在这么大额的年生产与年消费中，这一小撮的现实的蓄积，算不了什么；但人们主要注意的，仍不是巨量的生产力，仅仅是这一撮的蓄积。这一撮的蓄积，竟在少数人手中，转化成为一种占夺的工具，使其所有者，可以在大量劳动每年反复的生产物中，占夺去一部分。也就因此，对于这少数人，这种工具就变成异常重要的了。……国民年生产物约有三分之一，现今是在公税名义下，从生产者手里取去了，并由不付任何等价的人，不生产地消费掉。生产者不能由此得到任何的等价。……大群的人，以惊愕的眼，去看蓄积的巨额的富。在这巨额的富，累积在少数人手里的时候，尤其是这样。但每年生产的巨量的生产物，却像大河的无穷无尽的波浪一样，滚滚而来，结局，都消灭在被人忘记的消费的大洋中。其实，这种永久不绝的消费，还不仅决定一切的享受，且决定全人类的生存。这个年生产物的数量与分配，比一切，都更应该成为研究的对象。现实的蓄积，只有第二义的重要性；并且，它所以有这个重要性，还因为它对于年生产物的分配，会发生影响。……在这里（在汤姆孙的著作上）我们考察现实的蓄积及分配，是就它们与生产力的关系，把它们放在生产力下位来考察的。但几乎一切其他的体系，都把这一点颠倒了。他们论生产力时，是就其与蓄积及分配的关系来考察，常常把生产力隶属在蓄积的下位，而以现存分配方法的永久维持为主。现存分配方法的维持，比什么都被看得重要；全人类不断发生的痛苦或幸福，反被认为不值一顾。他们要把强权，欺骗，与偶然之结果，永远维持着。他们便把这种情形叫作安全。为要维持这种虚伪的安全，人类的生产力，遂毫无怜惜地，被人当作牺牲了。"（前书第440页至443页）

*　　　*　　　*

有许多种事情，会使那依一定规模进行的再生产，发生搅乱。但除这种种搅乱的事情不说，再生产便只有两种正常的情形是可能的。

（1）单纯再生产的情形；

（2）剩余价值化为资本即资本蓄积的情形。

I　单纯再生产

在单纯再生产的场合，每年生产和实现的剩余价值，或（在一年间周转数次时）周期生产和实现的剩余价值，都由其所有者（即资本家）消费在个人的不生产的消费上。

生产物价值一部分由剩余价值构成，别部分由在其内再生产的可变资本及在其内消费的不变资本相加而成。但总生产物——那当作商品资本，会不断加入流通内，但又会不断从流通中取出，当作生产手段或消费手段，归于生产的消费或个人的消费——的分量和价值，都不会因有这个事实，便发生变化。除开不变资本不说，这个事实，只会在年生产物在劳动者和资本家之间的分配上，发生影响。

即在单纯再生产上，剩余价值也必定有一部分不断在货币形态上，而不在生产物的形态上。不然，它便不能为消费的目的而由货币化成生产物了。剩余价值由原商品形态化为货币的转化，必须在这里再加分析。但为使问题简单化起见，我们且假设这个问题的最单纯的形态，那就是，专以金属货币流通的形态。这种货币，乃是实在的等价。

依照单纯商品流通的法则（第一卷第三章），一国内现有的金属货币量，不仅须够使商品流通。而且因为流通速度的变动，商品价格的变动，货币当作支付手段或真正流通媒介的比例上的差别变化，会在货币通流上引起变动，所以，一国内现有的金属货币量，还须够应付货币通流（Geld umlauf）上的变动。现存货币量分为贮藏货币及流通货币的比例，是不断变化的，但货币量，总是等于贮藏货币量和流通货币量之和。这个货币量（贵金属量），是渐次蓄积的社会的贮藏货币。这个贮藏货币的一部分，会由磨损而消耗的。在这限度内，它必须像别的生产物一样，年年重新代置。这种代置，实际是由一种直接的或间接的交换——交换的一方是本国年生产物的一部分，他方是金银出产国的生产物——进行的。这种交易的国际性质，隐蔽了它的单纯的路程。因要使问题成为最单纯最透明，就必须假设，金银是出产在本国，从而，金银的生产，在每一国，都构成社会总生产的一部分。

且把那为制造奢侈用品而生产的金银存而不论。这样，每年生产的金银，最少应等于货币金属每年在货币流通中的磨损。再者，如果每年生产和流通的商品量的价值额增大了，则每年的金银的生产，也须增大；除非流通商品的增大的价值额，及其流通（及与此相应的货币贮藏）所需的增大的货币量，有货币通流速度的增大，以及有货币当作支付手段用的机能的扩大（那就是在交易上，益加不用现金，而以卖买相互清算），来从中抵消。

这样，社会劳动力的一部分与社会生产手段的一部分，就必须每年在金银的生产上支出了。

从事金银生产的资本家，依照我们的假设，——单纯再生产的假设——只在金银每年平均磨损额从而每年平均消费额的限度内从事。他们的剩余价值（依照我们的假设，是每年消费掉，没有任何部分资本化），系直接在货币形态上，掷入流通中。在金银生产上，货币形态原是生产物的自然形态，不像在别的生产部门那样，是生产物的转化形态。

再就工资说，那就是，就可变资本垫支的货币形态说，在这场合，工资不是由生产物的售卖（即生产物化为货币的转化）收回，却是由生产物本身收回。这种生产物的自然形态，自始便是货币形态。

最后，贵金属生产物的一部分，是恰好与周期消费掉的不变资本的价值相等。就这一部分说，情形也是这样的。并且，这里所谓不变资本，不仅包括在一年间消费掉的不变的固定资本，且包括不变的流动资本。

我们且在 G—W⋯P⋯G′ 的形态上，考察在贵金属生产上投下的资本的循环或周转。G—W 中的 W，如果不仅由劳动力及生产手段构成，且由固定资本（其价值仅一部分在 P 之内消费掉）构成，则很明白，生产物 G′ 这个货币额，会与投在工资上面的可变资本，加投在生产手段上面的流动不变资本，再加磨损固定资本的价值部分，又加剩余价值之和相等。如较小，则在金一般价值不变的限度内，矿山投资将成为不生产的，不然，则一般是，金将来的价值，与价值保持不变的商品的价值比较，腾贵起来。那就是，商品的价格跌落下来，从而，使投在 G-W 中的货币额，可以在将来减为较小的数额。

我们且先考察 G 的流动部分（G 为垫支资本，为 G-W…P…G′的出发点）。我们将发觉，有一定额货币垫支下去，并投在流通中，为支付劳动力并购买生产材料。这个货币额，不会因为要重新投在流通中，便由这个资本的循环，从流通中取出。生产物在其自然形态上已经是货币，无须经过交换，经过流通过程，来实现其化成货币的目的。它不是在商品资本的形态上，由生产过程到流通领域；在这个形态上，它必须先转化为货币资本。它由生产过程到流通领域时，即已采取货币资本的姿态，那只要再转化为生产资本，换言之，只要重新购买劳动力和生产材料。在劳动力和生产手段上面消费的流动资本的货币形态，不是由生产物的售卖收回，乃由生产物的自然形态收回；其所赖以收回的，不是这个资本价值在其货币形态上再从流通中取出，却是追加的新生产的货币。

且假设，这个流动资本等于 500 镑，周转期间为五周，劳动期间为四周，流通期间只为一周。从最初时起，那在五周间需要的货币，便须有一部分垫支在生产库存品上，一部分准备着，渐次为支付工资而支出。在第六周之初，有 400 镑流回了，100 镑游离了。这个情形，不断反复着。在这场合，像在以前各场合一样，常常有 100 镑，在周转的一定时间内，在游离形态上。但这 100 镑，是和其余 400 镑一样，由追加的新生产的货币构成。在这场合，每年是周转十次；所生产的年生产物是值 5,000 镑的金。（在这场合，流通期间不由商品转化为货币所需的时间构成，是由货币转化为生产要素所需的时间构成的。）

拿任何别一个在相同条件下周转的 500 镑资本来说。其不断更新的货币形态，乃是所生产的商品资本的转化形态。这个商品资本，每四周投在流通中一次，并即由这个商品资本的售卖，——那就是原来投入过程内的货币量，周期被提出——重新地不断地取得这个货币形态。但在这场合，在每一个周转期间，都有一个 500 镑新加的货币量，从生产过程出来，被投到流通中，使不断有生产材料和劳动力从流通中取出。这种投到流通中来的货币，不是由这个资本循环再被取出，却是由不断新生产的金量被增加。

再考察这个流动资本的可变部分，并像上面一样，假设它是等于 100 镑。在普通的商品生产上，这 100 镑已足在十次周转中，使劳动力不断得到支付。在这场合，在货币生产上，这个金额也够完成这个目的。但五周间用来支付劳动力的流回的 100 镑，不是生产物的转化形态，却是不断更新的生产物的一部分。货币生产家直接用他自己生产的金的一部分，支付他的劳动者。这样，每年投在劳动力上面并由劳动者投在流通中的这 100 镑，就不是经过流通，复归到它的起点了。

再就固定资本而论。在营业初开始时，必须有大量货币资本，支出在固定资本上面。这种货币资本，是被投在流通中了。像一切固定资本一样，它只能断片的，在多年之内流回。但它会直接当作生产物（金）的部分流回，那不是生产物售卖及货币化的结果。它逐渐取得货币形态，不是由于货币从流通中被提出，却由于生产物一个相应的部分被蓄积。这样收回的货币资本，不是渐渐由流通中取出的货币额。它虽把原来投在固定资本上面的货币额渐渐偿还掉，但它不是从流通中取出的，乃是一个追加的货币量。

最后，考察剩余价值。那也等于新生产的金的一部分，那会在每个新周转期间投入流通中。依照我们的假设，它是不生产的，是为生活资料及奢侈品而支出的。

但依照我们的假设，全年的金的生产——它会不断从市场取去劳动力和生产材料，不从市场取去货币，但会不断以追加的货币供给市场——将只代置一年间磨损的货币，只使社会的货币量不至于感到不足。这个货币量虽以不同的部分，分在贮藏货币及流通货币这二种形态上存在，但它是不断在这二种形态上存在着。

依照商品流通的法则，货币量必须等于流通所需的货币量，加贮藏的货币量。贮藏的货币量，视流通的缩小而增大，视流通的扩大而减少，它的用途，是为支付手段形成一种必要的准备基金。在支付不能互相清算的限度内，商品价值必须用货币支付。这个价值一部分系由剩余价值构成的事实，换言之，这个价值一部分不费卖者一钱的事实，绝对不会影响我们的问题。就假设一切生产者都是生产手段的独立的所有者，流通就发生在直接生产者之间罢。把他们的资本的不变部分除开不说，他们的年剩余生产物，依照资本主义的状态，将会分成二部分；a 部分代置必要的生活资料，b 部分中，则以一部分消费在奢侈品上，一部分应用在生产的扩大上。这样，a 部分将当作可变资本，b 部分将当作剩余价值。这种分割，对于总生产物流通所需要的货币量的大小，是不会发生影响的。在其他一切情形相等的情形下，流通商品量的价值将保持不变，从而，其流通所需要的货币量也不变。资本家须保留同样多的货币准备，如果周转期间区分相同。那就是说，其资本必须以相同的部分，不断保留在货币形态上，因为，依照我们的假设，他们的生产，现在是和以前一样是商品生产。所以，商品价值一部分由剩余价值构成的事实，对于营业经营上所需要的货币量，是绝对没有影响的。

一位反对杜克（Tooke）而坚持 G—W—G 形态者，曾问杜克说，资本家从流通中取出的货币，要怎样才能不断比他投入流通中的货币更多呢。这是人人都明白的。在这里，成为问题的，不是剩余价值的形成。这个问题，虽是唯一的秘密，但从资本主义的立场看，那却是自明的。所使用的价值量，如果不会带回剩余价值，它根本就不是资本。就因为依照我们的假设它是资本，所以这个剩余价值是自明的。

所以，问题不是剩余价值从何处生起，只是剩余价值所依以货币化的货币从何处来？

在资产阶级经济学上，这个剩余价值的存在是自明的。他们不仅假定剩余价值的存在，且假定投在流通中的商品量的一部分，由剩余生产物构成，那代表一个价值，这个价值，不是和资本家的资本，一道投在流通中的；还假定，资本家会把资本以上的超过额，和他的生产物一道投在流通中，且再由流通中把这个超过额取出。

资本家投在流通中的商品资本，比他在劳动力和生产手段形态上从流通中取出的生产资本，有较大的价值（资产阶级经济学者，虽不曾说明也不曾理解这个较大的价值是从哪里来，但从他们的立场看，此仍被认为是事实）。所以，在这个假设下，资本家 A、与资本家 B、C、D 等，因何由商品交换从流通中取出的价值，会不断比他原来垫支及反复垫支的资本的价值更大，实至为明了。A、B、C、D 等在商品资本形态下投在流通中的商品价值，比它在生产资本形态下从流通中取去的商品价值更大。（这种操作，和独立的机能资本一样，是多方面的。）所以，他们会不断在他们自己之间，分得一个价值额（那就是，每个人都从流通中取去一个生产资本），恰好与各自垫支的生产资本的价值额相等；又不断在他们自己之间，分得一个价值额，当作商品价值

（超过其生产要素价值）的超过额，在商品形态上，被他们投到流通中。

但商品资本，在再转化为生产资本之前，在其中所含剩余价值能被支出之前，必须先化为货币。充这个目的的货币，从哪里来呢？这个问题，最初一看，好像是很难的，杜克没有把它答复，一直到现在，也还没有别的人曾把它答复。

在货币资本形态上，垫支了流动资本 500 镑。不论其周转期间如何，我们且假定，它就是社会（即资本家阶级）的总流动资本罢。又假定剩余价值为 100 镑罢，在这场合，资本家阶级全体只不断以 500 镑投在流通中时，怎样能不断从流通中取出 600 镑来呢？

在货币资本 500 镑转化为生产资本后，生产资本 500 镑会在生产过程内，转化为 600 镑商品资本，以致在流通中，不仅有 500 镑的商品价值（与原垫支货币资本相等），且有一个新生产的剩余价值 100 镑。

这追加的剩余价值 100 镑，会在商品形态上，被投在流通中。这一点，是没有任何疑问的。但这种活动，不曾为这个追加的商品价值的流通，给予追加的货币。

现在，我们不能再以好听的遁辞，躲避这个难关了。

例如有人就不变的流动资本说。很明白，那不是全部同时投下的。在资本家 A 售卖他的商品，从而，使其垫支资本取得货币形态时，买者 B 也以其在货币形态上的资本，取得生产手段的形态，这种生产手段可以正好是 A 生产的。使 A 能以所产商品资本再取得货币形态的行为，会使 B 的资本，再取得生产形态，即由货币形态转化为生产手段和劳动力。同一的货币，在一个两面的过程上，像在每一个单纯的购买 W-G 上一样，发生机能。从他方面说，当 A 以其货币转化为生产手段时，他是从 C 购买，C 以这个货币付于 B 等。这样，这个行为的终始，就被说明了。但：

我们讨论商品流通之际（第一卷第三章）关于流通货币量所成立的各种法则，并不因生产过程有资本主义的性质，就发生变化。

有人说，在货币形态上垫支的社会的流动资本等于 500 镑时，我们已经把这个事实加在考虑中了：一方面，这是同时垫支的金额，别方面，这个金额所推动的生产资本，要比 500 镑更大，因为它会交替充作不同种生产资本的货币基金。这种说明方法，把这里所要说明的货币，假定是存在的。

还有人说，资本家 A 所生产的物品，是供资本家 B 个人的，不生产的消费。B 的货币，使 A 的商品资本转化为货币。这样，使 B 的剩余价值转化为货币的货币额，又使资本家 A 的流动不变资本转化为货币。但在这场合，待解答的问题的解决，也直接被假定了。那就是，B 支出其所得时所用的货币，是从何处得来的？他怎样把生产物的剩余价值部分化为货币呢？

还有人说，A 不断垫支给劳动者的流动可变资本的部分，会不断从流通中流回；其中固然只有相互交替的一部分，不断保留在他手里，被用来支付工资。但在支出和流回之间，会经过一定的时间；在这时间内，付作工资的货币，除用在别的用途外，还可用来使剩余价值化为货币。——但第一，我们知道其所经过的时间愈大，资本家 A 必须预先保留的货币准备额，也必定会愈大。第二，劳动者支出货币，用货币购买商品，所以，它会依比例把商品中包含的剩余价值，化为货币。那就是，在可变资本形态下垫支的货币，会依比例将剩余价值货币化。在这里，我们对于这个问题，无须乎更深入。我们只要说，全资本家阶级及依赖他们的全部不生产者的消费，与劳动阶级的消费，是同时并进的；所以，在劳动者以货币投入流通中时，资本家也会以货币投在流通中，使其剩余价值可以当作所得而支出。为这个目的，货币也须从流通中取出。惟以上的说明，也只证明必要的货币量可以减少，不曾证明这个货币量可以不要。

最后，还有人说，当固定资本初投下时，会不断有一个巨额的货币，投在流通中，那只能渐次的，断片的，在多年之间，由投下者再从流通中取出。这个货币额，不够使剩余价值转化为货币吗？——对于这点，我们可以答说：在 500 镑的金额（那还包含货币贮藏所必要的准备基金）中，也许已经在概念上包含这样的意思，即这个金额，即不由他本人（即把它投在流通中的人），也会由某别的人，当作固定资本使用。并且，论到那置备固定资本（当作固定资本用的生产物）支出的金额，我们也已经假定，在这个商品中包含的剩余价值，已被支付。所以，问题依然是这个货币从何处来？

一般的答复是：当一个 X×1000 镑的商品额要流通时，这个流通所必要的货币量，绝不因这个商品量的价值是否包含剩余价值，也不因这个商品量是否在资本主义下生产，而有变更。——这个问题本身就是不存在的。在其他一切条件（如货币的通流速度等）不变的情形下，要流通 X×1000 镑的商品价值，必须有一定额的货币。至若在这个价值中，究有多少归于这个商品的直接生产者，那其实是一件完全没有关系的事情。在这场合，即有问题，也与一般的问题相同：一国商品流通所必需的货币额，是从何处来？

但从资本主义生产的立场，确实有一个特殊问题的外观是存在的。在这场合，货币之投入流通，即以资本家为始点。劳动者为支付生活资料而支出的货币，已经当作可变资本的货币形态存在着了，所以，它原来是当作劳动力的购买手段或支付手段，由资本家投在流通中的。此外，当作不变资本（固定的和流动的）

的货币形态的货币，也是由资本家投在流通中的；他是用这个货币当作劳动手段及生产材料的购买手段或支付手段支出的。但在此之上，资本家好像不复是流通中的货币量的始点了。原来只有两种始点：一个是资本家，一个是劳动者。一切第三种人，不是为这两种人服务，得货币为酬劳，便是不提供对待的服务，而在地租，利息等形态上，成为剩余价值的共有者。剩余价值不全部留在产业资本家钱袋中但须与别人分割的事实，对于我们现在的问题，是一点关系没有的。我们现在的问题是：他怎样把他的剩余价值化为货币？不是：这种已经化为货币的剩余价值后来怎样分割？在我们现在的场合，我们尽可视资本家为剩余价值的唯一的所有者。至若劳动者，我们讲过，就劳动者投入流通中的货币说，他只是第二义的始点，资本家则为第一义的始点。当劳动者用货币——原来当作可变资本投下的货币——为支付生活资料而支出时，这个货币是已经通过了它的通流的第二段了。

这样，资本家阶级便是货币流通的唯一的始点了。如果他必须有 400 镑支付生产手段，100 镑支付劳动力，他们就把 500 镑投在流通中了。但包含在生产物内的剩余价值，在剩余价值率为 100％时，等于一个 100 镑的价值。他们既然只是不断投下 500 镑，又怎样能不断从流通中取出 600 镑呢？由无不能生有。全资本家阶级只能把他们以前投在流通中的东西，从流通中取出。

是的，在这场合，若以每年周转十次来说，要流通价值 4,000 镑的生产手段和价值 1,000 镑的劳动，或只须有 400 镑的货币额已足，其余 100 镑用来为 1,000 镑剩余价值的流通，或也很充足。但我们且把这个事实丢开不说。货币额与依此流通的商品价值成何比例，和我们这里无关。问题还是这样。倘非同一枚货币有好几次流通，那是必须有 5,000 镑当作资本投在流通中的；从而，要使剩余价值化为货币，也必须有 1,000 镑。现在，我们不问，是需要 1,000 镑，还是需要 100 镑，我们只问，这 1,000 镑或 100 镑从何处来。无论如何，它总是投在流通中的货币资本的超过额。

在事实上，——最初一看，这好像是一种奇论——把货币投在流通，以实现商品中包含的剩余价值的，就是资本家阶级自己。但请注意，他们不是把它当作垫支货币，不是把它当作资本，投在流通中的。他们支出它，是把它当作个人消费品的购买手段。它不是由他们垫支的，不过他们是它的流通的始点。

假设有某一个资本家开始营业，比方说，一个租地农业家。在最初一年间，他垫支 5,000 镑的货币资本，而以其中 4,000 镑支付生产手段，其中 1,000 镑支付劳动力。假设剩余价值率为 100%，他所占取的剩余价值等于 1,000 镑。上述 5,000 镑，包括一切他当作货币资本投下的货币。但他还须生活；不到年终，他是一个钱收不回来的。假设他的消费额等于 1,000 镑。这是他必须有的。他也许会说，他必须在第一年内把这 1,000 镑垫支下去。但这个垫支只有主观的意义，因为它所表示的，不过是这种事实：在第一年间，他必须从自己的钱袋，支付他个人的消费，他尚不能由劳动者的无酬的生产，来应付这个目的。他不是把这个货币当作资本来垫支。他支出它，把它当作消费的生活资料的代价来支付。这个价值，是由他在货币上支出，由他在货币形态上投在流通中，并在商品价值的形态上，从流通中被他取出。这个商品价值，是被他消费了。所以，在任何一种关系上，他和这个价值的关系，都消失了。他用来支付这个价值的货币，成了流通货币的要素。但他曾在生产物的形态上，将这个货币的价值，从流通中取出。它的价值，存在生产物中，当生产物被破坏时，这个价值也被破坏。它是完全不存在了。但在一年之终，他能以 6,000 镑的商品价值投在流通中，把它售卖。这样，流回到他手里的，有（1）他垫支的货币资本 5,000 镑，（2）货币化的剩余价值 1,000 镑。他曾用 5,000 镑当作资本垫支下去，但他会从流通中取出 6,000 镑，其中 5,000 镑代置他的资本，1,000 镑充作他的剩余价值。这后述 1,000 镑所凭以货币化的货币，是他以消费者资格（不以资本家资格）投在流通中的，那只是支出，不是垫支。这种货币，现在是以剩余价值（他所生产的剩余价值）的货币形态流回的。这种行为，是年年复演着。自第二年起，他所支出的这 1,000 镑，将不断成为他所生产的剩余价值的转化形态，即货币形态。他每年把它支出，它也每年流回到他手里。

即令他的资本在一年间以较大的次数周转，那也不会使事情发生变化。他必须在垫支货币资本之外，为个人的消费，把一个超过额的货币，投在流通中。当资本以较大的次数周转时，所改变的，不过是这种投下的时间与数额。

这个货币不是当作资本，由资本家投到流通中的。但在剩余价值流回之前能以自己所有资力生活的，正好是资本家应有的一个资格。

在这场合，我们假定，资本家在其资本第一次流回以前为个人消费而投在流通中的货币额，恰好与他所生产所货币化的剩余价值相等。就个别资本家说，这个假定，当然是一个随意的假定。但在单纯再生产的假设下，这个假定，对于全资本家阶级，必定是正确的。单纯再生产的假设，正好表示了我们这里的假定；那就是，全部剩余价值（只是剩余价值，不包括原资本的任何部分），都供不生产的消费。

我们以上已经假定，要补充货币磨损，贵金属 500 镑的总生产，已经足够了。

生产金的资本家的全部生产物，皆为金。那就是，代置不变资本和可变资本的部分是金，构成剩余价值的部分也是金。所以，社会剩余价值的一部分，就由金构成，不是由生产物（在流通中货币化的生产物）构成。这一部分，自始就由金构成，并投在流通中，使生产物得从流通中取出。在当前的场合，工资，可变资本，及垫支不变资本的收回，也是这样的。所以，固然有一部分的资本家，他们投在流通中的商品价值，比他们垫支的货币资本更大（较大一个剩余价值），但也有一部分资本家，他们投在流通中的货币价值，比他们从流通中取去（为生产金而取去）的商品价值更大（也是较大一个剩余价值）。固然有一部分资本家，他们不断从流通中取去的货币，比他们垫支的货币更多，但也有一部分资本家（即生产金的资本家），他们投入流通中的货币，不断比他们在生产手段形态上从流通中取去的货币更多。

不过，在这 500 镑的金的生产物中虽有一部分，是金生产家的剩余价值，但这全额，仍决定只用代置商品流通所必要的货币。在这里，我们无须问，其中有多少是用来使商品的剩余价值化为货币，有多少是用来使别的价值部分化为货币。

当金的生产不在本国而在外国时，事情决不致于因此改变。A 国的社会劳动力与社会生产手段的一部分，转化为价值 500 镑的生产物（例如麻布）。这个生产物后来输出到 B 国，在那里购买金。这个在 A 国如此使用的生产资本，不会以商品（不是货币）投到 A 国的市场上来，其结果与直接使用这个生产资本在金生产上的时候比较，没有两样。A 的这个生产物，由 500 镑的金代表，仅当作货币，加入 A 国的流通中。这个生产物中包含的社会剩余价值部分，是直接当作货币存在的，对于 A 国，它决不采取货币形态以外的形态。虽然从生产金的资本家看来，生产物只有一部分是剩余价值，别部分是代表资本代置（Kapitalersatz）；但这个金之中，究有多少是在流动不变资本之外，代置可变资本，有多少代表剩余价值，这个问题，乃完全取决于工资与剩余价值在流通商品价值中的比例。形成剩余价值的部分，分配在资本家阶级的各个成员中。这一部分，虽然会不断为他们个人的消费，被他们支出，而由新生产物的售卖再取回——使剩余价值货币化所必要的货币在他们之间流通的，正是这种买卖——但社会剩余价值，总归有一部分（其比例是时时变化的），在货币形态上，保留在资本家钱袋中，这好比工资须有一部分，至少须在一周的某几日，在货币形态上保留在劳动者钱袋中。并且，这一部分，并不以金生产物中原来充作资本家（生产金的资本家）剩余价值部分为限，却如上所说，视这500镑生产物以如何比例分配在资本家和劳动者间，待流通的库存商品，又以如何比例，由剩余价值和其他价值部分构成而定。

剩余价值的一部分，不存在其他各种商品内，但在货币形态上与这其他各种商品并存着。剩余价值的这一部分，在每年金生产物的一部分为实现剩余价值而流通的限度内是由每年生产的金的一部分构成。以不定比率，当作剩余价值的货币形态，而不断保留在资本家阶级手里的货币的别一部分，却不是每年生产的金的一部分，只是原在国内蓄积的货币量的一部分。

依照我们的假设，每年500镑的金的生产，正好够将每年磨损的货币代置。所以，如果我们把这500镑放在眼里，又在年产商品额中，把它的一部分（以原先蓄积的货币为媒介而流通的部分）舍弃掉，则在商品形态上生产的剩余价值，所以能在流通中发现货币来使它自身化为货币，这只因为，在别方面，有剩余价值每年在金的形态上生产出来。关于500镑金生产物中那用以代置垫支货币资本的部分，我们也是可以这样说的。

在这里，有两件事是应当注意的。

第一，我们可以结论说：资本家在货币形态上支出的剩余价值，和他们在货币形态上垫支的可变资本及其他各种生产资本，实际都是劳动者（即在金生产上从事的劳动者）的生产物。这些劳动者，不仅会把"垫支"给他们当作工资的金生产物的部分，重新生产出来，并且会把金生产物中那直接表现为资本家（生产金的资本家）剩余价值的部分，新生产出来。最后，有一部分的金生产物，只代置垫支在生产上的不变资本价值。就金生产物的这一部分说，它所以能在货币形态上（或在一个生产物的形态上）再现，仅由于劳动者的年劳动。在营业开始之初，它原来是在货币形态上，由资本家手里出来的。这个货币，不是新生产的，却只是流通社会货币额中的一个部分。反之，在它由新生产物，由追加的金代置的限度内，它也是劳动者的年生产物。资本家方面的垫支，所以会表现为垫支的形态，仅因为劳动者既不是生产手段的所有者，也不能在生产中，支配别个劳动者所生产的生活资料。

第二，还有一个与逐年 500 镑货币代置毫无关系的货币额，其一部分是在贮藏货币的形态上，一部分是在流通货币的形态上。这个货币额的情形，和那 500 镑年年的情形，必定是一样的，或原来是一样的。关于这一点，我们在这一节之末，还要回来讨论。但我们还有几点要在这里讲一讲。

*　　*　　*

我们在考察周转时，已经讲过，在其他情形不变的情形下，周转期间在长短上发生变化，则依同规模进行生产所必要的货币资本量，也发生变化。货币流通的伸缩性，必须能与这种伸缩的变化相顺应。

我们再假设其他一切事情相等，劳动日的大小，强度，与生产力也不变，但价值生产物在工资和剩余价值间的分配上发生变化，以致前者增加后者减少，或前者减少后者增加，流通货币量是不受影响的。这种变化，在流通货币量不伸张不缩小时，也是可以发生的。我们且拿工资一般提高，从而，在假设的条件下，剩余价值率一般下落，但依照假设，流通商品量不在价值上发生任何变化的情形，来考察罢。在这场合，必须当作可变资本垫支的货币资本，从而，为这个机能而用的货币额，确实会增加。但可变资本机能所需的货币量越是增加，则依比例，剩余价值越是减少，从而，其实现所需的货币量也越是减少。实现商品价值所必需的货币额，和被实现的商品价值一样，绝不受这个事情的影响。商品的成本价格（kostenpreis），对个别资本家说，是提高了，但商品的社会的生产价格（Produktionspreis），依然不变。变化了的，只是商品生产价格（除其不变价值部分不说）分为工资和利润的比例。

但有人辩说，可变资本支出的增大（当然假设货币价值是不变的），即是劳动者手里的货币手段（Geldmittel）量的增大。由此，劳动者方面的商品需要，将会增加。因此，进一步的结果，是商品价格的提高。——还有人辩说，如果工资提高，资本家便会提高他们的商品的价格。——在这二场合，工资一般的提高，都招致商品价格的提高。所以，无论价格提高从哪一方面说明，商品流通所必要的货币额，都必定会增大。

对于第一种辩论，我们答说：工资提高的结果，劳动者对必要生活资料的需要，会增大。他们对奢侈用品的需要，也会略略增大，那就是说，对于原先不在他们消费范围以内的东西，他们将会有需要发生。对于必要生活资料，有了突然的以大规模增大的需要。这种需要，当然会暂时把必要生活资料的价格提高。结果，社会资本以更大的部分，用来生产必要的生活资料，仅以更小的部分，用来生产奢侈品，因为，剩余价值的减少与资本家对奢侈品需要的减少，会使奢侈品的价格跌落。反之，在劳动者自己购买奢侈品的限度内，他们的工资的提高，在这范围内，不会提高必要生活资料的价格，只不过把奢侈品购买者的位置填补起来。奢侈品归劳动者消费的数量，将比前此更大，归资本家消费的数量则相对减少。如此而已。在若干动摇之后，被流通的商品量，会有和先前一样大的价值。——这种暂时的动摇，不外把原先不被使用的货币资本，投在国内的流通中。这种不被使用的货币资本，一向是在证券交易的投机企业上，或在外国，寻求投资地点的。

对于第二种辩论，我们答说：如果资本家生产者可以随意将他们的商品的价格提高，他们即在工资不提高时，也能如此做，会如此做。工资决不会在商品价格下落时提高。现在，资本家阶级，只能例外的，在一定的、特殊的、地方的情形下，以工资提高为借口，而以更高的程度将商品价格提高，并收获较大的利润。假令他们可以常常这样做，在一切情形下都能够这样做，他们就不会与工会（Trades' Union）反对了。

因奢侈品需要减少（资本家需要减少的结果，这是因为资本家购买奢侈品的手段已经减少），故资本家能将奢侈品价格提高的主张，乃是供求律（Gesetze von Nac hfrage und Angebot）上一个非常新颖的应用。其实，在资本家对奢侈品的需要减少，而又无劳动者把购买者的位置填补起来的限度内，奢侈品的价格，只有因需要减少而降低的。（在有这种填补的限度内，劳动者的需要，将不会引起必要生活资料的价格的提高，因为，劳动者即以工资增加额的一部分，用来购买奢侈品，自不能再用这一部分来购买必要生活资料。）其结果，将有资本从奢侈品的生产提出，以至于奢侈品的供给，不得不适应着它们在社会生产过程中的已经变化的地位相当减少。当它们的生产减少时，它们的价格，才会在价值不变的限度内同时提高起来，恢复它们的正常的价格。在这种收缩发生，或这种均衡过程发生，生活资料价格又提高时，会不断有资本，从其他生产部门取出，灌输到生活资料的生产部门来，至其需要满足为止。然后，平衡被恢复。全过程的结果是：社会资本，从而货币资本，将以不同的比例，分配在必要生活资料的生产和奢侈品的生产之间。

这全部异论，不外是资本家及其经济学谄谀者的示威的空枪。

给这种示威的空枪以口实的，不外下述三种事实：

（1）货币流通的总法则是：在流通商品的价格总额提高时，——无论这个价格额的增加，是就同一的商品量说抑是就已经增加的商品量说，——如其他一切情形不变，则流通货币量须增大。这样，他们就把因果倒置了。工资随必要生活资料的价格，一同提高。（不过，比例增加的现象，究竟是少见的，例外的。）工资的提高是果，商品价格的提高是因。

（2）在工资部分的局部的提高时，——那就是，在若干生产部门提高——这些部门的生产物，将因此在价格上，发生一种局部的提高。但就连这个结果，也还取决于许多事情；例如，在那里，工资本来不异常低，利润率也不异常高；又如，这种商品的市场，不致因价格提高而缩小（从而，其价格提高，无须以供给缩小为前提），等。

（3）在工资一般提高时，所产商品的价格，在可变资本占优势的产业部门将提高，在不变资本及固定资本占优势的产业部门将跌落。

*　　*　　*

在研究单纯的商品流通时（第一卷第三章第二节），我们已经指出，在一定商品量的流通中，其货币形态虽说是一经过即消灭的，但一个商品形态变化之际由一个人手中消灭的货币，仍必然会在别一个人手里取得位置。所以，商品不仅到处互相交换，互相代置，这种代替还是到处以货币的沉淀（Niederschlag Von Geld）为媒介，为陪伴。"商品为商品所代置，货币商品（Geldware）则常在某第三者手中。流通使货币不停地奔走。"（第一卷第三章）在资本主义商品生产的基础上，这个事实，是这样表现的：资本的一部分，不断在货币资本的形态上，剩余价值的一部分，也不断以货币形态，保留在它的所有者手里。

暂不说此。货币循环（Kreislauf des Geldes）——那就是，货币流回到它的出发点——在为资本周转上一个因素的限度内，是一种完全与货币通流不同乃至相反的现象①。因为，货币通流（Umlauf des Geldes）经过几个人的手以后，是愈行愈远于出发点的（第一卷第三章）。不过，周转速度的增进，本身就包含通流速度的增进。

先就可变资本说，如果一个 500 镑的货币资本，在可变资本的形态上，每年周转十次，那很明白，流通货币额的这个可除部分，将流通十倍于其价值的价值额，即 5,000 镑。它会在资本家

---

① 虽然重农主义者把这两种现象弄得混同，但仍算他们最先认识货币向其出发点的归流，为资本流通的本质形态，最先认识这种归流，为再生产所赖以进行的流通的形态，并最先把这点看重。"试一瞥经济表，你会知道，生产阶级给予货币，其他诸阶级就是用这种货币向生产阶级购买生产物的；但因其他诸阶级会在下年为同样的购买，所以这种货币会流回到生产阶级手里。…你知道，在这里，只有这样的循环：即，支出之后继以再生产，再生产之后继以支出。这个循环，便是以货币（那是支出与再生产的尺度）的流通为媒介而进行的"（魁奈《商业对话集》德尔编《重农主义者》第一篇第208页209页）。"资本这样不断垫支与流回，我们必须称之为货币流通。这是一种有用的多产的流通，它附予社会上一切的劳动以生气，维持社会体的运动与生命，我们就拿这个流通，比于动物身体的血液流通，也是确当的。"（杜尔阁《考察》德尔编全集第一篇第45页。）

和劳动者之间，每年流通十次。用流通货币额的这个可除部分，劳动者在一年间，被支付了并且支付了十次。假如在生产规模相等时，这可变资本每年只周转一次，那就只有一个 5,000 镑金额的一次通流了。

再者：流动资本的不变部分假设等于 1,000 镑。这个资本每年也周转十次，资本家在一年中售卖商品十次，放其价值的不变流动部分也被售卖十次，流通货币额的这个可除部分（1,000 镑），将十次由其所有者手里，流到资本家手里。这就是说，这个货币须换手十次。其次，资本家每年又会购买生产手段十次；在这场合，货币也是一年十次，由这个人手里流到那个人手里。产业资本家以 1,000 镑的货币额售卖价值 10,000 镑的商品，再购入了价值 10,000 镑的商品。若有 1,000 镑货币通流二十次，就有 20,000 镑的库存商品被通流了。

最后，周转加速时，实现剩余价值的货币部分，也会以更大的速度通流。

但货币通流速度的增进，不一定包含资本周转速度的增进，也不一定包含货币周转速度的增进。那就是说，不一定包含再生产过程的缩短及其更新的加速。

同量货币能实行较大量的交易时，货币通流总会加速的。货币通流的技术准备（technischer Veranstalt-ungen）发生变化时资本再生产的期间虽相等，这个结果也是可以发生的。又，交易额增加，但在其中通流的货币，可以不表现任何现实的商品交换（例如套利的证券营业 Differenzgeschäfte an der Börse）。从别方面说，货币通流有时又可以完全省却。例如，当耕者有其田时，就没有农民与地主间的货币通流。又如，当产业资本家有其营业资本时，也没有产业资本家与债权人间的货币通流。

　　　　　　*　　　*　　　*

　　至若货币贮藏当初如何在一国形成，以及这种贮藏如何为少数人所吞并，那是无需在这里进一步讨论的。

　　资本主义生产方法的基础，是工资劳动，是劳动者以货币给付，是现物报酬化为货币报酬。倘在一国之内，没有一个充分的货币额来充作流通媒介和贮藏货币（准备基金等），则资本主义生产方法，绝不能在该国，以大规模发展到高深的地步。这是一个历史的前提。不过，我们却不能说，必须先有充分的贮藏货币，然后资本主义生产才开始。不如说，资本主义生产与其条件，是同时发展的，其条件之一，便是贵金属有一个充足的供给。自十六世纪以来，贵金属的供给是增加了，这种增加，在资本主义生产的发展史上，是一个本质的因素。不错，当作资本主义生产的基础，还需有货币材料的追加的供给。如果我们讨论的，是这种追加供给，我们便须知道，当生产物中的剩余价值被投入流通中时，虽无货币化所必要的货币，但金之中的剩余价值，却也无须先由生产物化为货币，已可投在流通中。

　　总之，要转化为货币的追加商品，会寻到必要的货币量：因为，从别一方面看，那要转化为商品的追加金银，不由交换，也将由生产自身，投到流通中来。

Ⅱ　蓄积及扩大的再生产

　　蓄积如果是在再生产规模扩大的形态上发生，那很明白，不会在货币流通上发生什么新的问题。

　　第一，生产资本增加了，它尽机能所必要的追加的货币资本，会由那一部分已经实现的剩余价值，取得供给。剩余价值的那一部分，是当作货币资本，不是当作所得的货币形态，由资本家投在流通中的。货币已经在资本家手中。所不同的，不过是货币的用途。

当生产资本增加时，会有一个追加的商品量，当作它的生产物，投到流通中来。当商品量增加时，其实现所必要的追加货币的一部分，也会投到流通中来，如果这个商品量的价值，与其生产所消费的生产资本的价值相等。这种追加的货币量，正是当作追加货币资本垫支下去，并由资本的周转，流回到资本家手里的。我们这里遇到的问题，正好和我们上面遇到的问题相同。即，已在商品形态上的追加的剩余价值，必须由追加的货币来实现，请问，这种追加的货币，从何处来呢？

一般的答复还是这样。流通商品量的价格总额增加了，那不是因为一定量商品的价格已经提高，却是因为现在流通的商品量，比以前流通的商品已经增大，这种增大，又没有价格的跌落，从中为之抵消。这个较大的有较大价值的商品量的流通，必须有追加的货币；这种追加货币，或由流通货币量的节省——节省的方法，或是以收付互相清算，或是设法使同一枚货币的通流加速——得到，或因贮藏货币化为流通货币得到。这里说贮藏货币化为流通货币，不仅指休止货币资本，当作购买手段或支付手段，来发挥机能；也不仅指充作准备基金的货币资本（对所有者，它既有准备基金的机能，对社会它又充作实际流通的货币，例如不断贷出的银行存款），变成为有二重机能。那还指，停滞的由铸币构成的准备基金，被用得更节省。

"要使货币能当作铸币不断流通，铸币必须不断凝结为货币。盖铸币能否不断通流，须以下述一事为条件：铸币必须以或大或小的比例，在流通范围之内，当作流通的铸币准备，不断留存着。这个铸币准备（Reservefonds Von Münze）的形成，分配，分解，及再形成，是不断变化的，其存在是不断消灭的，其消灭是不断存在的。亚当·斯密曾表示铸币化货币，货币化铸币的不断的变化，说：每一个商品所有者，必须在他所有的待售卖的商品之侧，不断准备着一定量的一般商品（Allgemeinen ware）用它来买。我们讲过，W-G-W 流通的第二段 G-W，会分成一序列的购买，这一序列的购买，不是同时实行，却是在时间上连续实行的，所以，G 的一部分当作铸币而通流时，它的别一部分则当作货币休止着。在这场合，货币只是休止的铸币；通流铸币量的各个部分，是时而在这个形态上出现，时而在那个形态上出现，没有定规的。所以，流通媒介化为货币的最初的转化，只是表示货币通流上一个技术的方面"。（马克思《经济学批判》1859 年第105、106 页。——与货币对称的"铸币"Münze，在这里，是指示货币充作流通媒介的机能，与货币的其他各种机能对立的。）

这一切手段尚不充分时，那就必须有追加的金的生产。换言之，必须以追加生产物的一部分，直接或间接与金——贵金属生产国的生产物——相交换。

且假设金银为流通的工具。每年都有一定量劳动力和社会生产手段，用在这种金银的生产上。这全量劳动力和社会生产手段，在资本主义生产方法（总而言之，是以商品生产为基础的生产方法）的各种虚费（faux frais 不生产的但必要的费用）中，是重要的一项。这种虚费，把一定量本来可以用作生产手段和消费手段的东西，换言之，把一定量现实的富，夺取过来，使不能供社会利用。所以，在生产规模一定不变，或其扩张程度一定不变时，如果这个昂贵的流通机械的费用可以减少，社会劳动的生产力，即依相同的程度增加。所以，当信用制度发展，各种辅助工具也发展，以致发生这种影响时，这种辅助工具必定会直接增加资本主义的富。因为，这种辅助工具，不需有任何现实的金介在中间，已可将社会生产过程及劳动过程推动一大部分；又，实际已在发生机能的货币量，又将因此，把它们的机能能力提高。

曾有人提出这样一个无意义的问题：资本主义生产，在现在这样大的规模上没有信用制度，也可能么？换言之，单金属货币流通，也可能么？就单从这个见地观察，这个问题也是不解而自决的。那当然不能。在贵金属生产的范围上，可以见出种种的限制来。不过，就货币资本的供给与流通来说，我们对于信用制度的生产能力，也不能稍存神秘的观念。但关于这个问题的进一步的说明，是不在这个范围之内的。

＊　＊　＊

我们现在要考察一种情形，在这个情形下，没有任何现实的蓄积，那就是，生产规模没有任何直接的扩大，但实现的剩余价值，却会有一部分，在或长或短的期间内，当作货币准备蓄积着，预备在后来，化作生产资本。

这样蓄积的货币，是追加的货币。在这限度内，事情是自明的。这种货币，也许只是金生产国所供给的过剩的金的一部分。就这关联说，我们必须记着，为输入金而用的国民生产物，将不复存在本国之内。它已经当作金的交换品输出到国外去了。

反之，如果我们假设，现在国内的货币量是和以前一样，则被蓄积的和自行蓄积货币，是由流通中流出来。所变更的，不过是它的机能。它由流通货币，化为渐次形成的潜能的货币资本了。

这场合所蓄积的货币，是被卖商品的货币形态，并代表此商品价值的一部分，即所有者的剩余价值（在这场合，我们假设信

354

用制度是不存在的）。蓄积这种货币的资本家，必曾在这限度内，单卖而不买。

如果我们仅仅考虑这当中的经过的一部分，那是用不着怎样说明的。资本家一部分，会把生产物售卖所得的货币的一部分保留起来，不用来从市场取去生产物。但资本家别一部分，会把他的货币全部化为生产物，仅保留反复经营生产所必要的货币资本。被投在市场上当作剩余价值担当者的生产物部分，是由生产手段或由现实的可变资本要素（即必要的生活资料）构成的。那能直接用来把生产扩大。因为，我们并未假设，资本家一部分蓄积货币资本，别部分将其剩余价值全部消费。我们不过假设，资本家一部分，在货币形态上实行蓄积，形成潜能的货币资本，别一部分则从事现实的蓄积，把生产规模扩大，实际扩充生产资本。现有的货币量，依然够满足流通的需要，虽然有一部分资本家蓄积货币，有别一部分扩大生产规模。再者，一方面的货币蓄积，虽不用现金，也可由债务请求权（Schuld for derungen）的蓄积而成。

但若我们假设资本家阶级，不是一部分，而是全体从事货币资本的蓄积，困难就发生了。依照我们的假设——资本主义生产有一般的专属的支配权——在这个阶级之外，就只有劳动者阶级。劳动者阶级所买的全部等于他们的工资的总额，等于资本家阶级全体垫支的可变资本的总和。这个货币，因劳动阶级购买资本家阶级的生产物，而流回到资本家阶级手里来。可变资本就是这样反复取得货币形态的。假设可变资本的总额，等于 $x \times 100$ 镑。这所谓总额，是指实际使用的可变资本，不是指一年间垫支的可变资本。在一年间当作可变资本价值垫支的货币量，会因周转速度，而有大小之别，但这无关于我们现在考察的问题。资本家阶级会用这 $x \times 100$ 镑资本，购买一定量的劳动力，或支付一定数劳动者的工资：这是第一种交易。劳动者就用这个金额，向资本家购买一定量商品，以是，这 x×100 镑又流回资本家手里：这是第二种交易。这是不断反复而行的。劳动者有了这个 x×100 镑的金额，仍不能把生产物中代表不变资本的部分购去，更不能把生产物中代表资本家阶级剩余价值的部分购去。劳动者用 x×100 镑，只能在社会生产物中，购去价值的一部分，即代表垫支可变资本价值的部分。

有时候，一般的货币蓄积，不外表示，追加的输入的贵金属，以某种比例，在不同诸资本家间分割。除了这个场合，资本家阶级，如何能全体把货币蓄积呢？

这样，他们必须全体都售卖生产物的一部分，但不再购买。他们全体都有一定的货币基金，把这种货币基金当作消费品的流通媒介，投到流通中来，其当中的一定部分，会由流通，流回他们各自手里，那是一件一点也不神奇的事实。但这个货币基金，是当作流通基金，由剩余价值的货币化成立的，决不是当作潜能的货币资本成立的。

如我们就现实界的情形来考察这个问题，这个为未来使用的潜能的货币资本，是由这几个要素构成的：

（1）银行存款。真正在银行手里的，是一个比较小的货币额。货币资本仅名义上存在那里。实际蓄积在那里的是货币要求权（Geldforderungen），它之可以货币化（在果真货币化的限度内），只是因为付出货币与付入货币之间，有一个平衡罢了。在货币形态上存在银行手里的货币，比较起来是一个很小的金额。

（2）公债（Staatspapieren）。一般说这不是资本，只是对于国民年产物的债务请求权。

（3）股票（Aktien）。在不存诈欺的限度内，这是某公司所有的实在资本的所有权证，是每年提取剩余价值的证明书。

在这一切场合，都没有货币的蓄积。一方面成为货币资本蓄积的事情，会在他方面，表现为不断的现实的货币支出。这个货币究是由所有者支出，还是由别人（他的债务人）支出，是和我们这里的问题没有关系的。

在资本主义生产的基础上，贮藏货币的形成，不是目的，只是下述数事之一的结果：（1）流通停滞，有比通常为大的一部分货币，采取贮藏货币的形态；（2）周转所必须的蓄积；（3）贮藏货币仅形成一种货币资本，那暂时采取潜能的形态，但决定当作生产资本用。

所以，有一部分在货币形态上实现的剩余价值，从流通中取出，当作贮藏货币蓄积起来，但同时会有别一部分剩余价值不断化为生产资本。所以，倘若不是有追加的贵金属在资本家阶级当中分配，就决不能同时在各处都有货币形态上的蓄积。

年生产物中那在商品形态上代表剩余价值的部分，是和年生产物的其他部分，完全一样。其流通，须有一定额的货币。这一定额货币，和年生产物中代表剩余价值的商品，同样属于资本家阶级。它原来也是由资本家阶级投在流通中的。它又会由流通不断重新分配在他们之间。像铸币的流通一般一样，在这场合，这个货币额会有一部分在不断变化的处所，停滞下来，别一部分则不断流通。至若这个蓄积，是否有一部分故意为形成货币资本，那是和我们当前的问题，毫无关系的。

在这里，我们没有提到下述的事实：由流通上的冒险，可以有某资本家，夺去别个资本家的剩余价值的一部分，甚至夺去别个资本家的资本的一部分，从而，引起货币资本和生产资本的片面的蓄积与集中。举一个例。由 A 当作货币资本蓄积的剩余价值的一部分，可以实在是 B 的剩余价值的一部分，但它不会流回到 B 手里来。

第三篇

社会总资本的
再生产与流通

第十八章

绪论 ①

Ⅰ 研究的对象

资本的直接的生产过程，即资本的劳动过程和价值增值过程。这个过程，其结果为商品生产物（Warenprodukt），其决定的动机为剩余价值的生产。

资本的再生产过程（Reproduktionsprozess des Kapitals），包含这个直接的生产过程，还包含真正的流通过程的二阶段。换言之，它包含总循环。这个循环，当作周期的过程，在一定期间内不断地重新地反复，并形成资本的周转。

无论我们是在 G…G′形态上抑在 P…P′形态上观察资本的循环，直接的生产过程 P，总归只是这个循环的一节。在一个形态上，它是表现为流通过程的媒介；在别一个形态上，则流通过程表现为它的媒介。它是不断更新的，资本是当作生产资本不断再现的。在上述二场合，这种更新和再现，都以资本在流通过程中

① 采自原稿第二册。

的转化为条件。但反过来说，资本在流通领域不断重新通过的转化，也即以不断更新的生产过程为条件。资本在流通领域内，是交替着表现为货币资本和商品资本的。

但好比各个的资本家，只是资本阶级的个别的要素，个个的资本，也只是社会总资本的独立的断片，赋有个别的生命。诸独立部分的运动的总和，即个个资本的周转的总和，构成社会资本的运动。像个个商品的形态变化，是商品世界的转形系列——商品流通——的一个关节；个个资本的转型（即个个资本的周转），也是社会资本的循环的一个关节。

这个总过程，是包含生产的消费（即直接的生产过程），及其媒介的形态变化（从物质方面考察，便是交换），也包含个人的消费，及其媒介的形态变化或交换。一方面，它包含由可变资本到劳动力的转化，从而，包含劳动力在资本主义生产过程中的并合。在此，劳动者是当作他所有的商品（劳动力）的卖者，资本家则当作这种商品的买者。他方面，在商品的售卖中，又包含着劳动阶级对于商品的购买，从而，包含着劳动阶级的个人的消费。在此，劳动阶级是当作购买者，资本家则对于劳动者为商品售卖者。

商品资本的流通，还包含剩余价值的流通，从而，包含资本家个人消费（即剩余价值的消费）所赖以实现的买与卖。

个个的资本，相合即为社会的资本。若从这个见地，考察个个资本的循环，换言之，若就其总体考察，则个个资本的循环，不仅包含资本的流通，且包含一般的商品流通。后者，本来是由两个部分构成的。（1）是资本自身的循环；（2）是加入个人消费的各种商品的循环。劳动者支出其工资，资本家支出其剩余价值（或其一部分）所购买的商品，都包括在这各种商品之内的。当然，资本的循环，在剩余价值构成商品资本一部分的限度内，也包括剩余价值的流通，并包括可变资本到劳动力的转化，即包括工资的支付。但剩余价值和工资为购买商品而起的支出，却不是资本流通的关节，虽然工资的支付，至少是资本流通的条件。

在本书第一卷，我们把资本主义的生产过程，当作个别的过程和再生产过程，来分析。即分析剩余价值的生产和资本自身的生产。我们只假定资本在流通领域内所经过的形态变化和物质变化，但未进一步考究它们。我们是假定，资本家依照生产物的价值售卖生产物；又假定其过程更新或继续所必要的各种物质的生产手段，已经可以在流通领域内发现。在那里，我们仅详细考究了流通领域内一种行为，那就是劳动力的卖买。这种卖买，乃是资本主义生产的基本条件。

在这第二卷第一篇，我们考察资本在其循环中所采取的各种形态，和这种循环本身的各种形态。在第一卷，我们只考察劳动时间；在这一篇，我们又把流通时间加进考察了。

在第二篇，我们是把循环当作周期的过程，当作周转，来考察。由此，我们一方面指示了，资本的各个构成部分（固定资本及流动资本），是在不同的时间内，依不同的方法，完成形态的循环；他方面我们又研究了劳动期间（Arbeitsperiode）和流通期间（Zirkulationsperiode）的不同的长度，是受怎样种种事情的规定。我们指示了，循环期间（kreislauf speriole）及其构成部分的不同的比例，对于生产过程的范围和年剩余价值率（Jahre srate des Mehrwerts），有怎样的影响。实在说，我们在第一篇，主要是研究资本在其循环中不断取弃的种种连续的形态；在第二篇，我们是研究，在这种种形态的流动和连续中，一定量的资本，在同一时间，是怎样依照变化无定的范围，将它自身分成种种形态，即生产资本，货币资本，和商品资本，然后，这各种资本才可以互相交替，总资本价值的各部分，才可以在各种不同的状态下不断并存着，并不断发挥它们的机能。由此，货币资本的一种特质，被指示出来了，那是第一卷没有讲到的。由此，还有若干种法则被发现了，依照这种法则，一定量的资本，必须依照周转的条件，将分量不等的部分，不断投在且重新投在货币资本的形态上；必须如此，一定量的生产资本，才能不断保持着它的机能。

但在第一篇和第二篇，我们只考察个别的资本，只考察社会资本一独立部分的运动。

但个别诸资本的循环是互相交错的，是互为前提互为条件的，并就在这种交错中，形成了社会总资本的运动。在单纯的商品流通中，一个商品的总形态变化，表现为商品世界转形系列的一个关节；同样，个别资本的形态变化，在这里，也表现为社会资本转形系列的一个关节。不过单纯的商品流通，不必包含资本的流通（因单纯的商品流通，得在非资本主义生产的基础上进行），但如上所述，社会总资本的循环，却包含个别资本循环以外的商品流通，换言之，包含非资本的商品的流通。

现在，我们要考察当作社会总资本构成部分的个别资本的流通过程（其总体，即构成再生产过程的形态），从而考察社会总资本的流通过程。

Ⅱ　货币资本的任务

（货币资本，当作社会总资本的一个构成部分，虽属于本篇后部研究的范围，但我们也想在这里研究它一下。）

在考察个别资本的周转时，我们把货币资本的两个方面指示了。

第一，每一个个别的资本，以资本的资格出现在舞台上，都须采取货币资本的形态，并依以开始它的过程。所以，货币资本，表现为全部过程的原动机。

第二，垫支资本价值中那必须不断在货币资本形态上垫支和更新的部分，须视周转期间的长短不同，视周转期间二构成部分——劳动期间和流通期间——的比例不同，而与它所推动的生产资本，与继续的生产规模，保持不同的比例。但无论这比例如何，过程中的资本价值中，那能当作生产资本而不断发挥机能的部分，总要被垫支资本价值中那必须不断在货币形态上与生产资本并存的部分所限制。在这里，成为问题的，只是正常的周转，一个抽象的平均。流通停滞所赖以抵补的追加货币资本，是存而不论的。

关于第一点。商品生产假定有商品流通；商品流通又假定有商品的货币表现，假定有货币流通；商品二重化为商品和货币的过程，即是生产物表现为商品的法则。同样，资本主义的商品生产，——无论从社会的见地考察，抑从个别的见地考察——又假定，有货币形态上的资本或货币资本，当作新开营业的原动机，和联动机。尤其是流动资本；它必须有不断在短期间内反复出现的货币资本作原动机。全部垫支资本价值，换言之，资本的一切构成部分，由商品构成的，由劳动力构成的，由劳动手段构成的，由生产材料构成的，都须不断用货币购买，并且再购买。就个别资本说是如此，就社会资本说也是如此。社会资本，原不过是在许多个别资本的形态上发生机能。第一卷讲过的，资本的机能范围，生产的规模（即在资本主义的基础上的），就其绝对限界说，也不是依照机能货币资本（fungierenden Geldkapital）的范围来决定的。

诸生产要素，是合体而成为资本的。其扩大，在一定限界内，与垫支货币资本之量，没有关系。在劳动力的给付相等时，它的利用，仍可以在外延方面或内涵方面加强。在利用程度加强时，货币资本即使要增加（那就是工资提高），其增加也不与利用程度的加强成比例；在这限度内，且完全不与利用程度的加强成比例。

生产上利用的自然物质，如土地，海，矿，森林等，不是资本的价值要素。只要使同数劳动力更加紧张地发生作用，那便不增加货币资本的垫支，也可在外延方面或内涵方面，使这种自然物质的利用程度加强。这样，生产资本的实在要素增加了，但货币资本并不因此有增加的必要。即令补助材料增加，从而货币资本（资本价值就是依货币资本的形态垫支的）也增加，其增加，也不与生产资本的作用程度的扩大成比例；在这限度内，且完全不与其作用程度的扩大成比例。

同一劳动手段，从而，同一固定资本，由每日使用时间的延长，或由使用上强度的增进，得为更有效的利用，但虽如此，为固定资本而起的货币支出，却是不增加的。在这场合，不过固定资本的周转较速罢了。但其再生产要素的供给也会较速。

且不说自然物质。不费一文的自然力，当作生产过程的动因来利用，其所发挥的作用力，是强弱不等的，但其作用力的程度，却依存于不费资本家一文的方法和科学的进步。

劳动力在生产过程中的社会结合与个别劳动者蓄积好的熟练，也是这样的。依卡勒（Carey）的计算，土地所有者的所得从来就不充分；因为，土地有现在这样的生产能力，乃是资本及劳动自不能记忆的时候就被投在土地的结果。这种资本或劳动，是从未受到充分的给付。（当然，他没有提到被劫夺的土地的生产能力。）然若依照这种算法，个别劳动者应有的给付，也须依照人类全体为使野蛮人化为现代机械工人所费去的劳动，来计算了。反之，我们其实宁可这样想：若我们把一切，投在土地内，但在土地所有者或资本家手中货币化的无给劳动计算起来，则已经投在土地内的总资本，是已经屡次屡次凭高利贷的利息付还了，从而，土地所有权也在许久以前，就屡次屡次被社会购回了。

劳动生产力的增进，在不必增加资本价值支出的限度内，我们一看就知道，那只会增加进生产物的量，不会增加它的价值；除非它使同量劳动，能再生产较大量的不变资本，从而能保存较大量的不变资本的价值。但这种增进，同时也会形成新的资本材料（Kapitalstoff），从而，形成资本蓄积增大的基础。

在社会劳动的组织，从而，劳动社会生产力的增进，要求以大规模生产，并要求个个资本家大量垫支货币资本的限度内，我们在第一卷讲过，这个要求，有一部分，是这样完成的：那就是资本集中（Zentralisation der Kapitale）在少数人手中。若是这样，机能资本价值的范围，从而，货币资本（资本所依以垫支的形态）的范围，是不必要绝对增大的。个个资本的量，在社会资本总量不增大时，也得由资本集中在少数人手中这一个事实增大。所不同的，不过是个个资本的分配罢了。

最后，周转期间的缩短，又如前篇所示，将使较少的货币资本，能推动同量的生产资本，或使同量的货币资本，能推动较多的生产资本。

但这一切都与真正的资币资本问题无关系。以上的事实不过指示，垫支的资本——一个确定的在自由形态（freien Form），价值形态上的，由一定额货币构成的价值额——在转化为生产资本后，即包含生产的诸能性（Produktive Potenzen）。其限界不由其价值限界所定，但能在一定的活动范围内，在外延方面或内包方面，发出不等的作用。如果生产要素——生产手段与劳动力——的价格是已定的，则购买一定量生产要素（那是在商品形态上存在）所必要的货币资本量也有一定，或者说，垫支资本的价值量有一定。但这个资本当作价值形成要素与生产物形成要素来发生作用的范围，是可伸缩，可变化的。

以下讲到第二点。在社会的劳动与生产手段中，每年必须以一部分，为生产或购买金，以补充铸币的磨损而支出，这一部分，当然会依比例，成为社会生产范围的一种缩减。但这种一部分当作流通手段一部分当作贮藏货币的货币价值一经取得，它就原来会和劳动力，所生产的生产手段，及自然的富源，并存在那里的。我们不能说，这种货币价值，是这诸物的限制，当然，如果它转化为生产要素，或用来和他国交换时，生产规模就能扩大的。但这包含着一个条件：货币必须依旧有世界货币的作用。

周转期间有大小，推动生产资本所必要的货币资本量也因此而有大小，我们还曾讲过，周转期间分为劳动时间与流通时间的分割，又使潜存在或停滞在货币形态上的资本，必须增加。

在周转期间由劳动期间决定的限度内，在其他条件不变的情形下，它是由生产过程之物质的性质决定，不是由生产过程之特殊的社会的性质决定。但在资本主义生产的基础上，期间长而范围广的事业，必须有长期间的多额的货币资本垫支。因之，在这样的事业上，生产的范围，须视个别资本家有多少货币资本而定。但这个限界，是被信用制度与共同社团（例如股份公司）打破了。所以，金融市场的紊乱，会使这种事业陷于停滞，但从别方面说，这种事业也会引起金融市场的紊乱。

有多种事业，它们会在长期间取去劳动力与生产手段，但不会在这期间内提供任何有效用的生产物。有多种事业，则不仅在一年间，继续的或多次的，取去劳动力和生产手段，且也同样提供生活资料和生产手段。在社会化的生产的基础上，我们必须决定前者应以什么规模进行，才不致有害于后者。社会化的生产，就下一点说，是和资本主义的生产一样。在劳动期间短的各职业部门，劳动者仅在短期间内提去生产物不将生产物提回，而在劳动期间长的各职业部门，则有长期间仅有提去没有提回。所以，这一种情形，乃起因于各该劳动过程的物质条件，非起因于它的社会形态。但在社会化的生产下，货币资本是不复存在的。社会将分配劳动力与生产手段在不同的营业部门间。生产者将受得一种支票（papierne Anweisumgen）凭此在社会的消费品库存中，支取与其劳动时间相符的数量。这种支票，不是货币。它是不流通的。

由是，我们知道，在货币资本的需要，是由劳动期间的延长而发生时，它是以下述二事为前提：（1）个别资本（暂将信用存而不论）变为生产资本时，一般须采取货币这个形态，这件事，是由资本主义生产的本质，乃至由商品生产一般的本质发生的。——（2）必要货币垫支量巨大，是由这个事实发生的：劳动力与生产手段，继续在长期间内从社会提去，但在这期间内，不会有任何可复化为货币的生产物提回。前一种事情（垫支资本必须在货币形态上垫支），不因货币所采的形态（金属货币，信用货币，价值记号或其他）而废除。后一种事情，也不因劳动，生活资料，与生产手段所依以提去（不将等价掷还流通中的提去）的，是那一种货币媒介，那一种生产形态，而致于受影响。

I　重农主义派

　　魁奈的经济表，会粗枝大叶的指示，国民生产在一年间的结果，一定额的价值会在其他事情保持不变，单纯再生产（即规模保持不变的再生产）得以进行的条件下，由流通而分配开来。他很得当地，以前年度的收获，为生产期间的起点。无数个别的流通行为，被视为特征的社会的大量运动，为诸大经济社会阶级（那是依照机能分割的）间的流通。在这里，使我们关心的，是这一点：总生产物中有一部分——像总生产物的其他各部分一样，当作使用对象，它也是前年度劳动的新的结果——是再现在同一自然形态上的旧资本价值的担当者。它不流通，但保留在它的生产者（租地农业者阶级）手里，并就在他们手里，再开始当作资本用。固然，魁奈还在年生产物的这不变资本部分内，包括若干不属于此的要素；他的眼界也有限，他以为，只有农业上

---

① 这里就是原稿第八册的开始。

的人类劳动会生产剩余价值，从而，从资本主义的立场看，只有农业是现实的生产的投资范围，但正因他的眼界有限，故得将主要问题把握住。经济的再生产过程，无论其特殊的社会性质如何，总会在这个范围（农业）内，与自然的再生产过程相交错。而后者的明白的条件，也可将前者的条件说明白，并由此将流通幻术所引起的思想混乱，排除。

体系的签条，是以这点为区别的特征的；即，它不仅欺瞒买者，并且往往欺瞒卖者。魁奈自己以及他的直传弟子，相信他们的封建的招牌。直到现在我们的学派的博学者，还是这样。但实际，重农主义的体系，乃是资本主义生产的最早的体系的理解。依照这个体系，全部经济运动，是由产业资本家的代表——租地农业家阶级（Pachterklasse）——指导；农业是依资本主义方法经营的，换言之，是大规模租地的农业资本家的企业；直接的土地耕作者，是工资劳动者；生产不仅生产使用品，且生产使用品的价值；生产的动机则是剩余价值的获得；剩余价值的出生处，是生产领域，不是流通领域。并且，在三阶级中——他们是以流通为媒介的社会再生产过程的担当者——"生产"劳动的直接榨取者，剩余价值的生产者，租地农业资本家，也和单单占有剩余价值的人相区别了。

重农主义体系的资本主义的性质，在它的开花时期，就已经在一方面，引起了林茟（Linguet）、玛布勒（Mably）等人的反对，在别方面，引起自由小土地所有者（freien kleinen Grundbesitzer）的辩护者的反对了。

亚当·斯密在再生产过程的分析上，是退步的①。这一点极其明显，因为他不仅把魁奈的正确的分析，进一步加工，例如把"原垫支"和"年垫支"普遍化为"固定资本"和"流动资本"② 并且在此处或彼处，完全再落到重农主义派的谬误中。例如，他为要指明，租地农业家比任何别的资本家都生产更多的价值，他竟说："价本相等，但在农业家手中，将推动较大量的生产劳动。不仅农仆，他的代劳家畜也是生产劳动者。"（这对于农仆，是一个多么客气的祝辞!）"在农业上，自然与人类共同劳动；自然的劳动，虽不须有任何支出，但其生产物却有价值，和最多费的劳动者的生产物一样。农业上面的最重要的操作，与其说是增加自然的丰度（当然它也做这个），毋宁说是指导自然丰度，使其生产于人类最有用的植物。繁生荆棘杂草的原野，和最上等的葡萄园或谷田，往往可以供给同样多的作物。栽培与耕作多是调节（不是刺激）自然的能动的丰度；但调节的劳动已经穷尽时，还可在刺激方面作许多工夫。农业上使用的劳动者与代劳家畜（!），不像制造业上的劳动者那样，仅再生产一个价值，等于其自身的消费或其自身所依以雇用的资本，加资本家的利润；他们会生产一个比这更大得多的价值。在农业家的资本及

---

① 《资本论》第一卷第 429 页注②。

② 即在这里，也有若干重农主义者，尤其是杜尔阁，曾为他开路。杜尔阁比魁奈及其他重农主义者，更常使用资本一辞，以为 avances（垫支）一辞之代；也更把制造业者的垫支或资本，和资本农业家的垫支或资本，视为相同。举一例。杜尔阁说："和他们（制造业企业者）一样，他们（农业家即资本农业家）除收回资本，尚须有所得"云云。（《杜尔阁全集》德尔编巴黎 1844 年第 II 卷第 40 页）

其全部利润之外，他们还照例会再生产土地所有者的地租。地租可以说是自然力的生产物，这种自然力的使用权，是土地所有者借给农业家的。地租的大小，视自然力的估计的程度如何而定，换言之，视土地的估计的丰度（自然的或人为的丰度）如何而定。把可视为人工的一切除外或补还之后，其余的一切，都可视为是自然的工作。那不常在总生产物二分之一以下，但常在其三分之一以上。制造业所使用的生产劳动量虽相等，但决不能有这样大的再生产。在制造业上，自然不做什么，一切都是人做的；其再生产，必须与其遂行所赖的因素的强度，相比例。所以，在农业上投下的资本，不仅比制造业上使用的任何等量的资本，会推动较大量的劳动；它还会比例于所使用的生产劳动量，把更大得多的价值，加到一国土地劳动的年产物中，并加到该国住民的现实财富与收入中。"（《国富论》第二篇第五章第 242 页）

亚当·斯密在《国富论》第二篇第一章说："种子的全部价值，同样在严密的意义上，是固定资本。"在这句话里，资本是等于资本价值：它是在"固定"形态上存在的。"种子虽然在土地和谷仓之间往复，但不变更所有主，实际是不流通的。农业家之获得利润，非由于其售卖，乃由其增加。"（第 186 页）这当中的谬误在：斯密不像魁奈那样，注重不变资本价值在新形态上的再现（这是再生产过程上一个重要的要素），却注重别一种错误的例解，即注意流动资本与固定资本的区别的例解。——斯密将"原垫支"及"年垫支"译为"固定资本"及"流动资本"时，其进步在于"资本"一词；这个名词的概念是被普遍化了，它在重农主义派手里，却限于应用在"农业"的范围内。其退步则在于这一点：他把"固定"和"流动"视为决定的区别，并坚持着这种区别。

Ⅱ 亚当·斯密

A 斯密的一般见地

斯密在《国富论》第一卷第六章第 42 页说："在每一个社会内，每一种商品的价格，结局都分解为这三个要素之一或其他，或兼有三者（工资，利润，地租）；在每个进步的社会内，这三者会以多寡不等的程度，参加入遥较为大的一部分商品的价格中，成为其构成部分①。"在第 63 页，他又说："工资，利润，与地租，不仅是一切交换价值的三个源泉，并且是一切所得的三个源泉。"关于亚当·斯密论"商品价格或一切交换价值的构成部分"的学说，我们以下还要详细研究的。——他还说："就各个特殊的商品说既然如此，就一切商品的全体说，也必定如此。这一切商品的全体，便形成一国土地劳动的全部年生产物。这全部年生产物的总价格或交换价值，也须分解为这三部分，而分配在国内各种住民之间，有的当作劳动的工资，有的当作资本的利润，有的当作所有地的地租"。（《国富论》第二篇第二章第 190 页）

斯密这样把一切个别商品的价格和"一国土地劳动年生产物……的全部价格或交换价值"，分解为工资劳动者，资本家，和土地所有者的三个所得源泉，即劳动工资，利润和地租之后，他自然只有经由迂路，将第四个要素秘密输入，即资本的要素。

---

① 因为要使读者对于"遥较为大的一部分商品的价格"一语不致发生误会起见，我们可援引亚当·斯密自己的说明如下。"例如，在海鱼的价格中，不包含地租，只包含工资与利润；在苏格兰细石的价格中，只包含工资。因为，在苏格兰若干地方，贫民常在海滨，以捡拾各种色彩的名叫苏格兰细石的小石为业。雕石业者支付给他们的价格，仅由他们的工资构成，地租与利润均不在价格中构成任何的部分。"

这种密输，是以总收入和纯牧入的区别来实行的。"一大国住民全体的总收入，包括其土地劳动年生产物全部；在总收入中，先把固定资本的维持费，再把流动资本的维持费除去，其余的部分，便是纯收入。换言之，纯收入，是总收入的一部分，那可用来供给消费，或用来维持自己，使自己安逸或享乐，不至于侵蚀资本。他们的现实的富，不比例于他们的总收入，但比例于他们的纯收入。"（前书第 190 页）

关于这一层，我们可评述如下：

（1）斯密在这里，显然只考察单纯再生产，不是考察规模累进扩大的再生产或蓄积。他只说到维持机能资本（fungierende Kapital）的支出。但纯所得既只等于年产物中的那构成社会或个别资本家的"消费基金"的部分，而这个基金的范围，必须不致侵蚀机能资本，所以，个人生产物与社会生产物，都分明须以价值一部分，不分解为工资，也不分解为利润或地租，但分解为资本。

（2）亚当·斯密是以一个名辞游戏（总所得与纯所得的区别），避去他自己的学说。个别资本家和资本家阶级全体（即所谓国民），将收得一个商品生产物，来代置生产上所消费掉的资本，这个商品生产物的价值，是表现为这个生产物的比例部分的。它一方面，代置所使用的资本价值，从而，形成一种收入或所得，但请注意，这是资本所得或资本收入（Kapitalrevenue oder Kapitaleinnahme）。另一方面，则是价值诸构成部分，那"分配在一国各种住民之间，成为劳动的工资，或资本的利润，或所有地的地租"——那就是我们日常生活上所谓收入。全生产物的价值，无论是就个别资本家说，是抑就全国说，都会在某人手里成为收入；但一方面是资本收入，一方面是与此不同的"所得"。换言之，在商品价值成分分析上漏去的东西，是由侧门进来了，那就是，由"所得"这个名词的意义暧昧，通进来了。但生产物的这几个价值成分，所以能够"收入"，只因这几个成分，原来已经存在。如果资本要当作"所得"来收入，它是必须预先支出的。

亚当·斯密还说，"最低的普通利润率，除须够补偿各种投资所受的损失之外，常须有几分余额。这个余额，才代表净利润或纯利润"。（哪个资本家会把利润解为必要的投资？）"人们普通称作总利润的东西，不仅包括这个余额，且包括保留下来为补偿这种临时损失的部分。"（《国富论》第一篇第九章第 72 页）这不过说，把剩余价值解为总利润的一部分，必须为生产，形成一个保险基金（Assekuranzfonds）。这个保险基金，是由剩余劳动的一部分造成的；在这限度内，是剩余劳动直接生产资本；那就是，直接生产那决定用在再生产上面的基金。再就固定资本等的维持费（参看以上引述的一段话）说，以新的固定资本代置消费掉的固定资本，本来不是新的投资，而只是旧资本价值在新形态上的更新。更就固定资本的修理说（这种修理，同样被斯密算在维持费内），这种修理费，是应属在垫支资本的价格内。固然，资本家的这种费用不是一次一齐投下，是视资本机能的需要渐渐投下的，他可以把已经收进的利润，用在这上面。但这个事实，不会影响这个利润的源泉。这个费用所自出的价值成分，不过证明：劳动者不仅为保险基金，并且为修理基金（Reparaturfonds），提供他的剩余劳动。

亚当·斯密还告诉我们，纯收入（即狭义的所得）完全把固定资本排除在外；又，维持固定资本，修理固定资本，及更新固定资本所必要的全部流动资本，总之，一切资本，其自然形态非为消费基金的，都不包括在内。

"维持固定资本的全部支出，显然要从社会纯所得中排除出去。有用机械和产业工具所依以保持的原料，使原料转化为适合形态所必要的劳动的生产物，都不是这个所得中的部分。不过这个劳动的价格，是这个所得中的一部分；因为这样使用的劳动者，将以其工资的全部价值，投在直接的消费基金上。但就别种劳动说，则其价格（那就是付给劳动的工资）与生产物（劳动所依以体现的东西）同会加入这个消费基金；其价格加入劳动者的消费基金，其生产物则加入他人的消费基金。这些劳动者的劳动，将增进其他的人们的生计，安逸，与快乐。"（《国富论》第二卷第二章第190、191页）

亚当·斯密在这里碰到了一种极重要的区别。那就是生产生产手段的劳动者，和直接生产消费资料的劳动者间的区别。在前者的商品生产物的价值中，虽有一个成分，与工资额（即购买劳动力所用去的资本部分的价值）相等，但价值的这一部分，就其物体形态说，乃是这种劳动者所造出的生产手段的一部分。他们在工资形态上所受得的货币，是他们的所得。但他们的劳动，不曾为自己，也不曾为他人造出任何可以消费的生产物来。因此，在决定用作社会消费基金（纯所得只有在这个形态上实现）的那部分年生产物中，这个生产物不形成任何的要素。但亚当·斯密在这里忘记加上一句：工资是这样，生产手段价值中那在利润地租范畴下当作剩余价值而直接成为产业资本家的所得的部分，也是这样。价值的这一部分，也存在生产手段内，存在不能消费的物品内。必须到它们化为货币之后，他们才能由第二种劳动者所生产的消费资料中，取得与其价格相当的数量；必须到那时候，他们才能把它们转移作所有者个人的消费基金。又，亚当·斯密还应知道，在每年造出的生产手段的价值中，有一部分，与在生产领域内发生作用的生产手段（生产手段所依以造出的生产手段）的价值相等，那就是，与生产领域内使用的不变资本的价值相等，这个价值部分，不仅就其存在的自然形态说，即就其资本机能说，也必须绝对从那构成"所得"的价值成分中，排除出来。

关于第二种劳动者——即直接生产消费资料的劳动者——斯密的叙述，不十分精确。他说，就这种劳动说，劳动的价格与生产物二者，都加入（goto）直接的消费基金，"其价格"（即在工资形态上领受的货币）"加入劳动者的消费基金；生产物则加入其他的人们的消费基金，并由这些劳动者的劳动，增进其他的人们的生计，安逸，与快乐"。但劳动者不能用他的劳动的"价格"来生活，换言之，不能用他在工资形态上受得的货币来生活；他是用这个货币购买消费资料，从而把这个货币实现。这种消费资料，可以有一部分，是由他自己生产的。但他自己的生产物，也可以是这样的生产物，以致于仅能归劳动榨取者消费。

斯密这样完全把固定资本从一国"纯所得"中排出之后，却接着说：

"不过，固定资本维持费全部虽必须从社会纯所得中排除，但流动资本的维持费不是这样。在后一种资本的四部分中（即货币，生活资料，原料，与完成品），我们讲过，后面的三部分，会依常则地，从当中取出，并转化为社会的固定资本，或转化为供直接消费的基金。消费可能品不用以维持前者（固定资本），即完全加入后者（供直接消费的基金），并成为社会纯所得的一部分。所以，流动资本这三部分的维持，即令会减损社会的纯所得，它所减损的，也不外是年生产物中维持固定资本所需的那一部分。"（第二篇第二章第192页）

说流动资本中那不参加生产手段生产的部分，会参加消费资料的生产，从而，会加入那在年生产物中成为社会消费基金的部分，不过是一个重复语。但往下接着说的一句话，却是重要的。

"一个社会的流动资本，就下一点说，是和一个人的流动资本不同的。一个人的流动资本，完全要从纯所得中排除，不能成为其中任何部分。那只能由他的利润构成。不过，个人的流动资本虽都是他所属社会的流动资本的一部分，但决不因此，就绝对要从社会纯所得排除出来，却未尝不可成为其中的一部分。小商人货栈内的商品全部，都不是供自己直接消费的，但可归为他人的消费基金。这其他的人，可以拿由别种基金取得的所得，常则地，对他补还这些物品的价值，以及他的利润，是以，既不减少他自己的资本，也不致减少他们的资本。"（前书）

　　在这里，我们听到了这样的意思：

　　（1）固定资本及其再生产（他忘记了说机能）与维持所必要的流动资本，必须从个别资本家的纯所得（那只能由他的利润构成）中完全排除；各个资本家用在消费资料生产上的流动资本，也是这样。所以，他商品生产物中那代置资本的部分，不能分解为构成"所得"的价值成分。

　　（2）每个资本家的流动资本，都是社会流动资本的一部分。就这点说，它是和各个固定资本完全一样的。

　　（3）社会的流动资本，虽不过是个别的诸流动资本的总和，但其性质，却与各个资本家的流动资本的性质相异。各个资本家的流动资本，决不能成为他自己的所得的部分；但社会流动资本的一部分（即由消费资料构成的部分），却可以同时是社会的所得的一部分。或如他们说，不必因为有它，便要从社会纯所得中，减去年生产物的一部分。斯密这里所谓流动资本，是指逐年由生产消费资料的资本家投在流通中的逐年生产的商品资本。他们逐年生产的这种商品生产物全部，是由消费可能品构成，并由此成为社会纯所得（包含工资）所依以实现或支出的基金。在这里，亚当·斯密与其用小商人栈房内的商品为例，实不如用产业资本家仓库内堆囤的大量货物为例。

亚当·斯密先考察他所谓固定资本的再生产，次考察他所谓流动资本的再生产。如果他把这些迫在他意念中的断片思想综括起来，他就会得到这样的结论了：

（Ⅰ）社会年生产物，包含二部类。其一为生产手段，其他为消费资料。这二者必须分别处理。

（Ⅱ）年生产物中那由生产手段构成的部分的总价值，是照这样分割的：价值一部分，不过是生产生产手段时所消费的生产手段的价值，从而，不过是在更新形态上再现的资本价值。第二部分，等于投在劳动力上的资本的价值，或等于该生产范围内资本家所付的工资总额。第三部分价值，则构成产业资本家的利润（包括地租）的源泉。

第一价值成分，照亚当·斯密说，在第一部类生产所使用的个别资本中，是再生产的固定资本部分。这一个成分无论就个别资本家说抑就社会说，"都显然须从纯所得中排除出来，不能成为纯所得的部分"，它是不断当作资本用，不是当作所得用的。就这层说，每个资本家的"固定资本"，和社会的固定资本是没有区别的。但社会年生产物中还有一个价值部分，也是由生产手段构成，而为生产手段总量中的一个可除部分，这个价值部分，就形成一切从事这种生产的当事者的所得，即劳动者的工资，资本家的利润地租。但就社会来说，不是这样。虽说社会的年生产物，也是由隶属该社会诸个别资本家的生产物的总和构成，但就社会说，这个价值部分，并不是所得，只是资本。依照性质，它们大都只能当作生产手段用；甚至，在必要时可以当作消费资料用的部分，原来也是决定用作新生产的原料或补助材料的。但它们不在生产者手里当作资本用，却在使用者手里当作资本用。这所谓使用者，便是：

（Ⅲ）第二部类的资本家，即直接生产消费资料者。他们用这些东西，代置消费资料生产上所消费的资本（即资本中不转化为劳动力的部分，它不由第二类劳动者的工资总额构成）；同时，这所消费的资本，即在消费资料形态上保留在生产这种消费资料的资本家手中的资本，从社会的立场看，又形成一个消费基金，使第一部类资本家与劳动者，得由此实现他们的所得。

亚当·斯密的分析如果进到这点，他便只要再进一点点，就可以把全部问题解决了。他已经临近问题解决之处，他曾说，构成社会年生产物全部的商品资本中，有一种（生产手段），其一定的价值部分，只充作这种生产上所使用的各个劳动者及资本家的所得，但那不是社会所得的要素。别一种（消费资料），其价值一部分，虽也是个别所有者（即在该投资范围内从事的资本家）的资本价值，但却只是社会所得的一部分。

由以上所说，下述两点是极明白的。

第一，虽说社会资本只等于个别资本的总和，从而社会每年的商品生产物（或商品资本），等于这一切个别资本的商品生产物的总和；虽说商品价值成分的分析，适用于各个商品资本的，也必适用于全社会的商品资本，且在结局上也实际适用于全社会的商品资本，但此等成分在社会总再生产过程上依以表现的现象形态，却不是这样的。

第二，即在单纯再生产的基础上，也不仅有工资（可变资本）与剩余价值的生产，并且有新的不变资本价值的直接生产；虽说劳动日只由两部分构成，其中一部分，劳动者仅代置可变资本（即购买其劳动力的代价），在第二部分，劳动者仅生产剩余价值（利润，地租等）。——详言之，每日用在生产手段再生产上的劳动（其价值分为工资与剩余价值），将实现为新生产手段，并代置那已经在消费资料生产上支出的不变资本价值。

这个问题的主要的难点——其大部分，已由以上的说明解决了——并非由于蓄积的考察，而是由于单纯再生产的考察。所以，亚当·斯密（《国富论》第二篇）和他以前的魁奈（《经济表》），每讨论到社会年生产物的运动及其以流通为媒介的再生产时，都是以单纯再生产为出发点的。

B 斯密将交换价值分解为 v+m

亚当·斯密曾说，每个商品——从而，合起来构成社会年生产物的一切商品，（因为他随处都很适当地，以资本主义生产为前提）——的价格或交换价值（exchangeable value），是由三个构成部分（component parts）构成，或分解为（resolves itself into）工资，利润，与地租，并可还原为工资，利润，与地租。他以为，商品价值等于 v+m，即等于垫支可变资本加剩余价值。我们把利润和地租还原为一个叫作 m 的共通单位。这是斯密自己公然认可的；这可由以下各种引语来印证。在这些引语中，我们且先把一切不关重要的点除开，尤其是把一切貌似或实际与斯密教义（商品价值纯然由 v+m 诸要素构成的教义）相违背的事情除开。

在制造业，"劳动者所加于原料上的价值，会分成……二部分，一部分支付工资，别一部分为使用者的利润，这利润是报酬他垫支在材料和工资上面的全部资本的"（第一篇第六章第41页）。——虽然"制造家"（指制造业劳动者）"由主人那里获得主人所垫支的工资，他其实不费主人什么，因为照规则，这种工资的价值，将连同一个利润，保留在劳动对象物的追加的价值中"（第二篇第三章第221页）。资本（Stock）的一部分，将用来"维持生产劳动。……这一部分在他（雇主）手中当作资本用之后，即在他们（劳动者）手中，成为所得"（第二篇第三章第223页）。

亚当·斯密在上所引述的那一章，曾明白说："一国土地劳动年生产物全部，……自然是分成两部分。一部分，往往是较大的部分，原来是用来代置资本，再生产生活资料，原料，和完成品的。他一部分是决定在资本所有者手中，成为资本利润，或在土地所有者手中，成为地租，那就是决定成为一种所得"（第222页）。资本只有一部分，即用来购买生产劳动的部分，会像斯密刚才所说的那样，同时是某人的所得。这一部分——即可变资本——是在雇主手中，对雇主，尽"资本的机能"，然后又对生产劳动者，"成为一种所得"。资本家把其资本价值一部分转化为劳动力，即转化为可变资本；也就因有这种转化，所以不仅资本的这一部分能当作产业资本，它的全部都能。劳动者——劳动力的卖者——在工资形态上，得到他的劳动力的价值。但在他手里，劳动力仅仅是一种可卖的商品；这种商品的出卖，使他能够生存，从而是他的所得的唯一源泉。在买者（即资本家）手中，劳动力才有可变资本的机能，并且资本家也只在表面上垫支劳动力的购买价格，因为它的价值，是先由劳动者供给资本家了。

亚当·斯密告诉我们制造业生产物的价值 = v + m（在这里，m 等于资本家的利润）后，又告诉我们，在农业上，除"再生产一个价值，与他们自身的消费额，及他们所依以雇用的（可变）资本相等，另加资本家的利润"外，换言之，"除农业家资本及其利润外，还照例会再生产土地所有者的地租。"（第二篇第五章第243页）地租会归到土地所有者手里的事实，对于我们的问题，是毫无关系的。因为，地租，在归到土地所有者手中之前，必须先在租地农业家手里，那就是先在当作产业资本家的租地农业家手里，在它能成为任何的所得以前，它必须已经是生产物的一个价值成分。照斯密自己的意见，地租与利润也只是剩余价值的构成部分；生产劳动者在再生产其工资（即可变资本价值）

时，会不断再生产这几个部分。所以，地租和利润一样是剩余价值 m 的部分，并且，照斯密的意思，一切商品的价格都分解为 v+m。

一切商品（从而年商品生产物）的价格归为工资加利润加地租的教义，在斯密著作之散见的奥义的部分，是采取这样的形态。即，每一件商品（从而社会的年商品生产物）的价值：= v+m；那就是；等于投在劳动力上面并不绝由劳动者再生产的资本价值，加劳动者借其劳动所附加的剩余价值。

斯密的考察的结果，同时泄露了——见以下所说——他这种片面的分析（商品价值成分的分析），是怎样发生的。但这各种成分，对于在生产上尽其机能的诸阶级，将成为不同的所得源泉，这件事，是毫无关于这各种成分的量的规定，及其价值额的限界的。

斯密说："工资，利润，地租，为一切交换价值的三个本源，也是一切所得的三个本源，其他各种所得，结局都由三者之一派生。"（第一篇第六章第48页）他这句话，有种种互相混同的东西，混在一起。

（1）一切不直接从事再生产的社会分子（无论劳动与否）所以能在年商品生产物中取得一份，换言之，所以能取得他们的消费资料，本来都须通过生产物所直接归属的诸阶级之手，即生产劳动者，产业资本家，及土地所有者之手。在这限度内，他们的所得，在实质上，是由工资（生产劳动者的工资），利润，与地租派生的，与原生的所得相对而言，好像是派生的所得。但从他方面说，这种派生所得的受领人，都是以某种社会的机能（例如国王，牧师，大学教授，娼妇，兵士等）为媒介，他们也未尝不可认这种社会的机能，为他们的所得的本源。

（2）在这里，斯密的错误，达到了极点。他正确决定商品的价值成分，决定在商品内体化的价值生产物的总额，指明此等价值成分形成同数的所得的源泉①，并由价值引出各种所得之后，竟反过来，把所得视为是"交换价值的本源"，不视其为"交换价值的成分"（虽说这还是他的支配的见解），从而，为庸俗的经济学，大开方便之门。（我们的罗雪尔先生，便是一例。）

C 不变资本部分

现在，我们且看看，亚当·斯密是如何将资本的不变部分，从商品价值中咒逐出去。

"比方说，谷物的价格，将有一部分，支付土地所有者的地租。"但这个价值成分的起源，和这个成分付给土地所有者，并在地租形态上，成为土地所有者的所得，这个事实毫无关系，好像别的价值成分的起源，和它们当作利润和工资而成为所得源泉的事实毫无关系一样。

"别一部分，支付工资及生产上使用的劳动者（他把代劳家畜包括在内）的给养，第三部分则支付农业资本家的利润。这三部分似乎（真正是似乎）直接的或究局的，构成谷物的全部价格②。"实则，这全部价格（那就是它的量的规定），绝对是和它在这三种人间的分配无关的。"第四部分，也许是必要的，因为农业家的资本必须代置，代劳家畜的及其他用具的磨损，也须代置。但任何农具的价值，例如代劳的马的价格，结局也由上述三部分构成，那就是，养马的土地的地租，养马的劳动，及垫支这

---

① 这一句，是我从马克思草稿中逐字录下的。这句话，就现在的连贯而言，好像和前后的叙述，都相矛盾。这个外表上的矛盾，当我们进论第四项"斯密观念中的资本与所得"时，自可得到解决。——F. E.

② 在这里，我们且不说，亚当·斯密所选的例是特别不妥当。谷物的价值所以只分解为工资利润与地租，仅因为代劳家畜所消费的营养资料，被视为代劳家畜的工资，代劳家畜则被视为工资劳动者。所以，工资劳动者也被视为代劳家畜。（从原稿第二册取出的加注。）

种地租和这种劳动工资的农业家的利润。所以，谷物的价格，虽须代置马的价格及给养所费，但其全部价格仍直接的或究局的，分解为这三个部分：地租，劳动（他指工资）与利润"。（第一篇第六章第 42 页）

亚当·斯密如何支持他的可惊的原理，我们已经逐字介绍如上。他的证明，不过是同一主张的复述。例如，他承认，谷物的价格，不仅包含 v+m，且包含谷物生产上所消费的生产手段的价格，换言之，还包含一个资本价值，不是由农业家投在劳动力上面的资本价值。但他说，这一切生产手段的价格，和谷物的价格一样，可以还原为 v+m。他忘记加上一句，即，它们的价格，也包含它们生产上所消费的生产手段的价格。他由一个生产部门，指引我们到别一个生产部门，更由这别一个生产部门，指引我们到第三个生产部门。商品全部价格"直接"或"究局"分解为 v+m 的主张，乃是空虚的遁辞，除非他能证明，价格直接分解为 c（所消费的生产手段的价格）+v+m 的商品生产物，结局会与别一些商品生产物——它们可以完全将"所消费的生产手段"代置，但其本身是单由可变资本（即转化为劳动力的资本）生产的，其价格直接等于 v+m，——恰好相抵。必须如此，前一类商品生产物由 c+v+m（c 代表不变资本部分）表示的价格，才能究局地，分解为 v+m。亚当·斯密虽以苏格兰细石采集者为例，依他说，这种采集者（1）不生产任何剩余价值而只生产他们自己的工资，（2）不使用任何生产手段（虽然事实上，他们曾使用篮，袋，及他种装运小石的容器），但他也不相信，这个例，已经是这样的证明。

我们已经讲过，斯密后来曾放弃自己的学说，但未自觉到当中的矛盾。但这种矛盾的源泉，正须在他的科学研究的起点上寻觅。转化为劳动的资本，将生产一个比它本身更大的价值。怎样呢？亚当·斯密说，这是因为，劳动者会在生产过程中，把一个价值，加到他所加工的物品内，这个价值，不仅对他们自己的购买价格提供一个等价，且会形成一个非由自己占有但由使用者占有的剩余价值（利润与地租）。这是他们所造就的一切，也就是他们所能创就的一切。一日的产业劳动如此，全资本家阶级在一年间推动的劳动也如此。所以，每年社会价值生产物的总量，只能分解成 v+m；那一个等价，依次，劳动者得代置当作其自身购买价格的资本价值，加一个追加价值，依次，劳动者才能在上述资本价值之外，再以追加的价值，供给他们的使用者。商品价值的这两个要素，同时是再生产上各种阶级的所得源泉；前者是工资是劳动者的所得；后者是剩余价值，其中一部分在利润形态上归产业资本家保留，别一部分则当作地租，当作土地所有者的所得。年价值生产物在 v+m 之外，既不包含任何别的要素，请问，在此以外的价值成分，究竟是从哪里出来呢？我们是站在单纯再生产的基础上。年劳动的总量，既分解为再生产投在劳动力上面的资本价值所必要的劳动，及创造剩余价值所必要的劳动，请问，生产非投在劳动力上面的资本价值的劳动，究竟从哪里来呢？

情形是有如下述：

（1）亚当·斯密是由工资劳动者加在劳动对象上的劳动量，决定一个商品的价值。他称劳动对象为"材料"，因为他是考察制造业，制造业是把已有的劳动生产物用来加工的。但这种情形，不会在问题上引起任何的变化。劳动者加在一物上面的价值，（adds 就是亚当·斯密的用语）完全和此物在价值加入之前是否已有价值这个问题，没有关系。劳动者在商品形态上，创造一种价值生产物；照亚当·斯密说，这个价值生产物一部分是他的工资的等价，这一部分，是由他的工资的价值量决定的；就因他的工资有大小，所以劳动者要生产或再生产与其工资相等的价值，其所需劳动量，也有大小之别。但劳动者还须在上述限界之外，加入更多的劳动，以构成资本家雇主的剩余价值。这剩余价值，或是完全保留在资本家手中，或以一部分由资本家转付给第三者，但无论如何，都绝对不会影响这个剩余价值（由工资劳动者加入的剩余价值）的质的规定（那就是它是剩余价值的性质），也绝对不会影响这个剩余价值的量的规定（那就是它的大小的规定）。它和生产物的别的价值部分一样是价值，但它和别的价值部分有这一点不同：劳动者现在不能因此受得任何的等价，以后也不能因此受得任何的等价。资本家是不付代价地把这个价值占有了。一个商品的总价值决定了，它是由劳动者在这个商品生产上支出的劳动量决定的，这个总价值的一部分，也决定了，它必须与工资的价值相等，成为工资的等价。第二部分，即剩余价值也必然决定了，它等于生产物总价值减去与工资等价的部分。换言之，商品生产上所造出的价值生产物，含有一个与工资等价相等的价值部分；凡这个价值部分以上的超过额，都是剩余价值。

（2）个别劳动者在个别产业经营内生产的商品是如此，一切营业部门全部年生产物也是如此。个别生产劳动者的日劳动是如此，全生产劳动阶级所推动的劳动也是如此。这个年劳动，会在年生产物中"固定"（亚当·斯密的用语）为一个总价值，这个总价值是由支出的年劳动量决定，且分为二部分，一部分由年劳动的一部分（在这部分内，劳动阶级仅生产他们的工资的等价，或这种工资的自身）决定，别一部分则由剩余的年劳动（依此，劳动者为资本家阶级生产剩余价值）决定。在年生产物中包含的年价值生产物，只由二要素构成，一个要素是劳动阶级所受得的年工资的等价，一个要素是劳动阶级在一年中供给资本家阶级的剩余价值。年工资形成劳动阶级的所得，年剩余价值额则形成资本家阶级的所得；二者都代表年消费基金的相对部分（这个观点是与单纯再生产的说明相合的），且都实现在年消费基金中。这样，不变资本价值，当作生产手段用的资本的再生产，哪里还有被容纳的余地呢。亚当·斯密在其著作的绪论中，便曾明白表示，商品价值中那当作所得的部分，与年劳动生产物中那决定成为社会消费基金的部分相一致，并且说："人民的所得，一般是由什么构成呢？供人民常年消费……的基金的性质是怎样呢？这一层的说明，便是本书第一篇的目的。"（第12页）并且，绪论的开首一句就是："一国国民的年劳动，原本就是供给该国民该年所消费的生活必需品……的基金，构成这种基金的，或是这个劳动的直接生产物，或是用这类生产物从他国购进来的物品。"（第11页）

在这里，亚当·斯密的第一个错误，是把年生产物价值（Jahrlichen Produktenwert），视为与年价值生产物（Jahrlichen Wertprodukt）相同。后者只是当年劳动的生产物；但一切在年生产物生产上消费的价值要素，已在前年度（一部分甚至在多年以前）生产的，都包含在前者中。这一切价值要素，就是生产手段，其价值仅再现，不是由当年支出的劳动生产，也不是由当年支出的劳动再生产的。就因有这种混同，所以亚当·斯密把年生产物中的不变价值部分驱逐掉了。这种混同，是以他根本观念上的别一种谬误为根据的。劳动一方面，当作劳动力的支出，会创造价值；他方面，当作具体的有用的劳动，则创造使用对象（使用价值），但对于劳动的两重对抗的性质，他不曾加以分别。我们应知道，每年造成的商品的总额，从而，全部年生产物，乃是在该年发生作用的有用劳动的生产物；这一切商品所以存在，只因社会使用的劳动，曾经在各种有用劳动的网状系统中支出。只因在生产上消费掉的生产手段的价值，包含在它们的总价值中，而以新的自然形态再现。换言之，总年生产物，乃是该年所支出的有用劳动的结果。但在年生产物价值中，只有一部分，是在该年创造的；这一部分，便是年价值生产物。在该年推动的劳动的总额，就表现在年价值生产物中。

所以，亚当·斯密在上述引语中，说，"一国国民的年劳动，原来就是供给该国民该年所消费的生活必需品的基金"云云时，他的见地，是片面地站在有用劳动的见地上；确实的，使一切生活资料取得可消费形态的，就是这种有用劳动。但他忘记了，若没有前年度供给的劳动手段和劳动对象为帮助，这个情形乃是不可能的；他还忘记了，"年劳动"虽形成价值，但由它而臻于完成的生产物的价值，绝非全部由它创造；他还忘记了，价值生产物要比生产物价值更小。

亚当·斯密在这种分析上，不比他的一切后继者更进步，虽然正确解决的步骤，已经可以在重农主义派那里看到，不过，这一点，尚不足为亚当·斯密之咎。在另一方面，他还陷入一种混沌之境，这主要是因为，关于商品价值一般，他的"内教"的见解，常常为"外教"的见解所交错。这种外教的见解，大体说来，是在他思想上占着重要地位，不过他的科学的本能，还时时让这种内教的见地流露出来。

D　亚当·斯密观念中的资本与所得

在每个商品的价值中，从而，在年生产物的价值中，都有一部分，仅为工资的等价；这一部分，与资本家垫支在工资上面的资本相等，那就是与其垫支总资本的可变部分相等。资本家会在工资劳动者所供给的商品中，取得一个新生产的价值成分，并由此把垫支资本价值的可变部分收回。这种可变资本，是在这种意义上垫支的；即，在生产物尚未完成或尚未售卖之前，资本家即以货币，将生产物中那应归于劳动者的部分，付给劳动者。无论资本家所用以支付的货币，是得于劳动者所供给的商品的售卖，或是得于借贷，他总会把可变资本支出，并在货币形态上把它交到劳动者手上；同时，他却由商品的价值一部分（劳动者即由此再生产商品总价值中那属于自己的部分，即生产自己的工资的价值），取有这个资本价值的等价。资本家以这个价值部分付予劳动者时，他所付的，不是他自己的生产物的自然形态，乃是货币。资本家是在商品形态上，保持他垫支价值中的可变部分，劳动者则在货币形态上，受得他们出卖的劳动力的代价。

当资本家垫支的资本的一部分，由劳动力的购买，转化为可变资本，而在生产过程内部，当作实现的劳动力，发挥机能，又由这一种力的支出，而在商品形态上，当作新价值，重新生产出来或再生产出来——是再生产，是垫支资本价值的新生产！——时，劳动者则用其所出卖的劳动力的价值或价格，支出在生活资料上，即支出在再生产劳动力的手段上。一个与可变资本相等的货币额，成为他的收入，从而，成为他的所得。不过，这个所得，只能在他能以劳动力售于资本家的期间内保持着。

工资劳动者的商品——他的劳动力——必须与资本家的资本相合并，而取得资本的机能，方才能当作资本而发生机能。而从另一方面说，资本，那当作货币资本，用来购买劳动力的资本，则在劳动力的出卖者（工资劳动者）手中，当作所得而发生机能。

这里，有种种不为亚当·斯密所分别的流通过程与生产过程，交缠着。

第一是属于流通过程的诸种行为：劳动者以其商品——劳动力——售于资本家；资本家购买劳动力所用的货币，在他看，只是投下来期待价值增殖的货币，是货币资本；它不是支出，只是垫支。(这就是"垫支"的真义,是重农主义派的 Avance。至若资本家是从哪里得到这种货币,那是完全没有关系的。资本家为生产过程而支付的价值,在资本家自己看来,都是垫支。无论这是事前支付或事后支付,它总归是为生产过程垫支的。)这里的情形,是和任一种商品售卖的情形一样。卖者给予一个使用价值(在这里是劳动力),但在货币形态上受得它的价值,即实现它的价格;买者则给予货币,而受得商品(即劳动力)。

第二:在生产过程内,所购买的劳动力,将成为机能资本的一部分;劳动者自己,也只当作资本的一个特殊的自然形态,来发生机能。在这个自然形态上,它是和在生产手段自然形态上存在的诸资本要素不同的。在生产过程中,劳动者会以价值加到生产手段中,这种生产手段会由他转化为生产物的。他会支出他的劳动力,使其与劳动力的价值相等(剩余价值暂存不论),他会在商品形态上,为资本家,再生产资本家垫支或不得不垫支在工资上面的资本部分;他会为资本家,生产这个资本部分的等价;从而,他会为资本家生产这个资本,使资本家得重新"垫支"来购买劳动力。

第三:在商品售卖时,其售卖价格的一部分,将代置资本家所垫支的可变资本;要这样,他才能重新购买劳动力,劳动者也才能重新将劳动力售卖。

就商品买卖的自身考察,卖商品所得的货币,会在卖者手中变成什么,用此货币购得的使用品,会在买者手中变成什么,这都是在商品卖买上完全没有关系的。单就流通过程考察,我们无需问资本家所购的劳动力将再生产购买劳动力所用去的资本价值的事实,也不必问当作劳动力购买价格的货币将成为劳动者的所得的事实。劳动者的商品——他的劳动力——的价值量,不会受后一种事实(它是劳动者的所得)的影响,也不会受前一种事实（其商品由其购买者使用时，会再生产购买者的资本价值）的影响。

劳动力的价值——这种商品的相当的售卖价格——是由劳动力再生产所必要的劳动量决定的，但这个劳动量，在这里，又由劳动者的必要生活资料的生产所必要的劳动量，换言之，由劳动者维持生活所必要的劳动量决定的，但就因此，所以工资是劳动者所赖以生活的所得。

亚当·斯密说："投下来维持生产劳动的资本部分……在他（资本家）手中尽资本的机能后……即成为他们（劳动者）的所得。"（第223页）他这句话，全然错误了。资本家用以支付所购劳动力的货币，在资本家以劳动力与其资本物质要素相并合，使其资本得当作生产资本而发生机能的限度内，方才"在他手中尽资本的机能"。我们提出如下的区别：劳动力，当它在劳动者手中时，是商品，不是资本，且在能反复售卖的限度内，才成为劳动者的所得；但在出卖之后，它又在资本家手中，在生产过程内，尽资本的机能。在这里，有二重作用的，是劳动力；它在劳动者手中，当作依照价值售卖的商品；它在购买它的人手中，当作生产价值和使用价值的力。劳动者从资本家那里受得的货币，必须在劳动力的使用价值已经给予资本家之后，已经实现为劳动生产物的价值之后，方才由劳动者受得。资本家在以这个价值支付给劳动者以前，是把这个价值保留在自己手里的。所以，并不是货币有二重机能，先当作可变资本的货币形态，次当作工资。有二重机能的，宁可说是劳动力；它先是在劳动力的售卖上，当作商品（在工资确定之际，货币仅仅是观念的价值尺度，不一定要已在资本家手中），其次是在生产过程上，尽资本的机能，那就是在资本家手中，当作生产使用价值和价值的要素。劳动力先已在商品形态上，把那待要支付给劳动者的等价供给出来，然后资本家才在货币形态上把这种等价支付给劳动者。所以资本家所用以支付的支付基金，乃是劳动者自己创造的。但尚不止此。

劳动者所受得的货币，还会被他支出，以维持他的劳动力。如果就资本家阶级及劳动者阶级全体考察，那就是支出来为资本家维持一种工具。资本家所以为资本家，就是赖有这种工具的。

劳动力之不断的买卖，一方面使当作资本要素的劳动力永久化，使它表现为商品（即有价值的使用品）的创造者，更使那购买劳动力的资本部分，不断由它自身的生产物再生产出来，从而，使劳动者自己，不断创造出资本基金，来支付给劳动者自己。在另一方面，劳动力的不断的出卖，又成为劳动者的不断更新的维持生活的源泉，并把他的劳动力，表现为他生活所赖的所得所依以获得的能力。这里所谓所得，不外表示这个意思：依一种商品（劳动力）的不断反复的售卖，一种价值将被劳动者占有，不过这种价值，仅使那待售卖的商品，能够不断再生产。在这限度内，斯密说，在劳动者创造的生产物中，那被资本家用在工资形态上当作等价支付给劳动者的价值部分，将成为劳动者的所得源泉，并没有什么错误。但生产手段的价值，不因其当作资本价值而改变，直线的性质与长短，也不因其当作三角形的底边或当作椭圆的直径而改变；同样，商品这个价值部分的性质或大小，也不因有上述的事实而改变。劳动力的价值，依然和这种种生产手段的价值一样，是独立决定的。商品的这个价值部分，既非由所得构成，而以所得为独立的构成要素，它也不分解为所得。固然，由劳动者不断再生产的新价值，对于劳动者，将成为所得的源泉，但不能因此便反过来，说他的所得，是他所生产的新价值的成分。他在他所创造的新价值中，会被支付以一部分。是这一部分的大小，决定他的所得的价值范围；不是他的所得的价值范围，决定这一部分的大小。新价值的这一部分形成劳动者的所得的事实，不过说明这一部分是变作什么，说明它的用途的性质；那无关于这个价值的形成，也无关于任何其他的价值的形成。假设我每星期得十台娄尔，这个情形决不改变这十台娄尔的价值性质，也不改变这十台娄尔的价值量。就价值的决定一点说，劳动力是和任何别的商品相同的。劳动力的价值，也是由劳动力再生产所必要的劳动量决定的，但这个劳动量，由劳动者的必要生活资料的价值决定，换言之，等于他自身生活条件再生产所必要的劳动。这一点，却是这种商品（劳动力）所特有的。不过，除劳动力有这种情形外，负重家畜的价值，也由其维持所必要的生活资料的价值决定，从而，由生产这种生活资料所必要的人类劳动量决定的。

亚当·斯密在这里所犯的全部错误，都从"所得"这个范畴发生。依他说，各种所得，为每年生产的新形成的商品价值之构成部分，但反过来，从资本家来看，这个商品价值所分成的二部分——一部分是他购买劳动而在货币形态上垫支的可变资本之等价，一部分是属于他但不费他一文的剩余价值——又都为所得的源泉。可变资本的等价，会重新垫支在劳动力上面，并在这限度内，在工资形态上，成为劳动者的所得。别一部分——剩余价值——不是为资本家补还资本垫支的，也会由他支出在消费资料（必需品与奢侈品）上，被他当作所得来消费，不形成任何种类的资本价值。这种所得的前提，是商品价值自身；而其构成部分所以互相区别，从资本家的观点看，不过因为其中一部分是垫支可变资本的价值的等价，另一部分是垫支可变资本的价值以上的超过额。二者都不外是在商品生产上支出的并实现为劳动的劳动力。它们都是由支出（劳动支出）而成，不是由收入或所得而成。

认所得为商品价值的源泉，不认商品价值为所得的源泉，是一种颠倒。然而依这种颠倒，商品价值就像是由各种所得"构成"的了。这各种所得，好像是分别决定的；商品的总价值，却好像是由诸种所得的价值量合计而定的。但现在我们要问：被视为商品价值源泉的这各种所得的价值，是怎样决定的呢？就工资说，其价值是如此决定的。工资是劳动者的商品（劳动力）的价值；它的价值，像别的商品的价值一样，是由它再生产所必要的劳动决定的。但剩余价值（亚当·斯密把它分为二形态，即利润与地租）是怎样决定的呢？关于这点，斯密的话，是止于空谈。他把工资和剩余价值（或工资与利润）视为商品价值或价格的构成的部分，但又在同一情形之下，把它们视为商品价格"分解"的部分。后一种说法，正好表示一种与他本意相反的意思，它是认商品价值为最初所与的事物，其不同诸部分则成为不同的诸种所得，归于各种参加生产过程的人。这个说法，与价值由三构成部分构成的说法，决不是相同的。分别决定三不同直线的长短，然后将这三直线当作第四直线的"构成部分"，而画成第四线的手续，决不与取一长短已定的直线，为某种目的，将其分为三不同部分的手续相同。在前一场合，线的长短，视合成此线的三线的长短而变化；在后一场合，线的三部分的长短，自始即为这个事实所限制：它们是一个定量的线的诸部分。

亚当·斯密说，由年劳动创造而包含在社会年商品生产物中（和包含在个别商品中或在每日生产物或每周生产物中一样）的价值，等于垫支可变资本的价值（那就是决定再用来购买劳动力的价值部分），加剩余价值（在单纯再生产及其他情形不变的条件下，资本家会把这种剩余价值，实现在他自己的个人的消费资料上）。这是亚当·斯密说明上的正确的部分。但亚当·斯密曾混同创造价值的劳动（即劳动力的支出），与创造使用价值的劳动（那是在有用的合目的的形态上支出的），所以，他的全部概念，结局是等于说：个个商品的价值是劳动的生产物，从而，年劳动的生产物的价值或每年的社会商品生产物的价值，也是劳动的生产物。但因一切劳动都分解为（1）必要劳动时间（在这时间内，劳动者仅再生产购买劳动力所垫支的资本的等价），（2）剩余劳动（由此，劳动者会供给一个价值于资本家，那不费资本家一文，从而是一个剩余价值），所以，一切商品价值都分解为两个不同的构成部分，那就是当作工资，成为劳动者阶级的所得，并当作剩余价值，成为资本家阶级的所得。不变资本价值（即年生产物生产上所消费的生产手段的价值），如何会进入这新生产物的价值中，是不能解说的，只有说资本家在售卖商品时，会将这种价值，移归购买者负担。不过，因为究局说来，生产手段本身也是劳动的生产物，所以，也是由可变资本的等价及剩余价值构成，那就是，也是由必要劳动的生产物和剩余劳动的生产物构成。固然，这种生产手段的价值，在其使用者手中，是当作资本价值来发挥机能的，但它们仍不妨"本来"也可以分成两部分，分成两个不同的所得源泉，不过这种分割，须寻根究底，追溯到别个人手上，甚至追溯到以前的时期罢了。

在以上的见解中，有一正确的点是：从社会资本（即个别资本总体）的运动来考察，我们所见到的情形，是和个别考察（即就个别资本，从个别资本家的见地考察）时见到的情形，不同的。在个别考察时，商品价值分解为（1）不变要素（或如斯密说第四要素）；（2）工资和剩余价值的总和，即工资利润与地租的总和。但从社会的见地看，斯密的第四要素或不变资本价值，就消灭了。

E　摘要

三种所得（即工资、利润与地租）为商品价值的三个"成分"，是一个不合理的公式。在亚当·斯密的场合，这个不合理的公式，是由一个更巧妙的公式发生的：商品价值分解为这三个成分。但后一个公式——就令假设商品价值仅可分割为所消费的劳动力的等价及这种劳动力所创造的剩余价值——也是谬误的。但这当中的谬误，是立足在一种更深的更真实的基础上。资本主义的生产，是立足在下述这个事实上的：生产劳动者以其自身的劳动力，当作商品，售于资本家，而在资本家手中，当作资本家的生产资本的一要素。这种属于流通范围内的交易——劳动力的买卖——不仅引出生产过程，并且隐隐的，决定资本主义生产的特殊的性质。在这里，使用价值的生产，甚至商品的生产（因为，这种生产，独立的生产劳动者也可进行），不过是资本家绝对剩余价值与相对剩余价值的生产的手段。就因此故，所以我们在分析生产过程时，就见到了，绝对剩余价值与相对剩余价值的生产，决定：（1）每日劳动过程持续的时间；（2）资本主义生产过程的社会形态与技术形态全部。价值（不变资本价值）的单纯的保存，垫支价值（劳动力的等价）的现实的再生产，与剩余价值（资本家不须在事前也不须在事后垫支任何代价的价值）的生产三者间的区别，即实现在这种过程之内。

剩余价值——资本家垫支价值的等价以上的超过价值——的占有，虽由劳动力的买卖引导而起，但却是在生产过程内实行的一种行为，并且是生产过程的一个本质的要素。

这种引导的行为，是一种流通的行为（Zirkulationoakt），即劳动力的买卖。但这种行为，以生产要素的分配（那是社会生产物的分配的先决条件与前提）为基础；那就是以劳动力（劳动者的商品）与生产手段（非劳动者的财产）的分离为基础。

但剩余价值之占有，或价值生产分为垫支价值的再生产与无代价的新价值（剩余价值）的生产之分割，全不会影响价值的实体，也不会影响价值生产的性质。价值的实体，依然不外是支出的劳动力，是劳动，是与其特殊有用性质相独立的劳动，价值生产则不外是这种支出的过程。如果农奴在六日间支出其劳动力，他就是劳动六日。这种支出的事实，不会因为他以三日为自己，在自己田里工作，三日为领主，在领主田内工作这件事，受影响的。他的自愿的为自己的劳动，和强迫的为领主的劳动，同样是劳动。我们若就这种劳动，与其所创造的价值或其所以创造的有用生产物的关系来考察，则在他六日的劳动中，不能发现任何的差异。其差异，乃发生在这点：劳动力在前三日支出的通过的关系，和它在后三日支出所通过的关系不同。工资劳动者的必要劳动与剩余劳动，也是这样的。

生产过程的结局为商品。劳动力曾在商品生产上支出的事实，现在，表现为商品的物的性质，那也就是价值。这个价值的量，则由所支出的劳动的量测定。商品价值不会化作任何别的东西，也不会由任何别的东西构成。当我画一根长短已定的直线时，我是依照画法——这种画法，是由某种与我相独立的法则决定的——"生产了"一根直线（那当然只是象征的）。如果我为某种目的，将此线分成三段，则此三段的每一段，都还是直线，它们的全线，决不会因这种分割，就分解为直线以外的东西，例如曲线，我把此长短有定的线分为数段，决不能使数分段的总和，较长于被分割的原线。原线的长短，不因各分段任意决定的长短而定。反之，各分段的相对量，却自始就为原线的长短所限制着。

资本家所生产的商品，在这限度内，与独立劳动者，或劳动者共同体（Arbeitergemeinden），或奴隶所生产的商品，没有差异之处。但在我们当前的场合，全部劳动生产物与其全部价值，皆属于资本家。和别的生产者一样，他须先将商品售卖并转化为货币，然后能进一步处理它：他必须把它转化成一般等价的形态。

我们且考察未转化为货币之前的商品生产物。它全部属于资本家。从另一方面说，当作有用的劳动生产物，当作使用价值，它完全是刚刚过去的劳动过程的生产物。它的价值，不是这样。这个价值的一部分，只是商品生产上所支出的生产手段在新形态上再现的价值；这个价值，不是在这商品的生产过程中生产的；因为，生产手段在这个生产过程之前，就有了这个价值，它有这个价值，是和这个生产过程没有关系的；生产手段，是当作这个价值的担当者，加入这个过程的；所更新的，所变化的，不过是这个价值的现象形态。商品价值的一部分，在资本家手里，仅当作一种等价，以代置商品生产上所消费的他所垫支的不变资本价值部分。这个价值，原先已经存在生产手段的形态上；它现在是当作新生产的商品的价值成分而存在。这新生产的商品一经化为货币，这个现今在货币形态上存在的价值，便须再转化为原来那样的生产手段。究竟是什么种类的生产手段，那是由生产过程以及它在生产过程内的机能，决定的。这个价值的资本机能，丝毫不会影响商品的价值性质。

商品价值的第二部分，是劳动力的价值。劳动力是工资劳动者售于资本家的。它的价值，和生产手段的价值一样，其决定，与劳动力所加入的生产过程无关；在它加入生产过程之前，它的价值就已经在一种流通行为（劳动力的买卖）中确定了。工资劳动者会由他的机能——劳动力的支出——生产一个商品价值，与资本家使用其劳动力所支付的价值相等。他在商品形态上以这个价值给予资本家，资本家则在货币形态上为这个价值而支付给劳动者。固然，在资本家看，商品价值的这一部分，只是他垫支在工资上的可变资本的等价，但这种情形，并不会改变如下的事实：这个价值部分，乃是生产过程中新创造的价值，是和剩余价值一样，不外由刚刚过去的劳动力的支出而成。这个事实，也不受下述一件事的影响：资本家在工资形态上付给劳动者的劳动力的价值，会在劳动者手里，采取所得的形态，从而，不仅劳动力会由此继续不断的再生产，工资劳动者阶级以及全资本主义生产的基础，也由此得以继续不断的再生产。

但这两个价值部分的总和，并不构成商品价值的全部。在二者之上，还有一个超过额，即剩余价值。剩余价值，和代置可变资本（垫支在工资上面的可变资本）的价值部分一样，是劳动者在生产过程中新创造的价值——是凝结的劳动。但这个价值，不费资本家（全生产物的所有者）一文。这一种情形，使资本家可以把这个价值全部，当作所得，消费掉；不过，他还须在当中提出一部分，来付给别的参与人，譬如当作地租，付给土地所有者，在这场合，这一部分就成了第三者的所得了。又，这一种情形，还是促使资本家，使其从事商品生产的动机。他原来是以好善的意思，谋赚取剩余价值，后来又由自己及他人，将这种剩余价值，当作所得，支出去，但这种好意的赚取和支出，无影响于剩余价值的本身。它总归是凝结的无给的劳动。它的大小，也丝毫不由此受影响；因为，决定它的大小的，是完全不同的诸种条件。

如果亚当·斯密像他事实上所做的那样，要在考察商品价值之际，考察商品价值各不同部分在再生产过程总体上的作用，那很明白，当商品价值的某部分当作所得用时，还有别的部分，会不断当作资本用。并且，依照他的逻辑，这些部分也应该认为是商品价值的构成部分，或认为是商品价值所分解的部分。

斯密视商品生产一般与资本主义商品生产，为同一的东西。在他看，生产手段自始就是"资本"，劳动自始就是工资劳动，所以"有用的生产的劳动者的人数，随处……都与使用他们的资本量相比例"（绪论第 12 页）。总之，劳动过程的各种因素——

401

对象的因素与人的因素——自始就戴着资本主义生产时期的假面。商品价值的分析，也直接与商品价值在什么程度内，仅为所投资本的等价，在什么程度内则为"自由"价值（不代置任何垫支资本价值的价值，即剩余价值）的考察相一致。而从这个见地互相比较的商品价值各部分，也就这样私私的，转化为商品价值的互相独立的"构成部分"，并在结局上转化为"一切价值的源泉"。更进一步的结论是：商品价值由各种所得构成，又分解为各种所得，所以，与其说是所得由商品价值构成，毋宁说是商品价值由所得构成。但商品价值后来得成为某人所得的事实，不会影响商品价值的性质，是和商品价值得成为资本价值的事实，不会影响商品价值当作商品价值的性质，货币得成为资本价值的事实，也不会影响货币当作货币的性质一样。亚当·斯密所讨究的商品，自始即为商品资本（除包含商品生产上所消费的资本价值外，它还包含剩余价值），所以，它自始就是依资本主义方法生产的商品，自始就是资本主义生产过程的结果。所以我们必须先分析这个生产过程；而要进行这种分析，又必须先分析这种过程所包含的价值增殖过程与价值形成过程。再者，因这种生产过程是以商品流通为前提，所以，它的说明，还须先有一个独立的商品的分析。固然，亚当·斯密的见地，也偶然曾在"内教"方面，把正鹄的点射中，但在分析商品之际，即分析商品资本之际，他所顾虑到的，不过是价值生产（wertproduktion）。

Ⅲ　以后的经济学家[①]

里嘉图几乎是逐字复述亚当·斯密的理论。"一国的一切生

---

① 以下至本章之末是从原稿第二册取出加上的。

产物都会被消费掉，这是我们必须同意的。但由再生产别一个价值的人消费呢，还是由不再生产别一个价值的人消费呢，这里生出一种最大的可想象的区别来。当我们说，所得被贮蓄而加入资本内时，我们是指，加入资本内的那部分所得，将由生产劳动者，不由不生产劳动者消费"（《原理》第163页）。

在事实上，亚当·斯密将商品价格分解为工资与剩余价值（即可变资本与剩余价值）的理论，是被里嘉图完全接受了。里嘉图与亚当·斯密不同之点如下：（1）关于剩余价值的构成部分，里嘉图不承认地租是剩余价值的必要的要素；（2）里嘉图是把商品价格，分为这诸成分。所以，他的出发点，是价值量。里嘉图假设诸成分的总和为一定量，并由此出发；亚当·斯密屡屡把这个顺序倒转，违反着他自己的更深辟的见解，以致认商品的价值量，是事后由这各部分合计而成的。

兰塞反对里嘉图说："里嘉图忘记了，总生产物不仅分为工资与利润，且必须以一部分代置固定资本"（《财富分配论》爱丁堡1836年第174页）。兰塞所谓固定资本，正是我所说的不变资本，他说："固定资本，是指那种形态上的资本，它对于形成中的商品的生产，有其贡献，但对于劳动者的维持，无所贡献"（前书第59页）。

亚当·斯密将商品的价值（从而社会年生产物的价值）分解为工资与剩余价值，即分解为单纯的所得，但不承认这个见地的必然的结论：年生产物全部会在此后被消费掉。引出这个不合理的结论的，不是这些独创的思想家。这个结论，是到后来由萨伊和麦克洛克引出的。

萨伊对于这个问题的处理，是非常模糊的。他认为，对一个人为资本垫支的东西，对另一个人便是或曾是所得或纯生产物。依他看，总生产物与纯生产物的区别，纯然是主观的，"所以，社会的一切生产物的总价值，会当作所得而被分割"（萨伊著《经济论》1817 年第 2 卷第 64 页）。"每一个生产物的总价值，都是由在生产上有贡献的土地所有者，资本家，和职业家的利润构成的。（工资在这里是当作职业家的利润。）。这样，社会的所得，就与所生产的价值相等，不像某派经济学者（重农主义派），所主张仅与土地的纯生产物相等了"（前书第 63 页）。

萨伊的这种发现，是被别的人所占有了。蒲鲁东便是其中的一人。

斯托齐虽也在原则上接受斯密的学说，但却发觉，萨伊的应用是不能支持。他说："如承认一国的所得，等于该国的总生产物，那就是不扣下任何资本（指不变资本）。这样，我们就必须承认，该国即使是不生产地把年生产物的全部价值消费掉，也不会分毫减损该国未来的所得了。……代表一国资本（不变资本）的生产物，是不能消费的"（斯托齐《关于国民所得的性质的考察》1824 年第 147、150 页）。

但这种不变资本部分的存在，怎样可以和他所接受的斯密的价格分析（按照这种分析，商品价值是分析为工资与剩余价值，不包含任何的不变资本部分）相一致，斯托齐没有告诉我们。他不过由萨伊那里明白了这一点：这种价格分析，会引出不合理的结果。他关于这个问题的最后的话是："将必要价格分解为最单纯的要素，乃是不可能的"（斯托齐《经济学教程》彼得堡 1815 年第 2 卷第 141 页）。

对资本与所得的关系有特殊研究的西斯蒙第，曾以这种关系的特别的解释，为其所著"新经济学原理"之区别的特征。但他对于这个问题的说明，不曾说出一句科学的话，也不曾有一点点贡献。

巴登，兰塞，舍尔彪利埃，都想超出斯密的解释，但都失败了，因为他们自始对于这个问题，即站在片面的立场。不变资本价值与可变资本价值间的区别和固定资本与流动资本间的区别，是他们不能分辨的。

约翰穆勒是照常以夸大的态度，复述斯密所传于后继者的教理。

结果是，斯密的错乱思想，一直存续到这个时候。他的教义成了经济学的正统的信条。

第二十章

单纯再生产

I　问题的提出①

社会资本，即是以个别资本为部分的总资本。这些部分的运动，是它们的个别的运动，同时又是总资本运动的不可缺的分节。如果我们对于社会资本的逐年的机能，就其结果加以考察，换言之，如果我们拿社会在一年间供给的商品生产物来考察，则社会资本的再生产过程如何进行，这个再生产过程与个别资本再生产过程如何区别，二者又有如何的同点，那都一定会很明白。年生产物包含社会生产物中那代置资本的部分（即社会的再生产），也包括社会生产物中那成为消费基金的部分（资本家和劳动者所消费的部分）。换言之，年生产物包含生产的消费，也包含个人的消费。它包含资本家阶级和劳动者的再生产（维持），从而包含总生产过程的资本主义性质的再生产。

---

① 采自原稿第二册。

我们所必须分析的，分明是流通公式 $W' - \begin{cases} G-W \\ g-w \end{cases} \cdots P \cdots W'$，

在这个公式内，消费是必然有其作用的。因为，当作起点的 W'，是等于 W+w，即等于商品资本，那包含不变资本价值，可变资本价值，与剩余价值。所以，它的运动包含个人的消费和生产的消费二者。在 $G-W \cdots P \cdots W'-G'$ 循环与 $P \cdots W'-G'-W \cdots P$ 循环中，资本的运动是起点也是终点；但这就包含消费；因为，商品（即生产物）是必须售卖的。在所论为个别资本时，我们只要这样假定，便无须问商品以后是怎样了。反之，若要在 $W' \cdots W'$ 的运动中认识社会再生产的条件，却正要论证，总生产物 W' 的各个价值部分，是变成怎样。在这场合，总再生产过程，不仅包含资本自身的再生产过程，且同样包含以流通为媒介的消费过程。

为我们当前的目的，我们对于再生产过程，必须兼从 W' 各个构成部分的价值代置（Wertersatz）的观点与其物质代置（Stoffersatz）的观点，加以考察。在分析个别资本的生产物价值时，我们是假定，个个资本家先将其资本的各个成分，由商品生产物的售卖，化为货币，然后在商品市场上，由诸生产要素的再购买，而复转化为生产资本。但在这里，单有这种假定是不够的。此等生产要素，就其物质的性质言，是和个别的完成生产物（即用以交换生产要素，代置生产要素的东西），一样是社会资本的构成部分，另一方面，社会商品生产物中那由劳动者（在支出其工资时）及资本家（在支出其剩余价值时）消费的部分的运动，又不仅是总生产物运动的不可缺的一个分节；且还会与个别资本的运动相交错。所以，对于这个运动的进行，我们单是假定这种运动，还是不能把这种运动说明的。

直接摆在我们面前的问题是：在生产上消费的资本的价值，如何由年生产物代置？这种代置运动（Bewegung dieses Ersatzes）

又如何与资本家的剩余价值的消费，及劳动者的工资的消费相交错？在这里，我们将先讨究单纯的再生产。我们假定，生产物是依照价值交换；并假定，生产资本的成分不发生价值上的变动。即令价格与价值有差，我们也假定，这种情形不会在社会资本的运动上，发生任何影响。当然，个个资本家在价值比例中所分得的部分，将因此，不复与他们各自的垫支相比例，不复与他们各自生产的剩余价值量相比例，但我们仍假定，就全体说，依然是以同量的生产物相交换。关于价值变动，只要这种变动是普及的，均等分配的，它就不会在年总生产物诸价值成分之间的比例上，引起任何变化。反之，如果它是局部的，不均等的，那就是扰乱。第一，这种扰乱必须认为是原价值比例的背离；第二，若年生产物价值一部分代置不变资本，一部分代置可变资本的法则已经论定，那就无论这种变动是在不变资本上发生抑是在可变资本上发生，也不致在这种法则上引起变化。它所变动的，不过是诸价值部分（将以此种资格或以彼种资格发生机能的诸部分）的相对量；因为，在原价值的位置上，将会有别的价值出现。

当我们仅个别的，考察资本的价值生产与生产物价值时，我们在分析上，无须问商品生产物的自然形态如何，是机器也好，是谷物也好，是镜也好。虽有时说到商品生产物的自然形态，那只是例解，任何生产部门都是可做例解的。我们所必须讨究的，是直接的生产过程。这种生产过程，无论在哪一点，都会当作个别资本的过程，表示出来。即论到资本的再生产，我们也只要假设，商品生产物中那代表资本价值的部分，将在流通范围内，发现机会，再转化为它的生产要素，再转化为它的生产资本的姿态。同样，我们又只须假定，劳动者与资本家，将在市场上发现商品，而将其工资与剩余价值支出。但当我们进而讨究社会总资本及其生产物价值时，这种形式的说明方法，是不够的。生产物价值一部分复化为资本的再转化，别一部分归资本家阶级及劳动者阶级个人消费的情形，在总资本结果所得的生产物价值内部，形成了一种运动。这个运动，不仅是价值代置，并且是物质代置，故不仅受制约于社会生产物诸价值成分间的相互比例，且同样受制约于它们的使用价值，受制约于它们的物质姿态。

在资本主义的基础上，假设没有蓄积，没有规模累进扩大的再生产，那是一个怪异的假设①。而从另一方面说，生产的状况，也不像我们所假设的那样，是逐年绝对没有变化。所以，规模不变的单纯再生产，在这限度内，好像只是一个抽象。在单纯再生产上，我们是假设，一个价值已经规定的社会资本，它在今年所供给的商品价值之量，是和在去年一样，它在今年所满足的欲望之量，也是和在去年一样，而在再生产过程中可能变化的，不过是商品的形态。不过，即在有蓄积发生的地方，单纯再生产也常为蓄积的一部分，可以就其自体考察，视其为蓄积的一个现实的因素。在年生产物的价值减少时，使用价值的量可以不变；而在年生产物的价值不变时，使用价值的量也可以减少；又，价值量与所生产的使用价值量，可以同时减少。总之，再生产或是在比前较有利的情形下进行，或是在比前较困难的情形下进行。在较困难的情形下，结果可以是不完全而有缺陷的再生产。但这种种事项，都只有关于各种再生产要素的量的方面；若说到各种再生产要素在总过程上的任务（或是当作从事再生产的资本，或是当作再生产出来的所得），这种种是一点关系没有的。

---

① 以下采自原稿第八册。

Ⅱ　社会生产的二部类①

社会的总生产物，从而，社会的总生产，是分成二大类的：

（Ⅰ）生产手段：这一类商品的形态，使它们必须归作生产的消费，至少，能归作生产的消费。

（Ⅱ）消费资料：这一类商品的形态，使它们归作资本家阶级和劳动者阶级的个人的消费。

上述二部类之一所辖属的各种不同的生产部门，各形成一个大生产部门。一方面是生产手段的生产部门，他方面是消费资料的生产部门。这二生产部门之一所使用的总资本，在社会资本中，各形成特殊的一大部类。

每个部类的资本，都分成两个成分：

（1）可变资本。就其价值方面考察，这种资本是与该生产部门所使用的社会劳动力的价值相等，从而，与其所支付的工资总额相等。就其物质方面考察，它是由活动的劳动力构成，换言之，是由这个资本价值所推动的活的劳动构成。

（2）不变资本，即该部门生产上所使用的生产手段的价值。此等生产手段，复分为固定资本：机械，工具，建筑物，代劳家畜等；与流动不变资本：生产材料，如原料，补助材料，半制品等。

上述二部类中任一部类得资本之助所生产的总年生产物的价值，是有一部分，代表不变资本 c，这种不变资本是在生产上消费的，就它的价值方面来说，它只是以它的价值，移转到生产物内。还有一部分，是全年劳动所附加的价值部分。后一部分又分

---

① 主要采自原稿第二册。表式采自原稿第八册。

成二部分；一部分代置垫支的可变资本 v，另一部分便是超过额，是剩余价值 m。所以，像每个商品的价值一样，各部类年生产物总体的价值，是分割为 c+v+m。

c 的价值部分，代表在生产上消费的不变资本。这个价值部分，不与生产上使用的不变资本价值相一致。生产材料是会全部消费掉的，其价值会全部移转到生产物中去。但所使用的固定资本，却只有一部分完全被消费，从而只以这一部分的价值移转到生产物去。固定资本，机械，建筑物等的别一部分，则继续存在，并依旧发生机能，仅依照逐年的磨损，把它的价值减少。固定资本中这依然发生机能的部分，在我们考察生产物价值时，我们是认它为不存在。这个部分，独立在新生产的商品价值之外，但与其并存着，成为资本价值的一部分，这一点，我们在考察个别资本的生产物价值时，已经说明过了（第一卷第六章）。但我们在那里使用的考察方法，在这里是必须暂时舍弃的。我们在考察个别资本的生产物价值时讲过，固定资本由磨损而被夺去的价值，将移转到在磨损时间内所生产的商品生产物内，不论固定资本有没有任何部分，会在这时间，由这样移转的价值在自然形态上被代置。反之，在这里，我们考察社会总生产物及其价值时，却至少必须暂时把固定资本在一年间因磨损而移转到年生产物去的价值部分丢开不问，如果这种固定资本不曾在该年在自然形态上代置。在本章以后的某一节，我们将回头来再讨论这一点。

*　　*　　*

我们且把单纯再生产的研究，立足在下表之上。在下表，c 为不变资本，v 为可变资本，m 为剩余价值，并假设价值增殖的比例 m/v 为 100%。当中的数字，可以是以一百万马克，或以一百万法郎，或以一百万镑为单位。

Ⅰ．生产手段的生产

资本 = 4000c+1000v = 5000

商品生产物 = 4000c+1000v+1000m = 6000

这个生产物，是存在生产手段中。

Ⅱ．消费资料的生产

资本 = 2000c+500v = 2500

商品生产物：2000c+500v+500m = 3000

这个生产物，是存在消费资料中。

总述之，全年总商品生产物：

Ⅰ．4000c+1000v+1000m = 6000（生产手段）

Ⅱ．2000c+500v+500m = 3000（消费资料）总价值为9000。
依假设，仍以其自然形态发挥机能的固定资本，是不曾计算在内的。

现在，如果我们要在单纯再生产的基础上（在这个前提下，全部剩余价值都供不生产的消费），研究各种必要的交易，并暂时把作媒介的货币流通丢开，我们立即就得到了三个大支点如下：

（1）第Ⅱ部类劳动者的工资500v及资本家的剩余价值500m，是必须支出在消费资料上面的。但其价值，也即存在价值1000的消费资料中，这是在第Ⅱ部类资本家手里，代置垫支的500v，并且代表500m的。所以，第Ⅱ部类的工资与剩余价值，将在这同一部类之内，与这同一部类的生产物相交换。这样，在Ⅱ的总生产物中，就有1000 = 500v+500m的消费资料消去了。

（2）第Ⅰ部类的1000v+1000m，同样会支出在消费资料上，即支出在Ⅱ的生产物上。这样，它们就要与Ⅱ的生产物的余额相交换了。那恰好与它们相等，即不变资本部分 2000c。但由此，第Ⅱ部类将受得等额的生产手段（第Ⅰ部类的生产物）。在其中，有Ⅰ的 1000v+1000m 的价值体现着。由此，Ⅱ的 2000c 与Ⅰ的 1000v+1000m，都在计算中消去了。

（3）现在还剩下的，只有Ⅰ的 4000c。这是由生产手段构成的，且只能在第Ⅰ部类之内使用，并由此代置它所消费的不变资本，从而，由第Ⅰ部类各个别资本家间的相互交换，解决掉。这好比，Ⅱ的 500v+500m 是由第Ⅱ部类劳动者与资本家间的交换，或该部类个别资本家相互间的交换，解决掉一样。

以上所说，使我们更容易理解以下的叙述。

Ⅲ 二部类间的交易Ⅰ（v+m）对Ⅱc[①]

我们先讨论这二部类间的大交换。Ⅰ（1000v+1000m）的价值，是在他们的生产者手中，以生产手段的自然形态存在的。它将与Ⅱ的 2000c（这个价值，是以消费资料的自然形态存在的）相交换。Ⅱ的资本家阶级，会把他的不变资本 2000，由消费资料的形态，再转化为消费资料的生产手段的形态。在生产手段的形态上，它将重新当作劳动过程的因素，并在价值增殖过程中，当作不变资本价值来发挥机能。从另一方面说，Ⅰ的劳动力的等价（1000v）与Ⅰ的资本家的剩余价值（1000m），则将实现在消费资料上；二者，都会由生产手段的自然形态，转化为别一种自然形态，在其上，它们是可以当作所得，来消费的。

这种相互的交易，是由货币流通来实行的。这种使交易易于实行，但却使交易难于理解的货币流通，是有决定的重要性的。

[①] 从这里起，再采自原稿第八册。

因为可变资本部分，是必须不断重新取得货币形态，当作货币资本，并由货币形态转化为劳动力的。全社会同时进行的各个营业部门，无论是属于第Ⅰ部类，抑是属于第Ⅱ部类，其可变资本，都是必须在货币形态上垫支的。固然，资本家在劳动力加入生产过程之前购买劳动力，但待劳动力已在使用价值的生产上支出之后，才依照约定的期限，支付给劳动力。而在生产物价值中那代表可变资本价值（为支付劳动力而支出的货币的等价）的部分，也像生产物的别的价值部分一样，是属于他。那就是，劳动者已经由这个价值部分，以他的工资的等价，提供于资本家。但使资本家能以其可变资本再当作货币资本，并重新为购买劳动力而垫支的，仍是商品再转化为货币的过程，换言之，是商品的售卖。

第Ⅰ部类的资本家全体，曾为这部类生产物（即劳动者所生产的生产手段）中与 v 相当且已经存在的价值部分，以 1000 镑（我说镑，不过表示它是货币形态上的价值），即 1000v，支付给劳动者。劳动者即用这 1000 镑，向第Ⅱ部类的资本家，购买等价值消费资料，从而，使第Ⅱ部类的不变资本的半数，转化为货币；第Ⅱ部类的资本家又用这 1000 镑，向第Ⅰ部类的资本家，购买价值 1000 镑的生产手段；这样，第Ⅰ部类资本家的生产物的一部分（采取生产手段的自然形态的），即 1000v 的可变资本价值，遂得再转化为货币，并在第Ⅰ部类资本家手中，重新当作货币资本来发挥机能，即再转化为劳动力，那是生产资本中最最重要的要素。这样，他们的可变资本，就因他们的商品资本一部分实现为货币之故，再回归到货币形态上了。

第Ⅰ部类商品资本中与 m 相当的部分，与第Ⅱ部类不变资本的第二个二分之一相交换，那也须有货币。这种货币，是可以依种种方法垫支的。在现实上，这种流通，包括二部类诸个别资本间无量数单个的买卖。但这种货币，在一切情形下，都须由资本家那里出来；因为，由劳动者投在流通中的货币量，已经被我们计算过了。如下的情形是可能的：属于第Ⅱ部类的某个资本家，用他的生产资本以外的现有的货币资本，向第Ⅰ部类资本家购买生产手段。相反的情形也是可能的：属于第Ⅰ部类的某个资本家，由决定用在个人支出上的货币基金（不当作资本支出的货币基金），向第Ⅱ部类资本家购买消费资料。像我们在第一篇第二篇所示，我们必须假定在一切情形下，资本家手里都有生产资本并且还有一定量的货币准备，准备当作资本来垫支或当作所得来支出。我们且假定——在我们，假定何种比例，是一件完全没有关系的事——货币的半额，是由第Ⅱ部类资本家，为代置其不变资本，购买生产手段而垫支的，其余半额则由第Ⅰ类资本家为消费而支出。比方说，假设第Ⅱ部类资本家垫支 500 镑，向第Ⅰ部类资本家购买生产手段，并由此（包括由第Ⅰ部类劳动者那里出来的 1000 镑），在自然形态上代置其不变资本的四分之三；第Ⅰ部类资本家又拿这样得到的 500 镑，向第Ⅱ部类资本家购买消费资料，并由此，使其商品资本中与 m 相当的部分的半数，完成其 w－G－w 的流通，使其生产物实现为消费基金。由这第二个过程，500 镑，当作生产资本以外的货币资本，回到第Ⅱ部类资本家手里来了。在另一方面，第Ⅰ部类的资本家也为购买第Ⅱ部类的消费资料，而把 500 镑的货币额支出。他这样支出时，他是把未卖商品资本中那与 m 相当的部分的其余一半在预想中售卖出了。第Ⅱ部类的资本家，又用这 500 镑，向第Ⅰ部类购买生产手段，因而，在自然形态上，代置他的不变资本全部（1000＋500＋500＝2000）；同时，第Ⅰ部类的资本家，也将其剩余价值全部实现为消费资料。就全体来说，4000 镑商品的交换，得以 2000 镑的货币流通来实行。有 2000 镑货币就够了，这是因为，我们假定，总年生产物是以少数大交易，一齐交换的。在这里，重要的一件事是：第Ⅱ部类的资本家，不仅以他的已在消费资料形态上再生产的不变资本，再转化为生产手段的形态，并且把他为购买生产手段而垫支在流通中的 500 镑，收回来；同样，第Ⅰ部类的资本家，也不仅把他的已在生产手段形态上再生产的可变资本，再取得货币形态，当作货币资本，得重新直接转化为劳动力，并且把他为购买消费资料，因预期其商品资本中与剩余价值相当的部分行将卖出而支出的那 500 镑，也收回来。这种收回，不是由于这种提前的支出，而是由于商品生产物中那与半数剩余价值相当的部分，会在事后卖出。

在这二场合，都不仅有第Ⅱ部类的不变资本，会由生产物形态转化为生产手段的形态（只有在这个形态上，它才能当作资本用），不仅有第Ⅰ部类的可变资本部分，会再转化为其货币形态，不仅有第Ⅰ部类与剩余价值相当的生产手段部分，会转化为可消费的形态（即当作所得而被消费的形态）；并且，第Ⅱ部类资本家为购买生产手段而垫支（这种垫支，是在相应的不变资本部分——原来是在消费资料形态上的——未曾卖出之前垫支的）的那 500 镑货币资本，也会回到第Ⅱ部类的资本家手里，又，第Ⅰ部类资本家预先支出在消费资料购买上的 500 镑，也会由他们自己收回。第Ⅱ部类资本家因预算其商品生产物中的不变部分行将出卖而垫支货币，第Ⅰ部类资本家，则因预算其商品生产物中的剩余价值部分行将出卖而垫支货币，他们二者所以都能将货币收回，乃因一类资本家除有在第Ⅱ部类商品形态上存在的不变资本外，另一类资本家除有在第Ⅰ部类商品形态上存在的剩余价值外，各曾以 500 镑货币投在流通中。结局，他们是依商品之等价的交换，相互得到完全的支付。他们超过其商品价值额，为实行此等商品交换而投在流通中的货币，会依各自投入的比例，从流通界，流回到他们各自手里。任何人都不能由此致富。第Ⅱ部类的资本家，原有不变资本 2000 镑在消费资料的形态上，和 500 镑货币；现在，他有 2000 镑在生产手段上，并和先前一样有 500 镑货币。同样，第 I 部类的资本家，是和先前一样，有 1000 镑的剩余价值（从前是由商品，由生产手段构成，现在是转化为消费基金了），并和先前一样有 500 镑货币。所以，总括起来，我们的结论是：产业资本家为促成他们自己的商品流通而投在流通中的货币，无论是以商品的不变价值部分为计算，还是以商品中包含的剩余价值为计算（在当作所得而支出的限度内），都会比例于各自垫支在货币流通中的数额，流回到各自手里。

再说到第 I 部类可变资本再转化为货币的事。这个资本在由第 I 部类资本家投为工资之后，最先是在商品形态（这是劳动者供给第 I 部类资本家的）上存在的。这种资本家已经在货币形态上，把这种资本，当作劳动力的价格，支付给劳动者了。在这限度内，这种资本家，已经在他们的商品生产物中，把与可变资本（在货币形态上投下的可变资本）相等的价值成分，支付出了。也就因此，他们便成了商品生产物的这一部分的所有者。但他们所使用的那部分劳动阶级，却不是他们自己生产的生产手段的购买者；劳动阶级是只购买第 II 部类所生产的消费资料。所以，在货币形态上为支付劳动力而垫支的可变资本，决不会直接流回 I 的资本家手中。这种可变资本，将由劳动者的购买，归到劳动阶级所需商品或所购商品的生产者即资本家手里；换言之，归到 II 的资本家手里。在 II 资本家用这种货币购买生产手段时，它才迂回曲折的，流回到 I 资本家手里。

由此，我们可以结论说：在单纯再生产下，I 商品资本中与 v+m 相当的价值总和（从而，I 商品生产物总体中与此相当的比例部分），必须与 II 的不变资本 c（从而，II 商品生产物总体中与 c 相当的比例部分）相等。那就是：I（v+m）= II c。

IV 第 II 部类之内的交易：必要生活资料与奢侈品的交易

在第 II 部类商品生产物的价值中，还有与 v+m 相当的成分，待我们研究。这种考察，与我们这里关心的最重要的问题，毫无关系。这个问题是：各个资本家商品生产物价值分为 c+v+m 的分割（这种分割，是以种种不同的现象形态为媒介的），得怎样适用于年总生产物的价值。这个问题，一方面由 I （v+m）与 II c 的交换解决了，另一方面是由我们以后要说的一点，由第 I 部类年商品生产物中的 I c 的再生产，解决的。因为 II （v+m）是在消费品的自然形态上存在的；更因为垫支给劳动者以支付劳动力的可变资本，大体是必须支出在消费资料上的；最后还因为在单纯再生产基础上，商品中那与 m 相当的部分，实际是当作所得而支出在消费资料上的；所以一看就明白，劳动者 II，将用他们由资本家 II 那里受得的工资，购回他们自己的生产物的一部分，其大小，乃与他们在工资形态上受得的货币价值相当。由此，资本家 II，得将他们为支付劳动力而垫支的货币资本，复转化为货币形态；好像，他们仅曾以价值记号付予劳动者。只要劳动者用这种价值记号，购买商品生产物（那是他们自己生产的，但属于资本家）的一部分，这种价值记号就会复归到资本家手中；不过，在这里，这种记号不仅代表价值，并且是在它自己的金身或银身中。以后我们还要更细密论到，在货币形态上垫支的可变资本，是怎样由劳动者阶级充作买者资本家阶级充作卖者的过程，流回来。但在此，成为问题的，是别一点；这一点，是必须在讨论可变资本怎样流回到起点那时候，讨论的。

年商品生产的第 II 部类，是由许多产业部门构成的，但就其生产物言，则可分为两大副类：

（a）归劳动者阶级消费的消费资料。在它们是必要生活资料的限度内，那还是资本家阶级消费资料的一部分，不过其品质与价值，屡屡与劳动者的消费资料不同。为说明的便利起见，我们且把这全副类总括在一个标题下面，名之曰必要消费资料。像烟草这一类的生产物，从生理的观点说，是否为必要消费资料，固系疑问，但我们且不问这一点；只要它是习惯上需要的，就把它算在里面。

（b）奢侈消费资料（Luxus-Konsumtionsmittel）。这是归资本家阶级消费的，只能与被支出的剩余价值交换，剩余价值是决不会归到劳动者手中的。

就 a 项说，很明白，为生产该类商品而在货币形态上垫支的可变资本，必定会直接流回 II 类资本家中那生产必要生活资料的部分（即 II 类 a 项的资本家）手中。这种资本家，把和可变资本额（他们在工资形态上支付的）相等的生活资料，售卖给他们的劳动者。所以，虽说在各种不同的产业部门间有无数交易，并由此，依比例，将流回的可变资本分割，但就 II a 的资本家全体说，这种流回，总是直接进行的。这种交易是流通过程，其流通媒介则直接由劳动者所支出的货币供给。就 II 类 b 项说，情形却是完全不同的。这个价值生产物全部，即 IIb（v+m），是以奢侈品的自然形态存在的。这种奢侈品，是和生产手段形态上的与 I v 相当的商品价值一样，不能由劳动者购买；虽说奢侈品与生产手段都是劳动者的生产物。所以，这一副类垫支的可变资本，虽将在货币形态上复归到资本家生产者手中，但其归流，不能直接进行，却须像 I v 一样间接进行。

比方，我们假设，在第 II 部类全体中，v＝500，m＝500；但可变资本及与其相应的剩余价值，像下面这样分配：

副类 a（必要生活资料）：v＝400，m＝400；从而，必要消费资料的商品总量的价值 400v+400m＝800。那就是 Ⅱa（400v+400m）。

副类 b（奢侈品价值）：100v＋100m＝200。那就是 Ⅱb（100v+100m）。

Ⅱ类 b 项的劳动者，在劳动力的给付上，得到货币 100 镑。他们就用这种货币，向 Ⅱ类 a 项的资本家，购买值 100 镑的消费资料。这个资本家阶级复用这个货币，向 Ⅱ类 b 项的资本家，购买值 100 镑的商品。由此，Ⅱ类 b 项资本家在货币形态上垫支的可变资本，就收回了。

Ⅱ类 a 项的资本家由他们与他们自己的劳动者的交换，在货币形态上，收回 400v。而他们的由剩余价值代表的生产物的四分之一，则移转给 Ⅱb 的劳动者。Ⅱb 的 100v，也由此，在奢侈品形态上被买去了。

现在，假设 Ⅱ类 a 项的资本家与 Ⅱ类 b 项的资本家，是以相同的比例，将他们各自的所得，分别支出在必要生活资料与奢侈品上。比方说，二者都以所得的五分之三支出在必要生活资料，五分之二支出在奢侈品上。那就是，Ⅱ类 b 项的资本家，以其剩余价值所得 400m 的五分之三（即 240），用在他们自己的生产物上，即必要生活资料上；五分之二（即 160），用在奢侈品上。Ⅱ类 b 项的资本家，也以其剩余价值 100m 的五分之三（即 60），用在必要生活资料上，五分之二（即 40）用在奢侈品上。后一部分奢侈品，在这一副类之一内生产，也在这一副类之内交换。

由（Ⅱa）m 得到的奢侈品 100，是这样流入 Ⅱ类 a 项资本家手里的：如我们以上所说，在 Ⅱ类 a 项的 400m 中，有 100 是在必要生活资料形态上，与 Ⅱ类 b 项等额的奢侈品相交换，还有 60 的必要生活资料，与 Ⅱ类 b 项 60m 的奢侈品相交换。

总计算如下：

Ⅱa：400v+400m；Ⅱb：100v+100m

（1）Ⅱ类a项的400v，是由Ⅱ类a项的劳动者消费的；此等劳动者的生产物（必要生活资料），即由此400v代表一部分；此等劳动者也即向他们那部类的资本家生产者，购买此400v。此等资本家，即由此将400镑货币——这是他们的可变资本价值，由他们付给这些劳动者当作工资的——收回。用这种货币，他们可以重新购买劳动力。

（2）在a的400m中，其一部分，恰与b的100v相等；那就是，a的剩余价值的四分之一，将这样实现在奢侈品上：b的劳动者，由该类b项的资本家那里，受得100镑的工资；他们就用这100镑，购买Ⅱ类a项的m的四分之一，这个m，是在商品即必要生活资料形态上存在的；a的资本家，则用这个货币，购买等价值的奢侈品，那等于100v（b），为全部奢侈品生产之半数。由此，b的资本家，也在货币形态上，将他们的可变资本收回了，并由劳动力的购买的更新，重新开始他们的再生产；因为，第Ⅱ部类全体的不变资本，已经由Ⅰ（v+m）与Ⅱc的交换，代置。奢侈品生产的劳动者的劳动力，因他们生产物中与他们工资相等价的部分，将由Ⅱ类a项资本家购去充消费基金，故能重新被卖出。〔第Ⅰ部类劳动力的售卖，也是这样的；因为，与Ⅰ（v+m）交换的Ⅱc，是由奢侈品与生活资料二者构成；而由Ⅰ（v+m）更新的东西，则由奢侈品与必要生活资料二者的生产手段构成。〕

（3）现在我们再就二副类资本家间的交换，来讨论a与b的交换。以上，我们已将a的可变资本（400v）和剩余价值一部分（100m），和b的可变资本（100v），解决掉。我们又会假定，二副类资本家的所得，平均是以五分之二的比例用在奢侈品上，五分之三的比例用在必需品上。除已经用在奢侈品上的100不说外，a 项全体尚有 60 用在奢侈品上，b 项全体依同比例也尚有 40 用在奢侈品上。

Ⅱ类 a 项的 m 是以 240 用在生活资料上；160 用在奢侈品上。240＋160＝400m（Ⅱa）。

Ⅱ类 b 项的 m，是以 60 用在生活资料上，40 用在奢侈品上。60＋40＝100m（Ⅱb）。最后的 40，将在他们自己的生产物的形态上，由该项资本家消费（其剩余价值的五分之二）；用在生活资料上的 60，则由该项资本家，以其剩余生产物的 60，交换 a 项的 60m 而得。

所以，对于第Ⅱ部类资本家全体，我们可得下式：（在此式中，a 副类的 v＋m，是存在必要生活资料形态上，b 副类的 v＋m 则存在奢侈品形态上）：

Ⅱa（400v＋400m）＋Ⅱb（100v＋100m）＝1000；

由其变动，又实现为下式：

500v（a＋b）＋500m（a＋b）＝1000。

在此式内，500v（a＋b）是由 400v（a）加 100m（a）实现的；500m（a＋b）是由 300m（a）加 100v（b）加 100m（b）实现的。

分别考察 a 与 b。其实现当如下：

$$(a)\ \frac{v}{400v（a）}+\frac{m}{240m（a）+100v（b）+60m（b）}=800$$

$$(b)\ \frac{v}{100m（a）}+\frac{m}{60m（a）+40m（b）}=\frac{200}{1000}$$

为求说明单纯起见，假设可变资本与不变资本的比例，在 a 与 b 为同一（这并不完全是必要的）。如此，在 a 的 v 为 400 时，其不变资本为 1600，在 b 的 v 为 100 时，其不变资本为 400，因而，关于第Ⅱ部类的 a 与 b，我们将得下二式：

（Ⅱa）1600c＋400v＋400m＝2400

（Ⅱb） 400c+100v+100m=600

合计 2000c+500v+500m=3000

准此，在第Ⅱ部类的 2000c 中〔那在消费资料形态上，与第Ⅰ部类的 2000（v+m）交换〕，有 1600 交换必要生活资料的生产手段，400 交换奢侈品的生产手段。

第Ⅰ部类的 2000（v+m），也将分割为二。其一为（800v+800m）Ⅰ，充作 a 必要生活资料的生产手段，计 1600。其他为（200v+200m）Ⅰ，充作 b 奢侈品的生产手段，计 400。

有一大部分的真正的劳动手段，和原料补助材料等，是二部类相同的。但若所论为Ⅰ（v+m）总生产物的各价值成分的交换，则上述的分割，殆全无关系。上述第Ⅰ部类的 800v 和同一部类的 200v，都将因工资支出在第Ⅱ部类消费资料 1000c 上面，得以实现。又，为此目的而垫支的货币资本，也将均等地，分配在第Ⅰ部类的资本家生产者间，并流回到他们手上；那就是，比例于他们垫支的可变资本，在货币形态上，由他们收回。从另一方面，就Ⅰ类 1000m 的实现来说，各资本家也会均齐地（即比例于各自的 m 的大小），由Ⅱc 的后半 1000 中，取出 600 Ⅱa 及 400 Ⅱb 的消费

资料来。那就是，将Ⅱa 不变资本代置的资本家，将在 600c（Ⅱa）中，取出 480（为五分之三），在 400c（Ⅱb）中，取出 320（为五分之二），合计 800。将Ⅱb 不变资本代置的资本家，也将在 600c（Ⅱa）中，取出 120（为五分之三），在 400c（Ⅱb）中取出 80（为五分之二），合计 200。二者总计，为 1000。

在这场合，在第Ⅰ部类和第Ⅱ部类，可变资本对不变资本的比例，是随意假定的。这种比例在第Ⅰ部类第Ⅱ部类及各副类皆为同一的假定，也都是随意的。我们假定这种同一性，纯系为求简单之故。即假定其比例互相不同，也绝不致变更问题的条件及

其解决方法。但在单纯再生产的前提下，我们可以得到如下的必然的结论：

（1）年劳动在生产手段自然形态下创出的新价值生产物（那可分为 v+m），与年劳动其他部分，在消费数据形态上再生产的生产物价值中的不变资本价值 c，相等。如其比 Ⅱc 更小，则不能完全将 Ⅱ 的不变资本代置；如其比 Ⅱc 更大，则将有超过额不能利用。在此二场合，单纯再生产的前提，都发生动摇。

（2）就那在消费资料形态上再生产的年生产物而言，在货币形态上垫支的可变资本 v，在其受领者为奢侈品劳动者的限度内，仅能由其受领者，实现在必要生活资料中的一部分上，那一部分，原来是代表该类资本家生产者的剩余价值的。是故，投在奢侈品生产上的 v，就其价值而言，必与在必要生活资料形态上生产的 m 的一个相应部分相等，必较这个 m——（Ⅱa）m——的全部为小。又，奢侈品资本家生产者所以能在货币形态上将其可变资本收回，也即因这 v 能实现在这个 m 的这一部上。这种现象，与 Ⅰ（v+m）实现为 Ⅱc 的现象，正好相像；不过，在这第二场合，（Ⅱb）v 是实现为（Ⅱa）m 的等价值的一部分。这种事情，在年总生产物实际加入年再生产（以流通为媒介而行的再生产）过程的限度内，乃是年总生产物分配上的质的规准。（Ⅰv+m）只能在 Ⅱc 之上实现，Ⅱc 也只因有这种实现，故能更新其为生产资本一成分的机能。同样，（Ⅱb）v 只能在（Ⅱa）m 一部分之上实现，（Ⅱb）v 也只因有此，故能转化为货币资本的形态。当然，以上所述，都只在下述限度内适用：这一切都实际为再生产过程的结果。比方说，Ⅱb 资本家所使用的 v 货币资本，不可是由信用从他处取得的。反之，若从量的方面说，年生产物各部分间的交易，又只能在下述限度内，像上述那样保持均衡：生产的规模与价值比例，保持不变，且无国外贸易改变此严格的比例。

亚当·斯密说，Ⅰ（v+m）归为Ⅱc，Ⅱc归为Ⅰ（v+m），还更常常地，更不合理地说，Ⅰ（v+m）是Ⅱc的价格（或价值，他是指交换价值）的诸成分，Ⅱc为Ⅰ（v+m）价值的成分全部。如果像这样说，我们也可说，且必须说，（Ⅱb）v归为（Ⅱa）m，（Ⅱa）m归为（Ⅱb）v，或者说，（Ⅱb）v为Ⅱa的剩余价值的成分，（Ⅱa）m为（Ⅱb）v的成分，那就是，剩余价值分解为工资，即可变资本。可变资本也为剩余价值的一个"成分"了。但这种不合理的说法，实际是可以在亚当·斯密那里看出的。因为照他说，工资是由必要生活资料的价值决定，这种商品价值又由包含在其内的劳动工资（即可变资本）和剩余价值的价值构成。他对于一劳动日的价值生产物在资本主义基础上所分成的诸断片（即v+m），是过于看重了；因此忘记了，在不同自然形态上存在的诸等价物，究竟是由有给劳动还是由无给劳动构成，乃是单纯商品交换上一件全然没有关系的事；因为在这二场合，生产上所费的劳动是一样多。还忘记了，A的商品充作生产手段，B的商品充作消费资料，在售卖后，其一的商品充作资本成分，他一的商品则充作消费基金（或如斯密说，当作所得来消耗）的事实，也是单纯商品交换上完全没有关系的事。个个购买者如何使用他的商品不是商品交换范围以内的问题，不是流通范围以内的问题，这决不致影响商品的价值。固然，在年社会总生产物的流通的分析上，我们必须考察其中各个成分的确定的用途，考察其中各个成分的消费的动因；但这一点，决不致影响以上所说的话。

在上述（Ⅱb）v对（Ⅱa）m的一等价部分的交易上，及（Ⅱa）m对（Ⅱb）m的交易上，我们未假定，Ⅱa和Ⅱb的个别资本家或其全体，是以相同的比例，将其剩余价值分用在必要消费对象和奢侈品上。其一可以用较多的部分在此种消费，其他可以用较多的部分在彼种消费。在单纯再生产的基础上，我们只假定，一个与全部剩余价值相等的价值额，实现为消费基金。限界就是这样规定的。在各部类之内，有的人多买 a，有的人多买 b。但此可互相抵补，故 a 类资本家阶级及 b 类资本家阶级，各个合起来看，乃是以相同的比例，参与此二类物品的使用。价值比例－A 与 b 两类生产家在第 Ⅱ 部类生产物总价值中所占的比例，从而，供给这诸种生产物的各生产部门之间的量的比例——在各具体场合，都必然是已经规定的；不过，为例解而定的比例，只是假设的罢了。如采用别的例解，那也不致变更各种质的因素，仅会改变量的规定。但若有任何事情会在 a 与 b 的比例量上引起现实的变化，单纯再生产的各种条件，也是会相应地发生变化的。

＊　　　＊　　　＊

因（Ⅱb）v 实现在（Ⅱa）m 的一个等价部分上，故可推论说：年生产物中由奢侈品构成的部分越是大，被吸往奢侈品生产上的劳动力越是多，则依比例，（Ⅱb）v 垫支的可变资本再转化为货币资本（那是当作可变资本的货币形态反复发生作用的）的过程，及 Ⅱb 所使用的那部分劳动者阶级的生存与再生产，——他们的必要消费资料的供给——更越须依存于资本家阶级的浪费。资本家阶级原来是以其剩余价值的大部分，用在奢侈品上的。

每一次恐慌，都会暂时减少奢侈品的消费。（Ⅱb）v 复转化为货币资本的过程，将因此延缓迟滞。这种复转化过程将只能部分进行。奢侈品劳动者一部分，将因此失业，以致必要消费资料的售卖，也停滞并且减少。同时，为资本家所使役而得其奢侈支出一部分的不生产劳动者（在这限度内，这种劳动者本身就是奢侈品），也被解雇出来。实则，这种劳动者在必要生活资料等的消费上，本来也是占着很大的部分的。而在营业振兴时期，尤其是在诈欺的开花时期，情形却正好相反。在这时期，由商品表现的货币的相对价值，会在价值不发生变动时，由其他的理由，往下低落，以此，商品价格会不问其自身价值如何，腾贵起来。不仅必要消费资料的消费会增加。在平时，劳动阶级是不要用奢侈品的。奢侈品在平时大抵只能成为资本家阶级"必要的"消费资料。但在这时候，劳动者阶级（预备军也全成为现役军了），也可暂时享用奢侈品了。这种情形，唤起物价的腾贵。

说恐慌起因于有支付能力的消费或消费者的缺乏，那完全是一个重复语。资本主义制度，除知乞食者或盗贼的消费外，是只知有支付能力的消费。设有任何商品不能卖出，那就是这种商品不曾见得有支付能力的购买者，或消费者（无论商品购买结局是为生产的消费，还是为个人的消费）。但若有人说，这是因为劳动阶级在他们自身的生产物中所受的部分过小，其弊害，只要在生产物中给他以较大的部分，或将他们的工资提高，想由此给这种重复语以更深的论据；我们就应答说，在恐慌之前，通例有一个时期，在这时期，工资通例会提高，年生产物中决定充消费用的部分，实际也有较大的一份，归劳动阶级。这种人，自以为在维护健全的"单纯"的常识。从这种人的见地看，这个时期，岂不宁可说会将恐慌离远，所以，好像资本主义包含有诸种与善意或恶意无关的条件，使劳动阶级得暂时享受相对的繁荣，但结局，这种相对的繁荣，常常变作恐慌来袭的警报①。

我们刚才讲过，必要消费资料生产与奢侈品生产间的比例关

---

① 洛贝尔图恐慌学说的信奉者，请注意这一点。——F. E.

系，限制着Ⅱ（v+m）Ⅱa与Ⅱb间的分割，并进而限制着（Ⅱb）c与（Ⅱb）c间的分割。这种比例关系，触到了生产的性质与分量关系的根底，并且是生产总形成上一个本质的因素。

单纯再生产，就其本身说，乃以消费为目的。它虽以剩余价值的获得为个个资本家的发动的动机，但在这场合，剩余价值，无论其比例量如何，皆被假设为专供资本家的个人的消费。

在单纯再生产为扩大年再生产的部分，且为其最显著部分时，消费依然是动机。这种动机是与致富的动机相陪伴，又相对立的。但这个问题，在现实上是更复杂的；因为赃物——资本家的剩余价值——的共分者，会在资本家之外，以消费者的资格出现的。

Ⅴ　交易之媒介：货币流通

就以上已经说明的来说，各类生产者间的流通，是依下述诸表进行：

（1）第Ⅰ部类与第Ⅱ部类之间：

Ⅰ $4000c+1000v+1000m2000c$

Ⅱ ·········2000c··········+500v+500m

Ⅱ c＝2000 的流通被解决了，那是用来和Ⅰ（1000v+1000m）相交换的。

暂不说Ⅰ的4000c，则在第Ⅱ部类之内，尚有 v+m 的流通。现在，Ⅱ（v+m），又依下式分在Ⅱa与Ⅱb二部类之间。

（2）Ⅱ $500v+500m=a（400v+400m）+b（100v+100m）$

400v（a）是在该副类之内流通的：由此而得给付的劳动者，将用此，向其雇主，即Ⅱa的资本家，购买他们自己所生产的必要生活资料。

因为这二副类资本家，都把他们的剩余价值的五分之三用在Ⅱa的生产物（即必要生活资料）上，五分之二用在Ⅱb的生产物（即奢侈品）上，所以，a的剩余价值的五分之三，即240，将消费在Ⅱa本副类之内；同样，b的剩余价值的五分之二（那是在奢侈品形态上生产，且在该形态上存在的），也将消费在Ⅱb本副类之内。

如是，在Ⅱa与Ⅱb之间尚留待交换的，在Ⅱa方面，为160m；在Ⅱb方面，为100v+60m。二者互相抵消。Ⅱb的劳动者，用他们的货币工资100，由Ⅱa那里，购买必要生活资料100。Ⅱb的资本家，则用其剩余价值的五分之三或60，由Ⅱa那里，购买必要生活资料60。如是，Ⅱa的资本家，用其剩余价值五分之二（或160m）于奢侈品（那是由Ⅱb生产的）时所必需的货币，就取得了。（100v——那是当作生产物，由Ⅱb的资本家保持，以抵补其所付工资的——加60m。）其式如下：

（3）Ⅱa（400v）+（240m）+160m

Ⅱb……………………100v+60m+40m

括弧内的数字，表示它是在本副类之内流通和消费的。

垫支为可变资本的货币资本，就生产必要生活资料的Ⅱa那一类资本家说，才是直接流回的。这种直接的归流，不外是上述一般法则的一种现象，而在各种特殊条件下发生变化的。这个法则是，商品生产家所垫支入流通中的货币，会依商品流通之正常的进行，复归到他们自己手里。由此，可以附带推论说：如果在商品生产者背后，有货币资本家立着，而以货币资本（就其最狭义言，即货币形态上的资本价值），垫支给产业资本家，则这种货币的真正的复归点，便是这种货币资本家的钱袋。货币虽在万人手中流通，但却因此，流通货币遂有大量属于组织的累积的货币资本部类（像银行一样）手中。这个部类垫支资本的方法，使资本必须不断在货币形态上，结局流回到它的始点。不过，这个归流，仍旧是以产业资本复化为货币资本的过程为媒介的。

商品流通，通常有两个要件：投入流通中的商品和投入流通中的货币。"流通过程，……不像直接的生产物交换那样，因使用价值变更地点或变更所有者而终了的。货币，不因其已从某商品转形的系列脱出，便消灭掉。它会不断在其他商品所让出的流通场所，沉淀着。"（第一卷第三章）

例如，在 Ⅱc 与 Ⅰ（v+m）间的流通上，我们假设有 500 镑货币，由第 Ⅱ 部类垫支出去。诸大社会生产者群间的流通，是分解为无数流通过程的。在这无数流通过程中，时而这群生产者，时而那群生产者，先以买者的资格出现，从而将货币投到流通中来。个人的情形除开不说，这种事情，是以生产期间的差别为基因，从而，以商品资本周转上的差别为基因。现在，Ⅱ 用这 500 镑，向 Ⅰ 购买 500 镑的生产手段，Ⅰ 再用这 500 镑，向 Ⅱ 购买 500 镑消费资料；如是，这个货币再流回到 Ⅱ 手里；惟后者的富，并不因有这种归流，稍稍增加。它先以 500 镑货币投在流通中，并从流通中取出同价值的商品；然后，它又售卖 500 镑商品，并从流通中取出同价值的货币。这样，这 500 镑就流回到它手里了。实在的，Ⅱ 曾以 500 镑货币投入流通中，又曾以值 500 镑的商品投入流通中，合计为 1000 镑。它也从流通中取出 500 镑商品和 500 镑货币。但 Ⅰ 的 500 镑商品和 Ⅱ 的 500 镑商品的交易，其流通所必要的货币只是 500 镑。谁先垫支货币来购买其他生产者的商品，谁就会在本人商品出售时，得回这种货币。所以，假如是第 Ⅰ 部类先向第 Ⅱ 部类购买价值 500 镑的商品，然后再以价值 500 镑的商品售于第 Ⅱ 部类，这 500 镑就是流回到 Ⅰ 手里，不是流回到 Ⅱ 手里。

就第 Ⅰ 部类说，投为工资的货币，换言之，以货币形态垫支的可变资本，不是直接在这个形态上流回，乃是间接由迂路流回的。但在Ⅱ，500镑工资，却是直接由劳动者流回到资本家；而在相同诸人交替以商品买者和商品卖者的资格，反复为买卖时，这种归流也通常是直接的。第Ⅱ部类的资本家，以货币支付给劳动力，并由此使劳动力合并在他的资本中，并就因有这个流通过程——这个流通过程，在他看，不外是货币资本到生产资本的转化——所以他能以产业资本家的资格，而与劳动者（工资劳动者）相对立。然后，以前当作劳动力售卖者的劳动者，一变而为购买者了，为货币所有者了，资本家则变为商品售卖者。这样，他投在工资上面的货币，就流回到他手里了。在商品售卖不包含诈欺，而为货币与商品的等价交换的限度内，这个过程绝不是资本家致富的过程。他也不是支付劳动者二次，先一次货币，后一次商品。当劳动者以货币交换商品时，他的货币就流回到他手里了。

不过，转化为可变资本的货币资本，——垫支为工资的货币——在货币流通上占有重要的地位；因为，劳动者阶级的生活，都是从手到口的，决不能给产业资本家以长时期的信用。资本周转期间尽管在各产业部门间有大的差异，可变资本总须在短期限内，例如一星期，同时在社会无数相异的地点，在货币形态上垫支出去。这种限期的来回，是比较急促的；其期限愈短，则经由此通道一次一齐投下的货币总额，比较愈是小。所以，在每个实行资本主义生产的国家，这样垫支的货币资本，即转化为可变资本的货币资本，都在总流通上，占有决定的比例分。因货币在回归到它的出发点之前，会通过多式多样的通道，充作无数其他营业的流通媒介，所以我们更加可以这样说。

现在，我们且从另一见地，考察Ⅰ（v+m）与Ⅱc间的流通。

资本家Ⅰ垫支 1000 镑支付工资，劳动者即用此向资本家Ⅱ购买价值 1000 镑的商品。资本家Ⅱ再用此额货币向资本家Ⅰ购买生产手段。如是，资本家Ⅰ在货币形态上垫支的可变资本，就流回了；同时，资本家Ⅱ的不变资本的半数，也由商品资本的形态，再转化为生产资本的形态。资本家Ⅱ更垫支货币 500 镑，向资本家Ⅰ购买生产手段。资本家Ⅰ将此种货币用在Ⅱ的消费资料上；这 500 镑因此又复归到资本家Ⅱ。资本家Ⅱ，再将此额货币垫支，俾其不变资本的最后四分之一，已转化为商品的，得再转化为其生产上的自然形态。此额货币再归到Ⅰ手里，再被用来向Ⅱ购取同价值的消费资料，因而，使这 500 镑复归到Ⅱ手里。以是，资本家Ⅱ又有了货币 500 镑和不变资本 2000 镑，后者已新由商品资本形态，转化为生产资本形态了。所以，只要有 1500 镑，价值 5000 镑的商品额，就流通了。即：（1）Ⅰ付 1000 镑给他的劳动者，以购买同价值的劳动力；（2）劳动者用此 1000 镑向Ⅱ购买生活资料；（3）Ⅱ再用此货币向Ⅰ购买生产手段，从而在货币形态上，将 1000 镑可变资本归还于Ⅰ；（4）Ⅱ向Ⅰ购买价值 500 镑的生产手段；（5）Ⅰ用这 500 镑向Ⅱ购买消费资料；（6）Ⅱ用这 500 镑向Ⅰ购买生产手段；（7）Ⅰ用这 500 镑向Ⅱ购买消费资料。以是，这 500 镑流回到Ⅱ手里。Ⅱ原来曾在 2000 镑商品之外，更把此额货币投在流通中；他也不曾从流通中，取去任何商品，作为此额货币的等价①。

交易是这样进行的：

（1）Ⅰ支付 1000 镑货币购买劳动力，那是为购买 1000 镑的商品而付的。

（2）劳动者用其工资的货币额 1000 镑，向Ⅱ购买消费资料，那也是 1000 镑的商品。

（3）Ⅱ用他由劳动者那里得到的 1000 镑，向Ⅰ购买生产手段，那又是 1000 镑的商品。

这样，1000 镑货币，充作可变资本的货币形态的，流回到Ⅰ手里了。

（4）Ⅱ向Ⅰ购买值 500 镑的生产手段；那是 500 镑的商品。

（5）Ⅰ用这 500 镑向Ⅱ购买消费资料；那是 500 镑的商品。

（6）Ⅱ用这 500 镑向Ⅰ购买生产手段；那是 500 镑的商品。

（7）Ⅰ用这 500 镑向Ⅱ购买消费资料，那又是 500 镑的商品。

被交换的商品价值总额为 5000 镑。

Ⅱ垫支在购买上的 500 镑，也流回到Ⅱ手里了。

由此，结果是：

（1）Ⅰ有可变资本 1000 镑在货币形态上。那原来是他垫支

在流通中的。此外，他还为他个人的消费，由他自己的商品生产物，支出 1000 镑；那就是把售卖价值 1000 镑生产手段所得的货币，支出去。

在另一方面，在货币形态上存在的可变资本，是不能不转成自然形态的，那就是不能不转成劳动力。这种劳动力，是由消费

① 这个说明，与上举的说明，略有差异。在上举的说明上，第Ⅰ部类也投一个独立的金额 500 镑入流通内。在这里，却只有第Ⅱ部类以追加的货币材料，投入流通中。但这不会在结论上引起任何变化。——F. E.

433

来保存，来再生产，并当作所有者唯一的商品（如果他要生存，他就必须把这种商品拿去出卖），再存在的。而工资劳动者与资本家的关系，也由此再生产的。

（2）Ⅱ的不变资本，在自然形态上代置了，而Ⅱ垫支在流通中的 500 镑，也复归到他手里了。

就第Ⅰ部类的劳动者说，流通是很单纯的，不脱 W-G-W 的公式，即 W_1（劳动力）——G_2（Ⅰ的可变资本的货币形态 1000 镑）——W_3（必要生活资料 1000 镑），这 1000 镑，使那在商品（生活资料）形态上存在的等价值的不变资本 Ⅱ，化为货币。

就第Ⅱ部类的资本家说，其过程是 W-G，那是他的商品生产物的一部分，转化为货币形态，但又由此，转化为生产资本的成分，即转化为他们所必要的生产手段的一部分。

资本家 Ⅱ 为购买生产手段的另一部分，会垫支 G（500 镑）。就这个 G 说，Ⅱc 中那尚在商品（消费资料）形态上存在的部分，是被预想已在货币形态上的。在 Ⅱ 用 G 买，W 由 Ⅰ 卖的 G-W 中，货币（Ⅱ）转化为生产资本的一部分；同时 W（Ⅰ）则通过 W-G 这个交易，转化为货币。但这个货币，不是第Ⅰ部类资本价值的任何成分，它不过是货币化的剩余价值，那是只用在消费资料上的。

在 G-W…P…W'-G'，流通中，第一种交易 G-W 是一个资本家的行为，最后一种交易 W'-G' 是别一个资本家的行为（至少，一部分是如此）。至若这个 W（G 即由此转化为生产资本），在 W 的售卖者（他把这个 W 转化为货币）手中，究竟是代表不变资本的成分，是代表可变资本的成分，还是代表剩余价值，那是与商品流通全无关系的。

就第Ⅰ部类商品生产物中与 v+m 相当的成分而论，第Ⅰ部类从流通中取出的货币，要比它所投入的货币更多。第一，它的可变资本 1000 镑会流回；第二，它会卖去生产手段 500 镑（见上述交易四）：由此，它的剩余价值的半数化为货币了；然后（交易六），它再售卖价值 500 镑的生产手段，由此，全部剩余价值都在货币形态上，从流通中取出了。连续进行的交易是：（Ⅰ）可变资本复化为货币，那等于 1000 镑；（2）剩余价值的半数化为货币，那等于 500 镑；（3）剩余价值其余的半数化为货币，也为 500 镑；故总计有 1000v + 1000m = 2000 镑化为货币。第Ⅰ部类（把我们以后要考察的情形除外，因为Ⅰc 的再生产，也须有货币为媒介），只以 1000 镑投在流通中，但它从流通中取出的货币，却倍于 1000 镑。当然货币化（即转化为G）的 m，因将支出在消费资料上，而移转到别人手里（Ⅱ）。资本家Ⅰ在货币形态上取出的价值，只与他在商品形态上投入的价值相等；这个价值为剩余价值，不须费资本家一文的事实，绝不致变更这个商品的价值；如所论为商品流通中的价值交换，这个事实简直是一点关系没有的。剩余价值的货币化过程，当然像垫支资本在转形中通过的一切其他形态一样，是暂时的。这种货币化的过程，只能在商品Ⅰ化为货币或货币Ⅰ再转化为商品Ⅱ的期间内，维持着。

假设周转的期间较短，或从单纯商品流通的观点，假设流通货币的通流较迅速频繁，则要流通所交换的商品价值，仅有较少的货币已足；如连续交换的次数有定，则所需货币额，常常由流通商品的价格总额或价值总额而定。至若此价值总额究以何种比例由剩余价值构成，何种比例由资本价值构成，那是完全没有关系的。

如果就我们的例说，第Ⅰ部类的工资，是每年支付四次，则是 4×250 = 1000。这样，有 250 镑货币，就可以实行Ⅰv 和Ⅱc 的 $\frac{1}{2}$ 之间的流通，并可以实行可变资本Ⅰv 和劳动力Ⅰ之间的流通了。又假设Ⅰm与Ⅱc之间的流通，是周转四次，那就也只需有250镑；那就是，价值5000镑的商品的流通，只需有500镑的货币总额或货币资本。如是，剩余价值将分四次，每次以四分之一化为货币，不像以前那样分二次，每次以半数化为货币了。

假使在第四交易上，不是Ⅱ，而是Ⅰ，以买者的资格，用500镑货币，购买同价值的消费资料，Ⅱ用这500镑，在第五交易上，购买生产手段，然后Ⅰ再在第六交易上，用这500镑，购买消费资料；然后，Ⅱ再用这500镑，在第七交易上，购买生产手段，使这500镑最后归到Ⅰ手里，像前场合归到Ⅱ手里一样。在这场合，剩余价值之化为货币，乃因资本家生产者将其货币支出在私人消费上所致。这种货币，代表预想的所得，代表预想的收入，那是由未售商品所含的剩余价值出来的。这个剩余价值的货币化，非由于这500镑的流回；（因为，除商品Ⅳ的1000镑外，Ⅰ还曾在第四交易之末，把500镑货币投在流通中，这是追加的，据我们所知，不是由售卖商品得到的。）这个货币流回到Ⅰ手里时，Ⅰ不过将其所垫支的追加货币收回，没有把他的剩余价值化为货币。Ⅰ剩余价值的货币化过程，必须由商品Ⅰm（即体化剩余价值的商品）的售卖而行，且也仅能在售卖商品所得的货币，不重新支出在消费资料上的限度内维持。

第Ⅰ部类以追加的货币（500镑）向Ⅱ购买消费资料；这个货币由Ⅰ支出了，但他由此取得了等价的商品Ⅱ；当Ⅱ向Ⅰ购买500镑的商品时，货币初次流回。换言之，那会当作Ⅰ所售商品的等价，流回来；这种商品则毫无所费于Ⅰ，是Ⅰ的剩余价值，所以，把该部类的剩余价值货币化的，乃是该部类自己投在流通中的货币。Ⅰ第二度在第六交易上购买时，他们同样取得商品Ⅱ为等价。现在假设Ⅱ在第七交易上不向Ⅰ购买生产手段。在这场合，Ⅰ实际仍是支出1000镑在消费资料上（那就是把他的全部剩余价值，当作所得来消费），500镑在他自己的商品（生产手段）的形态上支出，500镑在货币形态上支出。但他有500镑在他自己的商品（生产手段）的形态上保留，便须少掉500镑货币。

在这场合，Ⅱ也曾以其不变资本的四分之三，由商品资本的形态，复转化为生产资本的形态；但其余四分之一，则在货币资本的形态上（500镑），由停止作用坐待转化的货币构成。这个状态假如继续长久，Ⅱ必须将其再生产规模缩小四分之一。——但在Ⅰ手中的生产手段500，并不是在商品形态上存在的剩余价值。它是代替垫支的500镑货币的位置。这500镑货币，不算在1000镑（在商品形态上）剩余价值之内，原为Ⅰ所有。在货币形态上，它是在可以随时实现的形态上的，但在商品形态上，它却暂时不能卖出。很明白，在这场合，单纯再生产在如下的限度内，才是可能的：Ⅰ当初放的500黄金鸟，会飞回到Ⅰ手里来，因为，在单纯再生产的场合，第Ⅰ部类及第Ⅱ部类的生产资本的各种要素，都必须被代置。

在资本家（在这里，我们仍只有产业资本家，用他来代表一切其他）以货币支出在消费资料上时，这个货币，会从他手里脱离，而走上死灭之路。如果它会流回到他手里，那一定因为，他是以商品，从而以他的商品资本为代价，从流通中将货币取出。像他的全年商品生产物（即他的商品资本）的价值一样，该价值的每一个要素，那就是，每个商品的价值，在他看，都可分解为不变资本价值，可变资本价值，和剩余价值。每个商品（那是商品生产物的要素）的货币化，同时都是全商品生产物所包含的剩余价值的一定量的货币化。是故，在一定场合，我们可毫无错误地说，剩余价值货币化（即实现）所必要的货币，是由资本家自己，为购买消费资料，而投入流通中的。当然，在这里，是不是同一枚货币，是不成问题的；只要货币的数额，与资本家当初为满足个人欲望而投入流通中的货币额（或其一部分）相等，就行了。

在实地上，这是由两个样式进行的：如果营业初在当年开张，则在资本家能有营业上的收入，供他为个人的消费以前，必须经过相当的期间，至少必须经过几个月。但他决不能因此，便在一瞬间，停止他的消费。他不得不以预料的剩余价值为根据，而垫支自己以货币（不问这种货币是出自本人的钱袋，还是由信用，得自他人的钱袋），并由此把流通媒介垫支出来，使后来实现的剩余价值，得以实现。反之，如营业久已在规则进行中，则支付与收入，会分配在一年间各不同的期限内。但资本家的消费是不断进行的。这种消费，以通例的收入或估计的收入为预料，其范围也依照这种通例的收入或估计的收入的比例，来计算。当商品一部分售出时，一年间生产的剩余价值，也有一部分实现。但若全年间，售出的商品，正好代置商品中所包含的不变资本价值和可变资本价值，又若价格如此跌落，以致全年商品生产物的售卖，仅能将其中所包含的垫支资本价值实现，则因预料未来剩余价值而支出的货币之预料性质，当极明显。如果资本家失败，其债权人及法庭，必调查其私人的预料的支出，是否与其营业的范围，是否与其通常的通例的剩余价值收入，保持恰当的比例。

就资本家阶级全体说，资本家实现其剩余价值所必要的货币，及流通不变资本和可变资本所必要的货币，系由资本家自己投在流通中的说法，不仅不是逆说，并且是全部机构的必要条件；盖在此，只有二阶级存在：只能支配自己的劳动力的劳动者阶级，和独占社会生产手段与货币的资本家阶级。实则，若说商品中包含的剩余价值的实现所必要的货币，最初是由劳动者阶级从自己所有的资力垫支，那才真是逆说。不过个别资本家垫支这种货币时，往往是以买者的资格出现，他当作买者，会以货币支出在消费资料的购买上，或以货币垫支在生产资本要素的购买上的（这所谓生产资本要素，是指劳动力或生产手段）。他支出货币，决不能没有代价。他垫支货币到流通中的方法，和他垫支商品的方法相同。在这两种场合，他都是流通的起点。

现实的经过，为两种事情所掩蔽了。

（1）商业资本（其最初形态常常是货币，因商人自己是不生产任何"生产物"或"商品"的）和货币资本，在产业资本的流通过程中，是特别一种资本家所操作的对象。

（2）剩余价值——那最初必定是在产业资本家手中——分割为各种范畴的分割，使土地所有者（就地租而言），高利贷业者（就利息而言）等，甚至使政府官僚及食利者（Rentiers）等，在产业资本家之外，成为剩余价值的担当者。此等贵人，当作买者，与产业资本家相对而出现，并在此限度内，使产业资本家的商品化为货币。他们投"货币"到流通中来，产业资本家则从他们手里取得货币。在这场合，我们每每忘记，他们原来是由何处取得这种货币，又不断由何处将这种货币重新取得。

Ⅵ 第Ⅰ部类的不变资本①

尚待研究的，是第Ⅰ部类的不变资本，即4000Ⅰc。这个价值，与商品生产物Ⅰ内再现的生产手段（即这个商品额生产上所消费的生产手段）的价值，相等。这个再现的价值，不是在生产过程Ⅰ之内生产的，却是在上年，当作不变价值，或生产手段的既有的价值，加入这个生产过程去的。这个价值，即系第Ⅱ部类

---

① 以下采自原稿第二册。

所不吸收的全量商品Ⅰ。而留在资本家Ⅰ手中的此量商品的价值，则尚与他们的全年商品生产物的价值之三分之二相等。就生产某特殊生产手段的个别资本家说，我们很可以说，他售卖他的商品生产物，并将其转化为货币。当他将商品生产物化为货币时，他也将他生产物中的不变价值部分，化为货币。他再用这个化为货币的价值部分，向别的商品售卖者，购买生产手段，换言之，他会由此将他生产物中的不变价值部分，化为它的自然形态，使它重新当作生产的不变资本，来发挥机能。但在这里，我们是不能这样假设的。第Ⅰ部类资本家，包括生产生产手段的资本家全体。加之，留在他们手中的商品生产物4000，乃是社会生产物的一部分；这一部分，是不能由社会生产物的别的部分交换的；因为，在社会年生产物中，已经没有别的部分残留。除了这4000，生产物的其余各部分，已全被处置了。那就是，一部分为社会的消费基金所吸收，别一部分代置第Ⅱ部类的不变资本。第Ⅱ部类能与第Ⅰ部类进行的交换，都已经进行了。

第Ⅰ部类全部商品生产物，依其自然形态看来，系由生产手段，由不变资本的物质要素构成，只要记牢这个事实，这当中的难点，便极易解决了。我们这里遇见的现象，与在第Ⅱ部类遇见的现象，正好相同，仅其方面不同罢了。在Ⅱ的场合，全部商品生产物都由消费资料构成。其中一部分，相当于商品生产物所包含的工资与剩余价值的部分，便是由它本部类的生产者消费。在第Ⅰ部类，全商品生产物系由生产手段，如建筑物，机械，容器，原料，补助材料等物构成。其中代置该部门所用不变资本的一部分，也能以其自然形态，重新当作生产资本的要素。即令加入流通，它也仅在第Ⅰ部类之内流通。Ⅱ的商品生产物，有一部分，以其自然形态充该部类生产者的个人的消费，Ⅰ的商品生产物，则有一部分，以其自然形态，充该部类资本家生产者的生产的消费。

第 I 部类所消费的不变资本价值，会在商品生产物 I 的一部分 4000c 中，以能立即充作生产（不变）资本的自然形态，再现。在第 II 部类，3000 商品生产物中那与工资及剩余价值相当的部分 1000，直接充第 II 部类资本家及劳动者的个人的消费；但这个商品生产物的不变资本价值 2000，则不能在第 II 部类的资本家手中，充生产的消费，却必须与第 I 部类交换来代置。

反之，在第 I 部类，商品生产物 6000 中与工资与剩余价值相当的部分 2000 镑，也不能以其自然形态，充该部类生产者的个人的消费。它必须先与第 II 部类相交换。但其生产物的不变价值部分 4000，却依其自然形态，已能立即在第 I 部类资本家——就其阶级全体考察——手中，再当作不变资本来发挥机能。换言之，第 I 部类的全生产物，是由这种使用价值构成的，这种使用价值的自然形态，在资本主义生产方法下，是只能当作不变资本的要素用的。在这个生产物价值 6000 中，有三分之一，是代置第 II 部类的不变资本，其余三分之二，则代置第 I 部类的不变资本。

不变资本 I，是由许多资本群（Kapitalgruppen）构成的。这种种资本群，分投在生产生产手段的各个生产部门间，若干投在制铁所，若干投在炭坑等。每一个资本群，或每一个社会群资本（Gruppen Kapitale），又由许多大小不等的独立发挥机能的个别资本构成。第一，社会资本，比方说 7500（单位百万或其他），是由不同的资本构成；这 7500 将分为特殊的各部分，每部分分别投在各特殊的生产部门；投在各特殊生产部门的社会资本价值各部分，就自然形态说，一部分是由各特殊生产部门的生产手段构成，一部分是由其经营所必要的，且与其经营相适合的，因各生产部门所做的劳动种类*不同会由分工而发生种种变化的劳动力构成。社会资本投在各生产部门的部分，则由投在这各生产部门而独立发生机能的个个资本的总和构成。当然，这里所说：适用于第Ⅰ部类，也适用于第Ⅱ部类。

就再现于商品生产物Ⅰ形态上的不变资本价值说，那会有一部分，加入它当作生产物所从出的生产部门或个别营业内，充作生产手段，例如，谷物加入谷物生产，煤炭加入煤炭生产，机械形态上的铁加入铁的生产等。

构成第Ⅰ部类不变资本价值的部分生产物（Teilprodukte），如果不直接回到该特殊生产部门或个别生产部门，它也只变更它们的位置。它们将以它们的自然形态，加入第Ⅰ部类某其他的生产部门，而由这其他生产部门的生产物，在自然形态上，将它们代置。要之，这不过是生产物的位置转换。它们全会在第Ⅰ部类，成为再生产不变资本的因素，不过不在同一生产部门，而在第Ⅰ部类的别的生产部门。在这场合，在第Ⅰ部类诸个别资本家间，将发生一种交换，但这种交换，只是以一种自然形态的不变资本，交换别一种自然形态的不变资本，以一种生产手段交换别一种生产手段。这种交换，是第Ⅰ部类诸相异的个别的不变资本部分，互相交换。所以，假使生产物不直接在本生产部门当作生产手段应用，它就会由它自己的生产场所，移到别的生产场所，并互相代置。换言之（与第Ⅱ部类剩余价值的情形相似），第Ⅰ部类每个资本家，都视他在 4000 不变资本（他也是这种资本的共同所有者）中自己所有的部分，在此商品量中，取去一部分，作为他必要的生产手段。如果生产是社会主义的，不是资本主义的，那很明白，第Ⅰ部类的生产物，将同样继续地，为再生产的

目的，重新分配在该部类各生产部门之间；那就是，一部分直接留在它所从出的生产部门，别部分则移入别的生产部门，从而在第Ⅰ部类各生产部门之间，发生一种不断的相互的移动。

Ⅶ 二部类的可变资本与剩余价值

年生产的消费资料的总价值，等于该年生产的可变资本价值Ⅱ，加新生产的剩余价值Ⅱ（那就是第Ⅱ部类在该年生产的价值），加该年生产的可变资本价值Ⅰ，加新生产的剩余价值Ⅰ（那就是第Ⅰ部类在该年生产的价值）。

在单纯再生产的前提下，年生产的消费资料的总价值，等于年价值生产物；换言之，等于社会劳动在该年生产的价值全部。这是必须如此的，因为在单纯再生产的前提下，这全部价值都须消费掉。

总社会劳动日，分为二部分：（一）必要劳动，那在一年中，生产 1500v 的价值；（二）剩余劳动，那生产一个追加价值或剩余价值 1500m。这两个价值的总和 3000，与该年生产的消费资料的价值 3000 相等。所以，年生产的消费资料的总价值，与总社会劳动日在该年生产的总价值相等，与社会可变资本加社会剩余价值之和相等，与该年新生产物的总和相等。

但我们知道，虽然上述二价值量恰好相等，但第Ⅱ部类商品（即消费资料）的总价值，并不是全部由社会生产中这一个部类生产的。它们互相一致，是因为在第Ⅱ部类再现的不变资本价值，等于第Ⅰ部类新生产的价值（可变资本价值加剩余价值）；所以，Ⅰ（v+m）能购买第Ⅱ部类生产物中那代表第Ⅱ部类不变资本价值的部分。这可说明，因何第Ⅱ部类资本家的生产物的价值，从资本家的观点看，可分解为 c+v+m，但从社会的观点看，这个生产物的价值，却可分解为v+m。其所以如此，仅因为在这场合，Ⅱc与Ⅰ（v+m）相等，社会生产物的这两个成分，得依交换而互相交换其自然形态，并且在交换之后，Ⅱc会再在生产手段的形态上存在，Ⅰ（v+m）也会再在消费资料的形态上存在。

正是这个事实，使亚当·斯密将年生产物的价值，分解为（v+m）。但第一，这种说法，只适用于年生产物中由消费资料构成的部分；第二，这个说法，不能这样解释，只认这总价值全由第Ⅱ部类生产，并进而认其生产物价值，与其所垫支的可变资本加其所生产的剩余价值相等；却只能这样解释，认Ⅱ（c+v+m）=Ⅱ（v+m）+Ⅰ（v+m），因Ⅱc=Ⅰ（v+m）。

由此，更可得结论如下：

社会劳动日（那就是全劳动阶级在全年间支出的劳动）和个别劳动日一样，只分成两个部分，即必要劳动与剩余劳动。这种劳动日所生产的价值，也只分解为两个部分，即可变资本价值（劳动者购买他自身的再生产手段的价值部分）与剩余价值（资本家用在他个人消费上的价值部分）。但虽如此，我们仍知道，如从社会方面考察，社会劳动日的一部分，是专用来生产新的不变资本的。那就是，专用来生产这种生产物，这种生产物，原打算只在劳动过程上，用作生产手段，从而，只在伴着发生的价值增殖过程上，用作不变资本。按照我们的假设，全社会劳动日，是由3000的货币价值代表；其中三分之一或1000，是在第Ⅱ部类生产的。这第Ⅱ部类，是生产消费资料的；其所生产的商品，是社会全部可变资本价值和剩余价值所依以实现的商品。依照这个假设，社会劳动日的三分之二，是被用来生产新的不变资本。固然，从个别资本家的观点和第Ⅰ部类劳动者的观点看来，社会劳动日的这三分之二，是和社会劳动日的最后三分之一在第Ⅱ部类一样，只生产可变资本价值和剩余价值的；但从社会的观点看来，从生产物的使用价值的观点看来，社会劳动日的这三分之二，却只代置生产的消费过程所取去或耗去的不变资本。在个别的考察下，劳动日的这三分之二，虽仅生产一个价值，其总额，从它的生产者看来，是仅与可变资本价值加剩余价值之和相等，但它所生产的使用价值，终不能成为工资或剩余价值的支出的对象。因为，它的生产物，乃是生产手段。

首先，我们必须注意，社会劳动日没有任何部分（无论是属于第 I 部类，抑或是属于第 II 部类）是用来生产这二大生产部门所使用的不变资本价值。它只生产追加的价值 2000 I （v+m） + 1000 II （v+m），把它附加在不变资本价值 4000 I c + 2000 II c 上。那在生产手段形态上生产的新价值，尚不是不变资本，它不过被决定了要在将来如此使用。

第 II 部类的总生产物——消费资料——具体地，由其使用价值，由其自然形态来考察，乃是社会劳动日由第 II 部类贡献的那三分之一的生产物。这种生产物，乃是具体劳动（如织物劳动，烙面包劳动等）——当作劳动过程的主观要素，在这部类之内被使用的——的生产物。但生产物 II 的不变价值部分，却仅再现在一种新的使用价值上，再现在一种新的自然形态上，即在消费资料的形态上；它以前就已经在生产手段形态上存在了。它的价值，是由劳动过程，从它的旧的自然形态，移转到它的新的自然形态了。生产物价值的这三分之二（2000），并不是在当年的第 II 部类的价值增殖过程上，生产的。

从劳动过程的观点看，生产物是新发生机能的活劳动和预先给予它的生产手段（劳动即以此为实现其自身的对象条件）之结果。同样，从价值增殖过程的观点看，II 的生产物价值 3000，乃由新加的社会劳动日三分之一所生产的新价值（500v+500m=

1000），和一个不变价值（这是由一个已经过去的社会劳动日的三分之二对象化而成的。这个社会劳动日，已在这里考察的生产过程 II 之前，过去了），所构成。生产物 II 的这个价值部分，表现为这个生产物自体的一部分。它在价值 2000 或与一社会劳动日三分之二相当的某量消费资料中，存在着。这种消费资料，便是这个价值所依以再现的新的使用形态。II 的消费资料一部分 2000c，与生产手段 I（1000v+1000m）的交换，事实上，即是一总劳动日（它不是本年劳动的部分，已在本年之前过去了）的三分之二，与本年新加的一劳动日的三分之二相交换。本年社会劳动日的三分之二，不能既用在不变资本的生产上，同时又对于它的生产者成为可变资本价值与剩余价值，除非它被用来和年年消费的消费资料的价值一部分（在这个价值部分中，有一个劳动日的三分之二是被支出了，实现了，但不是在本年支出，乃是在本年以前支出的）相交换。这是以本年的劳动日的三分之二，交换本年以前支出的劳动日的三分之二，是以本年的劳动时间，交换本年以前的劳动时间。这样，如下的谜就可以解释了：一劳动日既然有三分之二，不用在可变资本价值或剩余价值依以实现的物品的生产上，而用来生产生产手段，以代置本年所消费的资本，但全社会劳动日的价值生产物，为什么依然可以分解为可变资本加剩余价值呢？这个问题是很简单的：即，第 II 部类的生产物价值的三分之二（第 I 部类的资本家与劳动者，即依此实现其所生产的可变资本价值加剩余价值，那等于全年生产物价值的九分之二），就其价值而言，乃是本年以前一社会劳动日三分之二的生产物。

第 I 部类及第 II 部类的社会生产物（生产手段与消费资料）的总量，依其使用价值，具体地从其自然形态来考察，诚然是本年劳动的生产物，但在这场合，我们的考察，乃视劳动为有用的具体的劳动，不视其为劳动力的支出，为形成价值的劳动。而前面讲的一层，也不过表示，生产手段仅因有加在其上的发生作用的活劳动，故得转化为新的生产物，换言之，转化为当年的生产物。不过，本年的劳动，若没有和它相独立的生产手段，没有劳动手段和生产材料，也是不能转化为生产物的。

Ⅷ 两部类的不变资本

总生产物价值9000及其部类的分析，并不比个别资本的生产物价值的分析，更难。二者宁可说是相同的。

在这场合，全社会的年生产物，是包含三个社会年劳动日。每社会劳动日的价值表现为3000，故总生产物的价值表现为 $3 \times 3000 = 9000$。

又，在这个劳动时间内，有下述各部分，是属于我们所分析的本年生产过程以前的时期：在第Ⅰ部类，有一劳动日的 $\frac{4}{3}$（价值生产物4000）；在第Ⅱ部类，有一劳动日的 $\frac{2}{3}$（价值生产物2000）。总计为二社会劳动日，其价值生产物为6000。因此故，4000c（Ⅰ）+2000c（Ⅱ）= 6000c 是当作生产手段的价值或不变资本价值，再现在社会全生产物价值中的。

又，第Ⅰ部类所新加的社会年劳动日，有 $\frac{1}{3}$ 是必要劳动，那代置可变资本价值1000v（Ⅰ），并支付第Ⅰ部类所使用的劳动的价格。同样，在第Ⅱ部类，也有一社会劳动日的 $\frac{1}{6}$，是必要劳动，其价值额为500。如是，我们有 1000v（Ⅰ）+ 500v（Ⅱ）= 1500v，那是半社会劳动日的价值表现，是本年所加于总劳动日的半数的价值表现，那是由必要劳动构成的。

最后，在第 I 部类，一总劳动日的 13（价值生产物为 1000）为剩余劳动；在第 II 部类，一劳动日的 61（价值生产物为 500）为剩余劳动。二者合计，构成新加的一总劳动日的其余的半数。由此，所生产的剩余价值全部，为：

1000m（I）+500m（II）= 1500m。

是故：

社会生产物价值的不变资本部分（c）：是生产过程以前支出的二劳动日，它的价值表现为 6000。

在本年支出的必要劳动（v）：是年生产上支出的半劳动日，它的价值表现为 1500。

在本年支出的剩余劳动（m）：也是年生产上支出的半劳动日，它的价值表现为 1500。

年劳动的价值生产物（v+m）= 3000。

总生产物价值（c+v+m）= 9000。

所以，在社会生产物价值的分析中，并没有什么难点。困难是由社会生产物的价值成分和它的物质成分的比较，发生的。

不变的仅仅再现的价值部分，与这个生产物中由生产手段构成的部分的价值相等，具体化在这个部分内。

当年的新价值生产物（v+m），与这个生产物中由消费资料构成的部分的价值相等，具体化在这个部分内。

但除了若干在这里无足轻重的例外之外，生产手段与消费资料乃是两种完全不同的商品，是自然形态和使用形态都完全不同的生产物，从而，是全然异种的具体劳动的生产物。使用机械以生产生活资料的劳动，和制造机械的劳动，是全然不同的。全年总劳动日（其价值表现为 3000）好像是支出在消费资料 3000上；在其中，没有任何不变价值部分再现，因为这 3000 =

1500v+1500m，只分解为可变资本价值和剩余价值。从另一方面说，不变资本价值6000，则再现在一种完全和消费资料不同的生产物上，再现在生产手段上，好像社会劳动日没有任何部分，是在这种新生产物的生产上支出一样。好像这劳动日全部，是由那种以消费资料（不是以生产手段）为结果的劳动构成一样。这样，我们当前的谜，就已经解决了。年劳动的价值生产物，等于第Ⅱ部类的生产物价值，等于新生产的消费资料的总价值。但这种生产物价值，与第Ⅱ部类消费资料生产上所支出的年劳动的部分比较，要更大三分之二。年劳动仅有三分之一，支出在消费资料的生产上。这个年劳动的三分之二，乃支出在生产手段的生产上，那就是在第Ⅰ部类支出。这时候，在第Ⅰ部类生出的而与第Ⅰ部类可变资本价值和剩余价值相等的价值生产物，是与第Ⅱ部类在消费资料上再现的不变资本价值相等。所以，它们可以互相交换，并互相在自然形态上代置。消费资料Ⅱ的总价值，等于Ⅰ与Ⅱ的新价值生产物的总和；那就是，Ⅱ（c+v+m）= Ⅰ（v+m）+Ⅱ（v+m），从而，等于年劳动在v+m形态上生产的新价值的总和。

从另一方面说，生产手段（Ⅰ）的总价值，乃与在生产手段（Ⅰ）形态上和在消费资料（Ⅱ）形态上再现的不变资本价值的总和相等，从而，与在社会总生产物内再现的不变资本价值的总和相等。这个总价值，与第Ⅰ部类生产过程以前的一劳动日的$\frac{4}{3}$和第Ⅱ部类生产过程以前的一劳动日的$\frac{2}{3}$的价值表现相等，那就是，与二总劳动日的价值表现相等。

所以，在社会年生产物的分析上，困难乃由如下的事实发生：不变价值部分由一种生产物表现；附加在不变价值部分上的新价值v+m，由别一种完全不同的生产物表现。那就是，前者由生产手段表现，后者由消费资料表现。以是，引起了一种外观，好像在讨论价值时，被消费的生产物量的三分之二，将在新形态上，无须有任何社会劳动在其生产上支出，已经可以当作新生产物，再行显现出来。就个别资本说，情形是不像这样的。每个个别的资本家，都使用某种具体的劳动，并由此将其所特有的生产手段，转化为生产物。举例言之。假设有某资本家是机械建造者。他在一年间，支出不变资本 6000c，可变资本 1500v，剩余价值 1500m；生产物 9000，比方说，由十八架机械代表，每架值 500。在这场合，全生产物是由相同的形态（即机械）构成。（如果他是生产多种生产物，那就要各种分别计算。）总商品生产物，是一年间在机械建造业上支出的劳动，由同种具体劳动的结合，用同一生产手段所得的结果。生产物价值的各部分，表现在相同的自然形态上；那就是，十二架机械代表 6000c，三架机械代表 1500v，三架机械代表 1500m。在这里，很明白，十二架机械价值等于 6000c。不是因为在这十二架机械内，体化着在机械建造过程以前支出而不在其中支出的劳动。并非十八架机械的生产手段的价值，自行转化为十二架机械；不过十二架机械的价值（那由 4000c+1000v+1000m 构成），与十八架机械总价值内包含的不变资本价值相等。所以，机械建造业者，必须在十八架机械中，售去十二架，代置其所支出的不变资本；他要再生产十八架新机械，是不能不有这种不变资本的。反之，专为建造机械而用去劳动，若竟得到如下的结果，——即一方面有六架机械等于 1500v+1500m；他方面，有铁铜螺旋皮带等，等于 6000c，那就是，在自然形态上的机械的生产手段，这种种，都不是建造机械的个别资本家自己生产的，是必须由流通过程代置的——那才是一件不能说明的事。但最初一看，却好像社会年生产物的再生产就是依照这种不合理的方法遂行的。

个别资本（那是社会资本的部分，它独立的发生机能且自赋有生命）的生产物，各有其自然形态。唯一的条件是：这个生产物必须有现实的使用形态，有使用价值，使其有资格在商品世界内，得以成为可以流通的一分子。它能否回到它所从出的生产过程，由生产物变作生产手段，换言之，其生产物价值中那表现不变资本的部分，有无适于再为不变资本的自然形态，实属无关重要。如其没有，则生产物价值的这一部分，将由卖买，再转化为其物质生产要素的形态；由此，不变资本，就在其适合机能的自然形态上，再生产了。

社会总资本的生产物，却不是这样。一切再生产的物质要素，必须以其自然形态，成为这个总生产物的部分。消费掉的不变资本部分，在下述的限度内，才能由总生产代置；那就是，再现的不变资本部分，必须全部以新生产手段的自然形态再现，且必须能实际当作不变资本用。在单纯再生产的前提下，生产物由生产手段构成的部分的价值，必须与社会资本的不变价值部分相等。

又，在个别的考察下，资本家由其所新加的劳动，仅在其生产物价值中，生产其可变资本和剩余价值。不变资本则由新加劳动的具体的性质，移转入生产物内。

从社会方面考察，社会劳动日中那生产生产手段的部分（劳动日的这一部分，以新价值附加于生产手段，又以生产上所消费的生产手段的价值，移转到它上面），不过生产新的不变资本，决定用来代置那在旧生产手段形态上消费掉的不变资本，那就是，决定用来代置第 I 部类和第 II 部类消费掉的不变资本。它所生产的生产物，是决定用在生产的消费上。这个生产物的全部价值，只能重新当作不变资本用，只能在不变资本的自然形态上，将不变资本购买。所以，从社会的观点看，它既不能分解为可变资本，也不能分解为剩余价值——反之，社会劳动日中那生产消费资料的部分，也不生产社会代置资本（Ersatzkapital）的任何部分。它所生产的生产物，就其自然形态说，是决定用来实现第 I 部类和第 II 部类的可变资本价值与剩余价值的。

当我们由社会的考察方法，就社会总生产物（那包含社会资本的再生产，和个人的消费）而言时，我们绝不可像蒲鲁东那样抄袭资产阶级的看法，误认为，有资本主义生产方法的社会，只要被视为一个整体，便会将其特殊的历史的经济的性质丧失掉。决不如此。在这场合，我们仅讨究总资本家。总资本是一切个别资本家的股份资本的总计。这个股份公司与许多其他的股份公司，有一个共同点：每一个人都知道他加入了什么，但不知道他取出了什么。

IX　对于亚当·斯密、斯托齐、兰塞等人之回顾

社会生产物的总价值 9000，是等于 $6000c + 1500v + 1500m$；那就是，6000 再生产生产手段的价值，3000 再生产消费资料的价值。社会所得（$v+m$）的价值，仅为总生产物价值的三分之一。消费者全体（劳动者与资本家）也仅能取去其中三分之一的价值额，商品，生产物，来充作他们的消费基金。反之，生产物价值的三分之二或 6000，乃是不变资本的价值，是必须在其自然形态上代置的。此额的生产手段，必须再充作生产基金，斯托齐曾洞察这种必要，但不能够证明它，他说："很明白，年生产物的价值，分为资本和利润。年生产物价值每一个这样的部分，都规则地，被用来购买生产物，使国家得以维持其资本，更新其消费基金。……由一国资本构成的生产物，是不能消费的。"（斯托齐《论国民所得的性质》巴黎 1824 年第 150 页）

但有一个荒谬的一直到今日仍为人所信仰的教义，是亚当·斯密所树立的。亚当·斯密不仅在上面已经说过的形态上——依照这个形态，总社会生产物价值是分解为所得，即工资与剩余价值，或如他说，分解为工资加利润（利息）加地租——树立这个教义；他还在一种更通俗的形态上，树立这个教义，以致认为全生产物价值，结局须由消费者支付给生产者。直到今日，这还是所谓经济科学最多人信奉的常识或永久真理。这个教义，是依下法说明的。任取一种商品为例，如麻纱衬衫。最先，麻纱的纺织家，必须支付亚麻的全部价值于亚麻种植者，那就是，必须支付亚麻种，肥料，代劳家畜饲料等的价值，加亚麻种植家固定资本（如建筑物，农具等）移入生产物中的价值部分；加亚麻生产上所支付的工资；加亚麻所包含的剩余价值（利润地租）；最后，加亚麻由生产地点到纺绩厂的运输费。然后，织者不仅以亚麻价格补还麻纱的纺绩业者，且以机械建筑物等（总之，固定资本）移入麻纱中的价值部分，以一切在纺绩过程中消费掉的补助材料，以纺绩者的工资，剩余价值等，补还给麻纱的纺绩业者，再就漂白业者说，则在此等价值之外，尚须加入麻布完成品的运费；最后，就衬衫制造者说，他不仅须以全部价格，支付给上述一切生产者（他们曾以原料供给他）。在他手上，还有一种追加的价值加入；这种加入，一部分是由于不变资本价值（即在劳动手段补助材料等形态上而在衬衫制造过程内消费掉的不变资本价值），一部分是由于在其中支出的劳动（即以衬衫制造工人的工资和衬衫制造业者的剩余价值加入生产物中的劳动）。现在，假设全衬衫生产物的费用为 100 镑，并假设这是全年生产物价值的由社会支出在衬衫上面的部分。衬衫的消费者，必须支付这 100 镑，那就是，必须支付衬衫内所包含的一切生产手段的价值，和麻种植业者，纺绩业者，织物业者，漂白业者，衬衫制造者，以及各种运输业者的工资和剩余价值。这是完全正确的。每个儿童也知道这个道理。但他又往下说：一切其他商品的价值，都是如此。他其实应当说：一切消费资料（即社会生产物中那成为消费基金的部分）的价值，都是如此；换言之，社会生产物价值的当作所得而支出的部分，都是如此。真的，一切这一类商品的价值总额，是等于一切在其中消费的生产手段的价值（不变资本部分），加后加劳动所创造的价值（工资加剩余价值）。而消费者全体所以能支付这个价值总额全部，乃因为，虽说每个商品的价值，都由 c+v+m 构成，但一切成为消费基金的商品的价值总额，即依最高额计算，也仅能与社会生产物价值中的分解为 v+m 的部分相等，那就是，与当年支出的劳动所附加在生产手段（不变资本价值）上的价值相等。但说到不变资本价值，我们又讲过，那是依两重方法，由社会生产物的总量代置的。第一，是由资本家 II（生产消费资料的）与资本家 I（生产生产手段的）间的交换。也就因此，所以有于甲为资本，于乙为所得的话。但事实并非如此。在消费资料价值 2000 中存在的 2000c（II），对第 II 部类的资本家，为不变资本价值。这种生产物虽依其自然形态必须被人消费，但不能由第 II 部类资本家自己消费。在另一方面，有 I 的 2000（v+m），那是第 I 部类资本家和劳动者所生产的工资加剩余价值，它，依它的自然形态，是存在在生产手段形态上的，其物自身的价值，是不能供消费的。在此，我们有一个价值额 4000，那在交换之后，是和在交换之前一样以半数代置不变资本，半数作为所得。——第二，第 I 部类的不变资本，将在其自然形态上，一部分由第 I 部类资本家之间的交换来代置，一部分由各营业在自然形态上的代置来代置。

全年生产物价值结局必须由消费者支付这一句话，在如下的场合，才是正确的：那就是，在消费者这个名词下面，包括两种完全不同的消费者，即个人消费者与生产消费者。但若说生产物一部分必须供生产的消费，那正是说，这一部分必须当作资本用，不能当作所得来消费。

若我们将总生产物的价值 9000，分为 6000c+1500v+1500m，而把 3000（v+m）当作所得来考察，可变资本就好像消灭了，而从社会方面考察，就好像资本完全是由不变资本构成了。这是因为，原来表现为 1500v 的东西，现在已分解为社会所得的一部分，为劳动工资，为劳动者阶级的所得；其资本性质便由此消灭了。实际，兰塞就曾引出这个结论。依他说，从社会方面考察，资本仅由固定资本构成，但他所谓固定资本，即指不变资本，指由生产手段构成的价值额，生产手段则由劳动手段，或由原料，半制品，补助材料之类的劳动材料构成。他称可变资本为流动资本，说："流动资本纯粹是由生活资料或其他必需品构成的，这种必需品是在劳动生产物完成以前，垫支给劳动者的。……只有固定资本（不是流动资本），是真正的国富的源泉。……流动资本不是直接在生产上发生作用的力，也不是生产所必要，却不过是一种便宜。这种便宜，因大多数民众非常贫困，始成为必要。……只有固定资本，从国民的观点看，是生产费的成分"（兰塞前书第 23——26 页）。兰塞对于固定资本（他是指不变资本），还曾作更严密的说明如下："这个期间，在这个期间内，那个劳动（即投在某商品形成上的劳动）的生产物的某部分，当作固定资本存在着，它在这个形态上，虽有助于未来商品的形成，但不能维持任何劳动者。"（前书第 59 页）。

在这里，我们再度看见了亚当·斯密所引起的毒害，因为他曾将不变资本和可变资本的区别，变质为固定资本和流动资本的区别。依兰塞说，不变资本是由劳动手段构成，流动资本是由生活资料构成；二者皆为有一定价值的商品；二者也同样不能生产剩余价值。

X　资本与所得：可变资本与工资

全年的再生产，一年的全部生产物，是当年的有用劳动的生产物。但总生产物的价值，比这个总生产物的由年劳动（即在当年支出的劳动力）体化成的价值部分更大。一年的价值生产物，一年间在商品形态上新创造的价值，比生产物价值（即全年所形成的商品额的总价值），更小。当我们从年生产物的总价值中，减去当年劳动在其上所加的价值，我们所得的差额，不是实际再生产的价值，却不过是在新存在形态上再现的价值。这个价值，是由以前存在的价值，移转到年生产物去的。参加入本年社会劳动过程的不变资本部分，有比较更耐久的，有比较更不耐久的；所以，它可以是很早就已经有了的，也可以是不久才有的；换言之，这个价值所从出的生产手段，可以是去年刚刚出来的，也可以是多年以前就已经出来的。但无论如何，那都是本年以前的生产手段的价值，移转到今年的生产物内的。

以式示之。上述诸要素已在第 I 部类与第 II 部类间，并在第 II 部类内部互相交换之后，我们将得如下诸式：

I $4000c + 1000v + 1000m$（后 2000 实现为消费资料 II c）$= 6000$

II $2000c$〔因其与 I $(v+m)$ 相交换而再生产〕$+ 500v + 500m = 3000$

价值总额 $= 9000$

一年间新生产的价值，仅包含在 v 与 m 中。该年价值生产物总额，是等于 v+m 的总和 $= 2000 (v+m)$（I）$+ 1000 (v+m)$（I）$= 3000$。该年生产物价值中一切其余的价值部分，都是移转的价值，是由已有的在该年生产上消费的生产手段的价值，移转过来的。除 3000 价值外，当年劳动不曾生产任何别的价值。这 3000 就是它全年的价值生产物。

但我们讲过，2000（v+m）（Ⅰ），将在生产手段的自然形态上，为第Ⅱ部类，代置 2000c（Ⅱ）。第Ⅰ部类所支出的年劳动的三分之二，就其价值全部言，就其自然形态言，都曾新生产第Ⅱ部类的不变资本。从社会方面考察，一年间支出的劳动的三分之二，是生产新的不变资本价值，那种价值所采的自然形态，是恰好与第Ⅱ部类的需要相合的。所以，社会年劳动的大部分，乃支出在新不变资本的生产上，即生产在生产手段上存在的资本价值，以代置消费资料生产上所支出的不变资本价值。在这场合，使资本主义社会与野蛮人区别的事情，并不如西尼耳①所想，是野蛮人有在一定时间支出劳动但不由此取得任何所得（即可以转化为消费资料的果实）的特权和特性。二者的区别宁可说在如下诸点。

a. 资本主义社会，以其所能利用的年劳动的较大部分，生产生产手段，（即生产不变资本），那不能在工资或剩余价值的形态上，转化为所得，却只能当作资本用。

b. 野蛮人制造弓、箭、石斧、石槌、篮筐时，他很知道，他不是用他的时间，来生产消费资料，却不过由此满足他对于生产手段的需要，没有别的。又，野蛮人犯一种严重的经济上的罪恶：他们对于时间的浪费是漠不关心的。台洛（Tylor）②说，他们常惯用一个月的时间，制造一支箭。

---

① "野蛮人的制造弓箭，是一种产业，但他不曾实行忍欲。"（西尼耳《经济学的基本原理》法文译本，巴黎 1836 年第 308 页）——"社会愈进步，愈加要忍欲。"（前书 342 页）——参照《资本论》第 1 卷第 22 章第 3 节。

② 台洛（E. B. Tylor）著《人类太古史研究》，密勒尔译，莱比锡，无刊行年月，第 240 页。

有一部分经济学家，要以一种流行的见解，排除理论上的困难，即排除现实关系的理解上的困难。这种见解是，于甲为资本之物，可于乙为所得；反之，亦然。这种见解，只一部分是真的。若将其普遍化，那就是完全错误的（因为，对于年再生产上的全部交换过程，它包含一种完全的误解，同时，对于这个部分真理的实在根据，也包含一种误解）。

现在，我们且将这个部分真理所依存的现实关系概述一遍，并暴露这诸种关系的谬误的解释。

（1）可变资本在资本家手中是当作资本用；在工资劳动者手中是当作所得用。

可变资本，最初是在资本家手中，当作货币资本的；当他用此以购买劳动力时，他就尽了货币资本的机能。当它尚在他手中，以货币形态存在时，它不过是在货币形态上存在的一定的价值，是一个不变的量，不是一个可变的量。它不过是可能的可变资本，——因其可以转化为劳动力。它必须脱弃货币形态，转化为劳动力，并在资本主义过程中当作生产资本的成分而发生机能之后，才成为现实的可变资本。

当初当作可变资本的货币形态，而在资本家手中发生机能的货币，现在，是在劳动者手中，当作工资的货币形态，他会把这种工资转化为生活资料；那就是他的所得的货币形态。这种所得，是因他反复售卖他的劳动力得到的。

在这里，我们只有一个单纯的事实，买者（在这场合是资本家）的货币，将由买者手，走到卖者（在这场合，是劳动力的售卖者，即劳动者）手上。不是可变资本有二重机能，先在资本家手中当作资本，嗣后又在劳动者手中当作所得。那不过是，同一的货币，先在资本家手中，当作他的可变资本的货币形态，当作可能的可变资本；当资本家将它转化为劳动力时，它又在劳动者手中，当作他所售的劳动力的等价。但同一货币在买者手中有一用途，在卖者手中有别一用途的事实，是一切商品卖买所同有的。

辩护的经济学家，是以错误形式，表示这个事实。当我们只注意 G-A（=G-W，即货币到劳动力的转化，从资本家即购买者方面看到的）和 A-G（=W-G，即劳动力到货币的转化，从售卖者即劳动者方面看到的），而把继起的各种行为置于度外时，这一点是表现得最明白的。他们说：同一的货币，在此，实现了两个资本：买者——资本家——将其货币资本转化活的劳动力，使它和他的生产资本相合体；卖者——劳动者——则将其商品（劳动力）转化为货币，他把这种货币当作所得来支出，使他能反复将他的劳动力售卖，并由此将他的劳动力维持。所以，他的劳动力，就是他的商品形态上的资本，那会不断给他以所得，不过，劳动力只是劳动者的不断自行更新自行再生产的财产，并不是他的资本。劳动力是他所有的唯一的商品。他要生存，他必须不断且能不断将这种商品出卖；这种商品，要到买者即资本家手中，才会当作资本发挥作用的。但一个人不得不继续出卖他的劳动力，不得不继续售卖他自身于别人的事实，在这辈经济学者看来，就证明他也是资本家了。因为他是继续出卖他的"商品"，出卖他自己呀！从这个意义说，把自己当作商品永久出卖给别人的奴隶，也是资本家了；因为，这种商品——劳动的奴隶——的性质，使它的购买者，不仅每日重新使它工作，并且每日给以生活资料，使它能不断地再工作。——（关于这点，可参看西斯蒙第和萨伊致马尔萨斯的书信。）

（2）在 1000v Ⅰ + 1000m（Ⅰ）对 2000c（Ⅱ）的交易上，我们看到，对一人为不变资本的东西（2000 Ⅱ c），对他人为可变资本和剩余价值，即对他人为所得〔2000 Ⅰ（v+m）〕；反之，对一人为所得的东西，对他人则为不变资本。

且先由劳动者的观点，考察Ⅰv对Ⅱc的交易。

第Ⅰ部类的总劳动者，为1000而将他的劳动力售卖于总资本家。他在货币形态上领受这个在工资形态上支付的价值。他就用这种货币，向第Ⅱ部类，购买同额价值的消费资料。第Ⅱ部类的资本家，仅以商品售卖者的资格，与他相对待。即使劳动者仅向本部类的资本家购买，如上所说的500Ⅱv的交换，第Ⅱ部类的资本家也仅以商品售卖者的资格，与他相对立。其商品（劳动力）所经过的流通形态，是单纯的商品流通，只为满足需要的目的，为消费的目的。其形式为W（劳动力）-G-W（消费资料，第Ⅱ部类的商品）。这个流通行为的结果，是劳动者自己当作劳动力，为第Ⅰ部类资本家而保存。为要继续如此保存自己，他必须不断地，反复地，实行A（W）-G-W的过程。他的工资是实现在消费资料上，那是当作所得支出的，若就劳动阶级全体考察，那还是不断当作所得支出的。

再从资本家的观点，来考察考察Ⅰv对Ⅱc的交易罢。第Ⅱ部类的全部的商品生产物，是由消费资料构成的，是由决定参加年消费的物品构成的。这种物品，是用来实现某人的所得；而在这场合，这种物品便是实现第Ⅰ部类的总劳动者的所得的。但就第Ⅱ部类的总资本家说，其商品生产物的一部分（=2000），现在，乃是他的生产资本的不变资本价值之商品化的形态，那是必须由商品形态再转化为它的自然形态，才能重新当作生产资本的不变部分，发挥作用的。至此为止，资本家Ⅱ所已做的，是将他的不变资本价值（已经在商品——消费资料——形态上再生产的不变资本价值）的半数（=1000），由第Ⅰ部类劳动者的购买，复转化为货币形态。所以，与不变资本价值Ⅱc的前半数相交换的，并不是可变资本Ⅰv，却只是在Ⅰ手中当作货币资本而在交换劳动时已转成为劳动力售卖者所有的货币；对于劳动力售卖者，那不是资本，只是货币形态上的所得，会当作消费资料的购买手段而支出的。从另一方面说，1000 的货币，由劳动者 I 流到资本家 II 手中来的，也尚不能当作第 II 部类生产资本的不变要素用。在此刻，它还不过是他的商品资本的货币形态，待转化为不变资本的固定部分或流动部分的。II 是用他从劳动者 I（他的商品的购买者）处得到的货币，向 I 购买生产手段 1000 的。由此，II 的不变资本价值，有总额的半数，就在可充生产资本 II 的要素的自然形态上，更新了。在这场合，流通形态为 W-G-W。那就是，价值 1000 的消费资料——1000 的货币——价值 1000 的生产手段。

W-G-W 在这里是代表资本运动的。W 售于劳动者时，即转化为 G，此 G 又转化为生产手段。那是由商品再转化为这个商品的物质的构成要素。在另一方面，像资本家 II 对资本家 I，仅以商品购买者的资格出现一样，资本家 I 对资本家 II 也仅以商品售卖者的资格出现。I 原来是用 1000 决定用作可变资本的货币，购买价值 1000 的劳动力。所以，他对于他在货币形态上支出的 1000v，是已获得等价。这个货币，现在是属于劳动者了，劳动者再把它支出向 II 购买物品。必须 I 以等额价值的商品售于 II，这个货币才会由 II 的金库，流回到 I 手里。

当初，I 有一个货币额 1000，决定把它用作可变资本部分。当这个货币额与同额价值的劳动力相交换时，它就以这个资格发挥了机能了。劳动者则供给价值 6000 的商品额（生产手段），在其中，有 61 或 1000，就价值说，是货币形态上垫支的可变资本部分的等价。这个可变资本价值，以前在货币形态上，不是当作可变资本用，现今在商品形态上，也不是当作可变资本用。它必须在化为活的劳动力后，且必须在生产过程内，方始能发挥可变资本的机能。在货币形态上的可变资本价值，不过是可能的可变资本。不过，在这个形态上的可变资本，是可以直接转化为劳动力的。但在商品形态上，这个可变资本还只是可能的货币价值；那必须先由商品售卖，才取得原来的货币形态。在这场合，是由

I 的商品价值 1000 售于 II。在这场合，流通运动是由 1000v（货币），到价值 1000 的劳动力，再到价值 1000 的商品（可变资本的等价），再到 1000v（货币）。所以，是 G–W…W–G（=G–A…W–G）插在 W…W 之间的生产过程，不属于流通的范围。那是不在年再生产诸要素相互间的交换之内出现，虽说这种交换，包含着生产资本一切要素（不变的要素和可变的要素即劳动力）的再生产。这种交换的当事人，或在买方出现，或在卖方出现，或兼在这二方面出现。劳动者是只当作商品买者出现的。资本家则交替为买者与卖者，但在一定限界内，又仅在买者一面出现，或仅在卖者一面出现。

结果是：I 再在货币形态上有资本的可变部分，那只有在货币形态上，才可以直接转化为劳动力的。换言之，只有在这个形态上，他的可变资本，才能实际当作他的生产资本的可变要素来垫支。在另一方面，劳动者能再以商品购买者的资格出现以前，也必须先成为商品的售卖者，那就是成为他的劳动力的售卖者。

再就第 II 部类的可变资本（500 II v）说。在这限度内，同生产部类的资本家与劳动者间的流通过程，是直接进行的；因为，我们在考察时，是把这种过程，视为是在第 II 部类总资本家与总劳动者间，进行的。

第 II 部类的总资本家，垫支 500v 以购买等额价值的劳动力。在这场合，总资本家是购买者，总劳动者是售卖者。然后，劳动者用他出卖劳动力所得的货币，以买者的资格，购买他自己所生产的商品的一部分。在这场合，资本家是售卖者。劳动者把资本

家购买劳动力所支付的货币代置了，这种代置之所赖，便是所产商品资本 II 的一部分，即商品形态上的 500v。这样，资本家在交换劳动力以前在货币形态上所有的 v，就复在商品形态上为他所有了。在另一方面，劳动者则实现其劳动力价值在货币上面，又把这种货币当作所得，用来购买他所生产的消费资料的一部分。这种交换，是劳动者用他的货币所得与资本家商品中与 500v 相当的部分（这 500v 乃是劳动者自己在商品形态上再生产的），相交换。但货币就是这样当作可变资本的货币形态，复归到资本家 II 手中的。货币形态上的等价的所得价值（Revenuewert），在这里是在商品形态上，把可变资本价值代置了。

资本家为购买劳动力而付给劳动者的货币，会因他以等价商品额售于劳动者之故，复归于资本家。但这种复归，不能增加资本家的富。如果他在购买他的劳动力时，先付他以 500，此外，又无代价的，在劳动者所生产的商品量中，给他以价值 500 的商品量，他实际就付了劳动者二次了。反之，若劳动者所生产的不过是劳动力价格 500 的等价，换言之，不过是价值 500 的商品，资本家的情状，在这种交易之后，也就和在这种交易之前一样，没有差别的。但劳动者实际再生产了 3000 的生产物；他保存了生产物的不变的价值部分；那就是，生产手段（在生产上被消费的生产手段）价值 2000，因转化为新生产物之故，将被保存。但此外，他还以 1000（v+m）的价值，加在这个既存的价值中。（资本家由 500 货币的复归而取得剩余价值以致富的见解，是由特斯杜·德·托拉西提出的。这种见解，将在本章第十三节详述之。）

因劳动者 II 购买价值 500 的消费资料，资本家 II 始得将 500 II v 的价值收回。那本来是在商品形态上为 II 所有，现今是在货币形态上为 II 所有了；不过，那原来是在货币形态上由他垫支的。这种交易的直接结果，和任何他种商品售卖的直接结果一样，是一定额的价值，由商品形态，转化为货币形态。货币由此流回到出发点的现象，也不是特殊的。假设资本家 II 曾用这 500 货币，向 I 购买商品，而以价值 500 的商品售于 I，他同样会将 500 货币收回。这 500 货币仅促进价值 1000 的商品额的交换；依照以上所述的一般法则，货币会流回到那为交换此商品额而以货币投入流通中的人手里的。

但这流回到资本家 II 手里的货币 500，同时即是更新的可能的在货币形态上的可变资本。为什么呢？货币或货币资本所以是可能的可变资本，仅因其可以转化为劳动力。500 镑货币流回到资本家 II 手里的现象，是与劳动力 II 流回到市场的现象，相伴而生的。这两对极的归流——从而，500 货币不仅当作货币，并当作货币形态的可变资本的再现——是受限制于同一的手续。500 货币复归到资本家 II，是因为他以价值 500 的消费资料售于劳动者 II。劳动者为要维持他自身，他的家属，和他的劳动力，是必须把他的工资支出在这种消费资料上的。他因要继续生存，因要能继续以商品购买者的资格出现，他必须重新将他的劳动力出卖。所以，当 500 货币复归到资本家 II 手里时，劳动力也复成为或续成为可卖 500 货币的商品，从而 500 货币复成为可能的可变资本。

再就 II b（生产奢侈品的部类）说。（II b）v 是和 I v 处于同样的状态。在货币形态上将资本家 II b 的可变资本更新的货币，会迂回曲折地，由资本家 II a 之手，回到资本家 II b 手中。但劳动者究是直接向本类资本家生产者（即购买他们的劳动力的资本家）购买他们的生活资料，还是向别类资本家购买。以致他们本类的资本家须经由别类资本家的手，迂回曲折地，收回他所付出的货币，那会引起一种区别。因为，劳动阶级的生活，是从手到口的。他们在能买的时候就会买，资本家（例如在 1000 Ⅱ c 对 1000 Ⅱ v 的交换上）却不是这样。资本家的生活，不是从手到口。他的发动的动机，是资本的尽可能的增殖。如果依照情形，资本家 Ⅱ 似乎宁可把他的货币暂时抓住，不宁愿立即将他的不变资本更新，1000 Ⅱ c 在货币形态）复归到资本家 Ⅰ 的运动，就会延迟的。从而，1000 Ⅰ v 复归为货币形态的运动，也延迟了。因此，资本家 Ⅰ 要能继续以相同的规模继续营业，他就必须有准备金可以提用才行。一般说来，如要使营业不断进行，即使不说可变资本价值在货币形态上的归流有缓有急，他也是必须有货币形态上的准备资本（Reservekapital）的。

我们在研究当年再生产诸不同要素间的交易时，前年度的劳动（即已终了的年度的劳动）的结果，也须加入考虑的。以当年生产物为结果的生产过程，在生产物中过去了，消失了。居于这个生产过程之前的或与其并行的流通过程（可能的可变资本，即由此化为现实的可变资本，即劳动力的卖买），尤其是这样。劳动市场不是我们当前所问的商品市场的部分，在这场合，劳动者不仅已经把他的劳动力卖出，且还在剩余价值之外，在商品形态上提供了他的劳动力价格的等价。他已在钱袋中有工资，而在我们当前的交易上，只以商品（消费资料）购买者的资格出现。就他方面说，年生产物除须包含再生产的一切要素，再形成生产资本的一切要素外，尤须代置最重要的要素可变资本。我们又讲过，就可变资本说，这个交易的结果是当作商品购买者的劳动者，因其工资被支出，其所购商品被消费之故，会能将他的劳动力再生产。（劳动力是他不得不出卖的唯一的商品）。资本家为购买此劳动力而垫支的货币，再回到资本家手里，劳动力则回到劳动市场，再度当作与这个货币相交换的商品。所以，就 1000 Ⅰ v 这个特殊的情形说，结果：资本家 Ⅰ 方面有 1000v 在货币形态上，劳动者 I 方面则有价值 1000 的劳动力，故第 I 部类的再生产过程全部，得重新开始。这便是交换过程的一个结果。

在他方面，第 I 部类劳动者的工资，会向 II 购买与 1000 II c 相当的消费资料而支出。此 1000 II c，也即因此，由商品形态转化，为货币形态。第 II 部类向第 I 部类购买与 1000V 相当的商品时，又使其由货币形态，转化为不变资本的自然形态，并由此，使第 I 部类，得在货币形态上，收回他的可变资本价值。第 I 部类的可变资本，经过三种转形，这种转形，或全然不显现在年生产物的流通上，或仅暗示在年生产物的流通上。

（1）第一个形态，是货币形态上的 1000 I v，那转化为同价值的劳动力。这种交易不表现在 I 与 II 的商品交易上。但其结果，可在如下的事实上看到：第 I 部类的劳动者阶级，用 1000 货币，与第 II 部类的商品售卖者相对立，和第 II 部类的劳动者阶级，用 500 货币，与第 II 部类的商品售卖者相对立，而在商品形态上，购买其 500 II v 一样。

（2）第二个形态便是可变资本发生现实变化，当作可变资本用的形态。在这个形态上，创造价值的力，代替了和它交换的确定的价值。那完全属于横在我们后面的生产过程的范围。

（3）第三个形态，是可变资本在生产过程结果上所采取的形态，是年价值生产物；在第 I 部类，是等于 $1000v + 1000m = 2000$ I（v+m）。它原来的价值是 1000 货币，现在，其价值是加倍了，是 2000 的商品了。所以，在商品形态上的可变资本价值 1000，仅为可变资本（当作生产资本要素）所创造的价值生产物的半数。商品形态上的 1000 I v，正好是货币形态上的 1000v（那原来是由 I 垫支，当作总资本的可变部分）的等价。但在商品形态上，它们只是可能的货币，不出卖，是不能变为现实的货币的。所以，它们更不是直接的可变的货币资本。不过，到最后，当商品 1000 I v 卖于 II c，劳动力再出现为可以购买的商品，为货币 1000v 得相交换的物质时，它们就变成为现实的可变的货币资本了。

在这一切转形中，第 I 部类的资本家，是不断把可变资本保存在自己手中。（1）起初是当作货币资本；（2）其次是当作他的生产资本的要素；（3）再后，是当作他的商品资本的价值部分，从而在商品价值的形态上；（4）最后，是再度在货币形态上，并再与劳动力相对立，与其交换。在劳动过程中，资本家手中所有的可变资本，是自行实现的创造价值的劳动力，不是一定量的价值。但因他必须待劳动力已在一定期间发生作用之后，才支付给劳动者，所以在他支付之先，他往往已在自己手中，有了它所创造的代置它自身的价值和剩余价值。

因为可变资本不断以某种形态保留在资本家手中，所以随便怎样，也不能说，它会转化作别人的所得。不过，1000 I v 的商品，将因出售于 II，而转化为货币，并由此在自然形态上，代置了不变资本的半数。

分解为所得的东西，不是第 I 部类的由 1000v 货币代表的可变资本；这种货币一经转化为劳动力，即不复是可变资本 I 的货币形态；那好比其他商品售卖者的货币，一经和一个商品售卖者的商品交换，即不复代表他所有的财产一样。当作工资支付的货币在劳动者阶级手中所通过的交易，不是可变资本的交易，只是已转化为货币的劳动力价值的交易。这好比，劳动者所创造的价值生产物〔2000 I （v+m）〕的交易，仅是资本家所有的商品的交易，而与劳动者无关一样。但资本家，尤其是资本家的学说上的辩护人，经济学者，却不容易脱却如下的观念：支付给劳动者的货币，仍旧是资本家的货币。假令资本家即是金生产者，从而其可变价值部分——即代置劳动购买价格的商品等价——直接在货币形态上出现，它当然无需经迂路回来，已可重新当作可变的货币资本用。但就第Ⅱ部类的劳动者说——且不说生产奢侈品的劳动者——500v是在决定供劳动者消费的商品形态上。总劳动者以其劳动力售于总资本家，但也直接向这总资本家，再购回这种决定供他们消费的商品。固然，资本Ⅱ的可变价值部分，依其自然形态说，就是由消费资料构成，消费资料又大部分是决定供劳动者阶级消费的。但劳动者在这个形态上支出的，不是可变资本。那是工资，是劳动者的货币；可变资本500Ⅱv所以能在货币形态上复归于资本家，正因为这种货币，实现在这种消费资料上。可变资本Ⅱv，是和不变资本2000Ⅱc一样，在消费资料形态上再生产的；二者都不能分解为所得。在这二场合，分解为所得的，都是工资。

但工资当作所得而支出，在一场合，会使1000Ⅱc，从而，间接使1000Ⅰv，复成为货币资本；在他场合，又使500Ⅱv复成为货币资本。那就是，使不变资本和可变资本复成为货币资本。（就可变资本说，一部分是由直接的归流，一部分是由间接的归流。）所以，工资当作所得而支出的事实，在年生产物的流通上，也是重要的。

Ⅺ　固定资本的代置

在说明年再生产上的交易时，有一个大的困难如下。我们且采取最简单的形式。如是，我们得：

（Ⅰ）$4000c+1000v+1000m+$

（Ⅱ）$2000c+500v+500m=9000$

那在结局，可分解为下式：

4000Ⅰ$c+2000$Ⅱ$c+1000$Ⅰ$v+500$Ⅱ$v+1000$Ⅰ$m+500$Ⅱ$m=$

6000c+1500v+1500m＝9000

不变资本有一部分价值是由真正的劳动手段（生产手段的一部类）构成的。这个价值部分，是由劳动手段移到劳动生产物（商品）中的，但这种劳动手段，会继续当作生产资本的要素来发挥机能，且继续存在于它的旧自然形态上。它不过把它的磨损，把它在一定机能期间内逐渐受到的价值损失，当作要有它才能生产出来的商品的价值要素而再现出来，并由劳动工具移到劳动生产物中。所以，在这场合，我们在讨论年再生产时，只有固定资本的一部分，则不止经历一年的部分，是要注意的。若固定资本会在一年间全部磨灭，它便也须全部由年再生产代置，全部由年再生产更新；这样，它和问题的枢要点是完全没有交涉的。就机械及其他各种耐久的固定资本说，虽其全部机体或构造体须能在多年之间存续，但其中有一部分器官，并且往往有一部分器官，必须在一年之内代置。所以这种部分器宫，是和必须在一年间代置的固定资本要素，属于相同的范畴。

商品的这个价值要素，决不可与修理上的各种费用相混。只要商品出卖，这个价值要素就会和别的要素一样化为货币的。但在化为货币之后，它和别的价值要素的区别，就显现了。在商品生产上消费的原料和补助材料，必须在其自然形态上代置，并由此重新开始商品的再生产（一般说，就是使商品的生产过程得以继续）。又，在商品生产上支出的劳动力，也必须由新的劳动力去代置。所以，由商品出卖而得的货币，必须不断再转化为生产资本的此等要素，不断由货币形态转化为商品形态。固然像原料补助材料之类的东西，往往是在一定期限内大量购买，形成一种生产库存品，在此期间内，便无须再购买。又，在这种生产库存品未曾用完以前，由商品售卖所得，并决定用来购买生产库存品的货币，会自行蓄积，以致不变资本的这诸部分，好像暂时成了货币资本，并将其能动的机能停止。但这各种事情，都不致在问题上引起变化。这样停止机能的货币资本，并不是所得资本（Revenuekapital），只是停止在货币形态上的生产资本。生产手段的更新，必须不断进行，但更新的方法，就流通的关系说，却是可以有各色各样的。新的购买，换言之，生产手段所依以更新和代置的流通作用，可以经过很长的时间才进行一次，以致必须有巨额货币，一次一齐投下来，置备一个相应的生产库存品。但也可以不待多久，就进行一次，以至必须迅速地，相继地以小额货币投下，并使生产库存品也相应地成为小额。这于问题无所变化。劳动力也是这样。当生产在一年间以同规模继续经营时，所消费的劳动力，也须继续由新的劳动力代置；在劳动有季节性的地方，或劳动各部分须在相异时期进行的地方，例如在农业，则劳动力的购买，也适应着，时而以大量购进，时而以小量购进。但在售卖商品所得的货币中那代表固定资本磨损的部分，却不立即再转化为生产资本的成分，以代置其价值磨损。它会被安置在生产资本的旁边，并保留在货币形态上。这种货币沉淀（Geldniederschläge）反复进行，一直到再生产的时候为止。这当然是必须经过一个或大或小的期间的，在这个期间内，不变资本的固定要素，会以其旧自然形态，继续在生产过程内发挥机能。当固定资本要素如建筑物机械等磨灭而不能再在生产过程内发生机能时，它的价值已独立存在它的身体之外了，全然变作货币了。固定资本的价值，会逐渐转移到它所助产的商品上，并由商品的售卖，化为货币形态。以上讲的货币沉淀，要不外就是这样移转的价值。这个货币是备此后用来在自然形态上代置固定资本（或其要素，因固定资本的各种不同的要素，有各种不同的持续期间），并在现实上，将生产资本的这个成分更新的。这个货币，乃是不变资本价值一部分的货币形态。即固定资本的货币形态。

所以，这种货币贮藏，乃是资本主义再生产过程的一个要素。当固定资本或其个别要素的价值，在它未磨灭的期间内，尚未将其全部价值移转到所生产的商品内，从而不必要在自然形态上代置以前，这种贮藏货币不过是这种价值在货币形态上的再生产与储藏。不过，这种货币一经转化为固定资本的新的要素，代置了它的旧的要素，它就会失却货币贮藏的形态，而加入以流通为媒介的资本再生产过程的。

单纯的商品流通，不是直接的生产物交换；同样，年商品生产物的交易，也不分解为其个别要素的直接的相互交换。在其中，货币有特殊的作用，这种作用，在固定资本价值的再生产方法上，是表现得最明白的。（在生产采取共有形态，不采取商品生产形态时，事态将会怎样表现，且留待以后详加讨究。）

且再采用我们的基本表式，则在第Ⅱ部类，我们可得下式，$2000c+500v+500m$。一年间生产的消费资料全部，在这场合，等于价值3000；就价值而言，商品总额所由以构成的各相异商品要素，是分解为 $\frac{2}{3}c+\frac{1}{6}v+\frac{1}{6}m$；用百分率表示，便是 $66\frac{2}{3}c+16\frac{2}{3}v+16\frac{2}{3}m$。第Ⅱ部类包含着种种不同的商品，这各种商品所包含的不变资本的比例，是彼此不同的。不变资本的固定部分，也可以有种种不同。这种固定部分的耐久时间，它的逐年的磨损，或它逐渐移入商品（它所助产的商品）的价值部分，又可以有种种不同。但在这里，那都不成问题。就社会再生产过程说，成为问题的只是第Ⅱ部类与第Ⅰ部类间的交易。在这里，第Ⅱ部类与第Ⅰ部类，仅以社会的全量比例的资格相对立。所以，只要我们把第Ⅱ部类所属的一切生产部门，加以综合的考察，商品生产物Ⅱ的价值部分c的比例量（在我们当前的问题上，我们是以商品生产物Ⅱ为决定的标准），便是平均比例了。

其总价值隶属在 2000c+500v+500m 这个表式下的各种商品，就价值言，是一律有 $66\frac{1}{3}\%c+16\frac{2}{3}\%v+16\frac{2}{3}m$ 的构成。归属在 c 或 v 或 m 之下的商品每 100，也适用这个表式。

所以，2000c 依以体化的商品，就其价值言，可再分解为：

1. $1333\frac{1}{3}c+333\frac{1}{3}v+333\frac{1}{3}m=2000c$

500v 也可再分解为：

2. $333\frac{1}{3}c+83\frac{1}{3}v+83\frac{1}{3}m=500v$

最后，500m 也可再分解为：

3. $333\frac{1}{3}c+83\frac{1}{3}v+83\frac{1}{3}m=500m$

试将 1、2、3 相加，c 合计为 $1333\frac{1}{3}c+333\frac{1}{3}v+333\frac{1}{3}c=2000c$，同样，$333\frac{1}{3}v+83\frac{1}{3}v+83\frac{1}{3}v=500$。m 也是这样。全部相加起来，总价值为 3000，和以上的数目一样。

第Ⅱ部类价值 3000 的商品额所包含的不变资本价值全部，是包含在 2000c 中；500v 与 500m 是不包含其中一个元子。就 v 与 m 说，该方面的情形，也是这样。

换言之，商品额Ⅱ中那代表不变资本价值且能再转化为其自然形态或其货币形态的全量，乃在 2000c 之中存在。所以，一切事项，凡在第Ⅱ部类商品不变价值的交易上有关的，都仅与 2000Ⅱc 的运动有关；这种交易，也只能与Ⅰ（1000v+1000m）相对而行。

同样，一切事项，凡在第Ⅰ部类不变资本价值的交易上有关的，也仅以 4000Ⅰc 的考察为限。

A 磨损价值部分在货币形态上的代置

最先，且假设：

Ⅰ. 4000c+1000v+1000m

Ⅱ. ·········2000c+500v+500m

商品2000Ⅱc与价值相等的商品Ⅰ（1000v+1000m）的交换，是以如下的事实为前提：2000Ⅱc的全部，都会由它们的自然形态，再转化为第Ⅱ部类不变资本的现物成分，那是由第Ⅰ部类生产的。但在商品价值2000（第Ⅱ部类不变资本存在的处所）中，包含一个代置固定资本价值磨损的要素，这个要素不立即用于代置，却转化为货币，并渐渐蓄积成为一个总额，到后来固定资本才在自然形态上更新。每一年都是固定资本死灭的年限，从而，在每一年，都有这个或那个营业的固定资本，这个或那个产业部门的固定资本要代置的。就同一的个别资本而言，也因固定资本各部分的耐久期间不同，以致有这一部分或那一部分，有代置的必要。在考察年再生产时，即假设在单纯的规模上，没有任何的蓄积，我们也不能事事都从开端说起。我们所考察的一年，乃是许多年连锁中的一年，并不是资本主义生产最初诞生的一年。在第Ⅱ部类那无数生产部门投下的个个资本，是属于各式各样的年龄的。在各生产部门从事的人，每年都有若干会死亡；同样，每年也有若干固定资本，会在该年达到它的寿命的终点，而必须由蓄积着的货币基金，在其自然形态上更新。在这限度内，在2000Ⅱc对2000Ⅰ（v+m）的交换中，已包含2000Ⅱc由商品形态（消费资料）到其自然要素（那不仅包括原料，补助材料，且包括固定资本的各自然要素，如机械，工具，建筑物等）的转化。但2000Ⅱc价值中那必须在货币形态上代置的磨损，不必就与机能的固定资本之量相等；因为，其中每年有一部分必须在自然形态上代置。不过，这种转化所必要的货币，却必须在前数年蓄积好在第Ⅱ部类资本家手里。这个前提适用于当年，也适用于以前各年。

在Ⅰ（1000v+1000m）与2000Ⅱc的交换上，我们必须注意，价值额Ⅰ（v+m）之中，不包含任何的不变价值要素，也不包含那代置磨损（即由不变资本固定部分，移转到商品——它代表v+m的自然形态——取得价值）的价值要素。这诸种要素，都存在Ⅱc之内，并成为以固定资本为基础的价值要素的一部分；这一部分，不立即由货币形态，转化为自然形态，却先以货币形态蓄积着，因此，Ⅰ（1000v+1000m）与2000Ⅱc的交换，遭遇到了困难了：生产手段Ⅰ〔那是2000（v+m）的自然形态〕要依照它的价值全额2000，与消费资料Ⅱ为等价的交换，但消费资料2000Ⅱc，却不能以它的价值全额，用来交换生产手段Ⅰ（1000v+1000m）；因为它的价值的一个可除部分——与固定资本待代置的磨损或价值丧失额相等——必须先在货币形态上沉淀着，不会在现在的年再生产期间内当作流通的媒介。包含在商品价值2000Ⅱc中的磨损要素所依以货币化的货币，只能从第Ⅰ部类手里得到；因为第Ⅱ部类不会以自己的货币支付自己，但须由商品售卖得到他自己的支付；并且因为，依照我们的假定，Ⅰ（1000v+1000m）会将2000Ⅱc的商品额全部购去。所以，第Ⅰ部类必须由这种购买，使第Ⅱ部类的各种磨损货币化。但依照我们以前所已阐明的法则，垫支在流通中的货币，必须归到后来以等量商品投入流通中的资本家生产者手里。很明白，第Ⅰ部类在购买Ⅱc时，决不能在以2000商品给予第Ⅱ部类时，每次再给他一个追加的货币额，除非有相等的价值额由流通作用复归到他手里。否则，第Ⅰ部类，就须以价值以上的价值，购买商品额Ⅱc了。如果第Ⅱ部类实际曾以他2000c，交换Ⅰ（1000v+1000m），他对于第Ⅰ部类自不能再有所要求。在这个交易中流通的货币，也就看是 I 还是 II 先以货币投入流通中，是 I 还是 II 先以购买者的资格出现，而复归到 I 或 II 手里。若是这样，第 II 部类就系把他的商品资本的全价值额，复转化为生产手段的自然形态；而与我们的假定相反了。我们的假定是，这个价值额在售出之后，有一个可除部分，不会在当年的再生产期间内，由货币再转化为不变资本的固定成分的自然形态。所以，第 II 部类要获得一个货币差额，是只有以价值 2000 的商品售于 I，但是自己向 I 购买的价值额不及 2000，比方说，只购买 1800。这样，第 I 部类就必须另寻 200 价值来补足他计算上的不足；这 200 货币是不会回到他手里的；因为，他虽以价值 200 的商品投入流通中，也不能由此取回他垫支在流通中的货币。在这场合第 II 部类固然有一个货币基金，足以填补他的固定资本的磨损。但在这场合，第 I 部类将会有生产手段的生产过剩，达 200 之多。以是，我们的表式的全部基础，都被颠覆了。我们的表式，曾假定单纯的再生产，假定各生产体系之间，保持完全的均衡。所以，以上的假设，不过以一个更难克服的困难，来驱除别一个困难。

因为这个问题呈现一种特别的困难，且从来没有经济学考究过，所以我们要依次讨究各种可能（至少是貌似可能）的解决法，或不如说，各种提出问题的方法。

最先，我们且像以上那样，假设 II 以 2000 售于 I，但仅向 I 购买商品 1800。在商品价值 2000 II c 中，包含必须在货币形态上蓄积着的 200，备代置固定资本的磨损。所以，2000 II c 的价值，将分割为 1800（与生产手段 I 交换）与 200（代置磨损，并在 2000c 出售于 I 之后，在货币形态上保持着）。就其价值言，便是 2000 II c = 1800c + 200c（d）。在这里，d 是代表 dechet（即磨损之意——F. E.）。

这样，我们要考察的交易是：

$$\underbrace{1000v+1000m}$$

1800c+200c（d）

第Ⅰ部类用1000镑（这个数目，已经当作劳动者的劳动力的代价，即工资，付给劳动者了），购买1000Ⅱc的消费资料；第Ⅱ部类又用这1000镑购买1000Ⅰv的生产手段。第Ⅰ部类资本家的可变资本，就在货币形态上，流回到第Ⅰ部类资本家手里了，他可在次年，用这个货币，购买等价值额的劳动力，那就是，在自然形态上，代置他的生产资本的可变部分。——第Ⅱ部类再用垫支的货币400镑，购买Ⅰm所代表的生产手段的一部分；第Ⅰ部类又用这400镑，购买Ⅱc所代表的消费资料的一部分。由Ⅱ垫支在流动中的400镑，遂当作所售商品的等价，回到第Ⅱ部类的资本家手里。Ⅰ也以垫支货币400镑购买消费资料；Ⅱ又向Ⅰ购买400镑的生产手段，使这400镑流回到Ⅰ手里。所以，这当中的计算乃如下：

Ⅰ以1000v+800m商品投在流通中；再以1000镑货币当作工资，400镑货币与Ⅱ相交易，而投在流通中。在交易完成后，Ⅰ有1000v在货币形态上，有转化为800Ⅱc（消费资料）的800m，和货币400镑。

Ⅱ以1800c商品和400镑货币投在流通中；在交易完竣后，他有1800的商品Ⅰ（生产手段）和400镑货币。

这样，在Ⅰ的方面，尚有200m（生产手段），在Ⅱ的方面，尚有200c（d）（消费资料）。

按照假定，第Ⅰ部类用200镑，购买价值200的消费资料c（d）；但Ⅱ把这200镑抓住，因为200c（d）是代表磨损，不立即转化为生产手段。这样，200Ⅰm将不能售出；Ⅰ的剩余价值，有十分之一不能实现，不能由生产手段的自然形态，转化为消费资料的自然形态。

这不仅与单纯再生产的前提相矛盾；就它本身说，它也不能说明 200c（d）的货币化；那不外表示，这种货币化为不可说明。因为，它不能证明 200c（d）是怎样化为货币；却不过假定，正因为 I 不能将残余的 200m 化为货币，故不得不提供货币。如果这个假设可解说交换机构的正常的作用，我们也可说，为要使 200c（a）照常化为货币，每年是会有 200 镑货币，从天降下来了。

这个假设是不合理的。但当 I m 不以原来的存在方式出现（即当作生产手段的价值的成分，或当作必须在资本家生产者手中由贩卖而实现为货币的商品价值的成分），却在资本家权利共有者手中出现（譬如在土地所有者手中当作地租出现，或在货币贷放业者手中当作利息出现）时，这个假设的不合理，是不会这样一目了然的。但若产业资本家在商品剩余价值中奉献于剩余价值共有者的部分（即地租或利息），竟长此不能由商品售卖而实现，地租或利息的支付，也不能不终止了。土地所有者或利息收取人，不复能成为救神；我们再不能由他的支出，使年再生产的一定部分，任意化为货币。一切所谓不生产劳动者（例如官吏医师律师等以及各种以"大众"形式出现的人，经济学者曾利用他们来说明他所不能说明的事情）的支出，也是这样。

即假设在 I 与 II（即二大部类的资本家生产者）间不实行直接的交换，而有商人居在中间，并以商人的"货币"，来克服一切困难，结果也不会更好。在这场合，200 I m 结局终须卖给第 II 部类的产业资本家。那可以通过无数商民的手，但最后一个商人所处的境地，——依照我们的假设——总会和第 I 部类资本家生产者开始所处的境地相同，那就是，不能以 200 I m 售于 II；中途被阻的购买额，将使第 I 部类，不能重新开始同样的过程。

在这里，我们看见，即不说我们的本来的目的，我们在考察再生产过程时，也绝对须要就它的基本形态，把一切使事态暧昧不明的干涉物除开。必须如此，徒有"科学"外观的虚妄的遁辞，方才可以辟除。如果我们在分析社会再生产过程时，竟以发展的具体的形态为对象，这种遁辞是不能辟除的。

无论是单纯再生产还是扩大再生产，那在再生产常态进行下由资本家生产者垫支在流通中的货币，总须流回到它的出发点。（无论这个货币是自己所有的，还是向别人借到的。）这是一个法则。这个法则，断然把200Ⅱc（d）的货币化是由第Ⅰ部类垫支货币的假设排除了。

B　固定资本在自然形态上的代置

上述的假设被排除之后，还剩有一种可能性：除有人在货币形态上代置磨损外，同时还有人在自然形态上，代置完全死灭掉的固定资本。

在上述的场合，我们曾假定：

（a）第Ⅰ部类曾在工资形态上支付1000镑；这1000镑由劳动者支出在等价额的Ⅱc上，那就是用它来购买消费资料。

在这里，说这1000镑是在货币形态上由Ⅰ垫支，不过是事实的重证。不待说，工资是必须由各个资本家生产者，在货币形态上垫支的。这个货币，后来是由劳动者用在生活资料上，并在生活资料售卖者手中，当作流通媒介，使其不变资本，得由商品资本转化为生产资本。它会通过许多水路（如小卖商人，屋主，收税员，以及为劳动者自己所必需的医师之类的不生产劳动者），其中只有一部分，会直接由第Ⅰ部类劳动者，流到第Ⅱ部类资本家。它的流动，也许有点停滞，以致在资本家方面，尚须有新的货币准备金。但这一切，在根本形态的论究上，都是不在考察之列的。

（b）我们还曾假定，第Ⅰ部类更垫支400镑货币以向第Ⅱ部类购买，这个货币，会流回到第Ⅰ部类手里；第Ⅱ部类垫支来向第Ⅰ部类购买的货币，也会流回到第Ⅱ部类手里。这个假定是必要的，因为，假定只有第Ⅰ部类的资本家或假定只有第Ⅱ部类的资本家，会把交换商品所必要的货币垫入流通中，都不免失之专擅。现在，因为我们已经在第（a）项指出，Ⅰ以追加货币投入流通中，使200Ⅱc（d）货币化的假设，是不合理的。这样，我们就剩下一个外表上似乎更不合理的假设了。即，Ⅱ自己把货币投在流通中，使商品价值中代置固定资本磨损的部分，得以货币化。比方说，X君的纺绩机在生产上丧失的价值部分，会当作纱的价值部分再现；但当中的由磨损而丧失的价值部分，会当作货币，在他手上蓄积着。现在假设X向Y购买200镑价值的棉花，从而，把货币200镑垫支在流通中。然后，Y用这200镑向X购买棉纱；这200镑才在X手中当作纺绩机磨损的代置基金。那就是，X——且不说他的生产，他的生产物，和他的生产物的售卖——为要代置纺绩机的价值丧失，乃贮藏200镑为准备。换言之，他不仅须由纺绩机的磨损，丧失纺绩机的价值200镑，且须每年从自己钱袋里多付出200镑货币，到后来购买一个新的纺绩机。

不过，这个假设仅仅是表面上不合理的。第Ⅱ部类诸资本家的固定资本的再生产期限，是完全不同的。有一些已临到必须全部在自然形态上更新的期限；有一些，却还离此期限有相当的远。离此期限尚远的一切资本家，有一个共通点是：他们的固定资本，尚不须在现实上再生产，那就是，不须在自然形态上更新或用新的同种物代置，不过它的价值会逐次在货币形态上蓄积起来。反之，已临到此期限的资本家，则与初开业时处在完全相同或大体相同的地位。在初开业时，他们是带着一个货币资本到市场上来，一部分化为固定的和流动的不变资本，一部分化为劳动力，化为可变资本。在现今，他把货币资本垫支在流通中时，也不仅须垫支流动不变资本和可变资本的价值，且须垫支不变固定资本的价值。

当第Ⅱ部类资本家有一部分不仅须由他们的商品，在自然形态上代置属于流动资本范围的生产手段，且须由他们的货币，在自然形态上，更新他们的固定资本时，同部类资本家的其他半数，却仅须以他们的货币，在自然形态上代置他们不变资本中的流动部分，无须在自然形态上，代置他们的固定部分。所以，只要假定，第Ⅱ部类资本家为与第Ⅰ部类交换而投在流通中的400镑，有半数出于第Ⅱ部类的前一部分资本家，则流回的400镑（当第Ⅰ部类购买消费资料时，便会流回到第Ⅱ部类），会在第Ⅱ部类这二部分资本家之间，以不同的方法配分的说法，就毫无矛盾。它会流回到第Ⅱ部类，但不是流回原人手中。它是在该部类之内为不同的配分，即由该部类这一部分资本家，移转到同部类别一部分资本家。

第Ⅱ部类资本家的一部分，除确保商品中所包含的那部分生产手段外，必须将200镑货币，转化为新固定资本要素的自然形态。这样支出的货币，和营业初创时所支出的货币一样，必须经过许多年数，才当作商品（用这个固定资本生产的商品）中的与价值磨损相当的成分从流通中流回。

但第Ⅱ部类的资本家别一部分，不曾向第Ⅰ部类，购买与200镑相当的商品；第Ⅰ部类却会用第Ⅱ部类前一部分资本家购买固定资本要素所支出的货币，支付给他们。总之，第Ⅱ部类资本家的一部分，会在更新的自然形态上，有他们的固定资本价值，别一部分则仍在货币形态上从事蓄积，指望在将来，在自然形态上，代置他们的固定资本。

在以前的各种交易终了后，我们的计算，是以商品的余额，尚须在二部类间交换为基础的。那在第 I 部类为 400m，在第 II 部类为 400c①；我们假定，是 II 垫支 400 货币，交换价值 800 的商品。400 的一半或 200 镑，在一切情形下，都必须是由第 II 部类的一部分资本家（那曾把 200 货币当作磨损价值蓄积着但在现今必须将其再转化为固定资本自然形态的一部分资本家）垫支的。

不变资本价值，可变资本价值，和剩余价值——第 II 部类的商品资本的价值和第 I 部类的商品资本的价值，都分解为这几项——既可以用商品 II 或商品 I 的比例量来表现；同样，不变资本价值中那不转化为固定资本自然形态却在货币形态上渐次蓄积的价值部分，也可以如此表现。这样，商品 II 的一定量（在我们现在的场合，是余额的半数即 200），只是这个磨损价值的担当者，这个磨损价值，是必须由交换而沉淀为货币的。（第 II 部类的在自然形态上将固定资本更新的资本家部分，也许已经用商品量——仅指商品余额而言——中与磨损相当的部分，把磨损价值的一部分这样实现了，他们还只有货币 200 待要实现。）

再就第 II 部类为余额交易而投在流通中的 400 镑的第二个半数 200 说，那是他用来向第 I 部类购买不变资本的流动部分的。200 镑的一部分，或是兼由第 II 部类两部分资本家投在流通中，或是单由那种不在自然形态上更新固定价值成分的资本家投在流通中。

那就是，由上述 400 镑，有下述的商品，从第 1 部类资本家那里取出了。（1）由固定资本要素构成的价值 200 镑的商品；（2）第 II 部类不变资本流动部分的现物要素所依以代置的价值 200 的商品。若所论以第 I 部类售于第 II 部类的商品为限，则在

① 这里的数字，与以上的假设不相合。但这是无关重要的，因为在这里不过是比例的问题。——F. E.

此际，第 I 部类已经把他的年商品生产物，售卖了。其中五分之一，即 400 镑，现今已在货币形态上，存在他手中了。但这个货币，是货币化的剩余价值，那是必须当作所得，支出在消费资料上面的。第 I 部类会用这 400，向第 II 部类购买库存商品全部 400。因而，这个货币，会当作第 II 部类的商品的代价，流回到第 II 部类。

在此，我们任假定三个场合。我们称第 II 部类在自然形态上代置固定资本的那部分资本家，为"第一部"；称第 II 部类在货币形态上蓄积固定资本磨损价值的那部分资本家，为"第二部"。这三个场合如下：（a）乃在第 II 部类商品形态上当作余额的 400，有某量，是为第一部及第二部（假定各占半数），代置一定量的不变资本的流动部分；（b）第一部已经把他的商品全部卖出，第二部尚有 400 待售出；（c）第二部，除负担磨损价值 200 的商品外，已经把一切商品售出。

如是，我们可得配分如下：

（a）在那仍在第 II 部类手中的商品价值 400c 中，100 为第一部所有；300 为第二部所有；在这 300 中，200 代表磨损。在这场合，就那因资本家 I 购买商品 II 而流回的 400 货币说，原来有 300 是第一部垫支的。那就是，200 货币被用来向第 I 部类购取自然形态上的固定资本要素；100 货币被用来促成他与第 I 部类之间的商品交换；反之，第二部则在 400 货币中，仅垫支四分之一或 100，那也是被用来促成他与第 I 部类之间的商品交换的。

总之，在这 400 货币中，第一部曾垫支 300，第二部曾垫支 100。

这 400 货币是依下述的方法流回的：

第一部，仅有 100，或垫支货币的三分之一，流回到他手中，他已由其他的三分之二，获得价值 200 的更新的固定资本。为这个价值 200 的固定资本要素，他已经把货币给于第 I 部类，但未在事后售卖任何商品。就这个货币的关系来说，第一部是仅以买者的资格，不曾在事后，再以卖者的资格，与第 I 部类相对立。这个货币不会流回到第一部；不然，他所得到的固定资本要素，就是当作礼物，从第 I 部类那里得到的了。——若就他所垫支的货币的最后三分之一说，第一部是先以买者的资格，购买他的不变资本的流动部分。第 I 部类再用这个货币，向他购买他的商品余额 100。这个货币以流回到第 II 部类第一部手里；这是因为，他在以买者的资格出现之后，会再以商品卖者的资格出现。如果这个货币不会流回，则第 II 部类第一部，除把 100 货币额给予第 I 部类，交换等价值的商品外，就须再以 100 的商品，当作礼物，赠送给第 I 部类了。

反之，仅垫支货币 100 的第二部，却会得回 300 货币。其中 100 是他当初以买者的资格投在流通中，现在再以卖者的资格，卖去 200 的商品，却不曾反过来，当作买者。这个货币，是不会流回到第 I 部类去的。固定资本的磨损，却因第 II 部类第一部购买固定要素曾以货币投在流通中之故，得以代置。但这个货币，不是当作第一部的货币，却是当作第 I 部类的货币，到第二部手中的。

（b）在这个假定下，II c 的余额是这样分配的，以致第一部有 200 货币，第二部有 400 商品。

第一部资本家已售出其商品全部，但有 200 货币，当作不变资本中那必须在自然形态上更新的固定成分的转化形态。他在这场合，将仅以买者的资格出现，并在交换中，用货币向第 I 部类购得等价值的商品，充固定资本的现物要素。在这场合，如第 I 部类不垫支货币来促进第 I 部类与第 II 部类之间的商品交换，第二部也至多只会以货币 200 镑投在流通中。因为就他的商品价值的半数说，他只以商品售于第 I 部类，但不反过来，向第 I 部类购买。

他由流通得回 400 镑。其中，200 镑，是因为他曾以买者的资格，垫支 200 镑，当他以 200 商品的卖者的资格出现时，他就把这 200 镑取回了。其余 200，是因为他曾以价值 200 的商品售于第 I 部类，但未曾向第 I 部类购回等价值的商品。

（c）第一部有 200 货币和 200c 商品。第二部有 200c（d）商品。

在这个假定下，第二部不须垫支任何货币，因为他不会以买者的资格，与第 I 部类相对立，而只以卖者的资格出现，所以他必须等候，到有人向他购买的时候。

第一部垫支 400 镑货币，其中 200 用来和第 I 部类互相交换商品。余 200 则用来仅向第 I 部类，购买固定资本的要素。

第 I 部类用 200 镑货币向第一部购买价值 200 的商品；由此，第一部得收回它为与第 I 部类交换而投下的货币；第 I 部类再用其余的由第一部得到的 200 镑，向第二部购买价值 200 的商品；由此，第二部资本家的固定资本的磨损，也当作货币沉淀下来了。

假设在（c）的场合，为交换现有商品而垫支货币 200 的，不是第 II 部类（第一部）而是第 I 部类，那也不致在问题上，引起任何的变化。如果是第 I 部类先向第 II 部类的第二部，购买 200 的商品——假设他只余留这样多的商品待售——此 200 镑固然不是流回到第 I 部类；因第 II 部类的第二部，将不复以买者的资格出现。但在这场合，第 II 部类第一部，还有商品 200 可用来售卖，还有 200 镑可用来购买，总计有 400，可以用来和第 I 部类交换。因此，将有货币 200 镑，由第 II 部类第一部，流回到第

Ⅰ部类。第Ⅰ部类再把这个货币支出，来向第Ⅱ部类第一部，购买 200 的商品，但这个货币，只要第Ⅱ部类的第一部，向第Ⅰ部类购买 400 商品的后半，就会回到第Ⅰ部类来的。总之，第Ⅱ部类的第一部，用货币 200 镑购买固定资本的要素，但不拿什么出来售卖。所以，这个货币不会回到第一部，却会发生一种作用，使第Ⅱ部类第二部的商品余额化为货币；同时，第Ⅰ部类为促成交易而投下的货币，却会取道第Ⅱ部类第一部（不是第二部）流回到第Ⅰ部类手里。第Ⅰ部类原有 400 商品，现在仍然有商品等价 400；他为交换 800 商品而垫支的货币 200 镑，也流回到他。这样，一切的事，都停当了。

＊　　　＊　　　＊

Ⅰ. $\underline{1000v+1000m}$　交易上所遭遇的困难，遂还原

Ⅱ.　　　2000c

为余额交易
Ⅰ. ···············400m···············
Ⅱ.（1）200 货币+200c 商品+（2）200c 商品

上的困难了。为使问题更为简明起见，这个交易还可表如下式：

Ⅰ. 200m+200m

Ⅱ.（1）200 货币+200c 商品+（2）200c 商品

因为第Ⅱ部类的第一部，以商品 200c，交换第Ⅰ部类的 200m（商品），又因为Ⅰ与Ⅱ间 400 商品的交换上流通的货币，会扫数流回到原先垫支的人手里（或是Ⅰ，或是Ⅱ），所以，这个货币，当作Ⅰ与Ⅱ之间的交换的要素，事实上，是与我们这里关心的问题，并无若何关系。换一个方法说，如果我们假定，200Ⅰm（商品）与 200Ⅰc（第Ⅱ部类第一部的商品）交易上的货币，是当作支付手段，不是当作购买手段，从而不是当作狭义

的"流通媒介",则很明白,因商品200Ⅰm与第Ⅱ部类第一部的商品200Ⅱc在价值上相等,价值200的生产手段将与价值200的消费资料相交换,而货币在这里也仅实行观念上的机能,任一方面也无须实际投货币到流通中,以清算计算上的差额。所以,我们必须在第Ⅰ部类和第Ⅱ部类两方面,把商品200Ⅰm和它的等价商品200Ⅱc(第一部)除去;这样,问题才会以最单纯的形态表示出来。

在第Ⅰ部类和第Ⅱ部类两方面除去价值相等且互相抵消的二商品后,就只剩下余额的交换,可以把问题明白表示出来了。交易的二方面是:

Ⅰ.200m 商品

Ⅱ.(1)200c 货币+(2)200c 商品

在这场合,很明白,第Ⅱ部类的第一部,会用这200货币购买他的固定资本的成分200Ⅰm。第Ⅱ部类第一部的固定资本,在其自然形态上更新了;由此,第Ⅰ部类的剩余价值200,也由商品形态(生产手段,也即是固定资本的要素)转化为货币形态了;第Ⅰ部类用这种货币向第Ⅱ部类的第二部购买消费资料;就第Ⅱ部类说,结果是:第一部曾在自然形态上,更新其不变资本的固定要素,第二部则把其中的别一个成分(代置固定资本的磨损的),当作货币沉淀下来。这种沉淀作用,会每年继续下去,一直到这个成分也在自然形态上更新为止。

在这场合,预备条件很明白是:在第Ⅱ部类不变资本中,那必须将其全部价值转化为货币,从而,必须在当年在自然形态上更新的固定成分(第一部),与那仍能以旧自然形态发挥机能而仅先在货币形态上将磨损所引起的价值丧失(移入商品生产物中去的)蓄积着的固定成分之年磨损额,应互相等。这种均衡,似乎是单纯再生产的法则。这等于说,生产生产手段的第Ⅰ部类,是一面生产第Ⅱ部类不变资本的流动成分，一面生产其固定成分的，在这限度内，该部类劳动之均衡的分割，必须保持不变。

在我们更进一步研究这个问题之前，我们必须先考察一下：如果Ⅱc（1）的余额不与Ⅱc（2）的余额相等，情形究竟会像怎样。在二者不相等时，不是更大，便是更小。我们且就此二场合研究之。

第一场合

Ⅰ．200m

Ⅱ．（1）220c货币 +（2）200c商品

在这场合，Ⅱc（1）用200镑货币购买商品200Ⅰm；第Ⅰ部类再用这个货币，购买200Ⅱc（2），即当作货币沉淀着的固定资本成分，以此，这个固定资本成分，便化为货币了。但这当中尚有20Ⅱc（1）的货币，不能再转化为自然形态上的固定资本。

要救治这当中的不便，似乎只要把Ⅰm的余额，由200增加为220，从而使2000Ⅰ没有1800，只有1780，由以前的交易弄停当。这样，我们就得下式。

Ⅰ．220m

Ⅱ．（1）220c（货币）+（2）200c（商品）

第Ⅱ部类第一部的c〔Ⅱ（1）220c〕用220镑货币，购买220Ⅰm，第Ⅰ部类再用这200镑，购买200Ⅱc（2）的商品。但这样，就有20镑货币留在第Ⅰ部类手中了，那是剩余价值的一部分，只能在货币形态上保有，是不能用在消费资料上的。所以，我们的困难，不过由Ⅱc（1）移转Ⅰm上来。

反之，我们再假设，第Ⅱ部类第一部的c，比第Ⅱ部类第二部的c更小。这样，我们就得到：

第二场合

Ⅰ. 200m 商品

Ⅱ. (1) 180c 货币 + (2) 200c 商品

第Ⅱ部类第一部，用 180 镑货币，购买 180Ⅰm；第Ⅰ部类用这个货币，向第Ⅱ部类第二部，购买等价值的商品，那就是购买 180Ⅱc（2）；这样，在一方面，仍有 20Ⅰm，在他方面仍有 20Ⅱc（2）；合计仍有价值 40 的商品，不能售出。

假设第Ⅰ部类的余额为 180，也无济于事；这样，第Ⅰ部类将无余额留下来，但在Ⅱc（2）方面，依然有 20 的余额，不能售出，不能转化为货币。

在第Ⅰ场合，Ⅱc（1）较Ⅱc（2）为大，在这场合，会在Ⅱc（1）方面有货币余额，不能再转化为固定资本；若假设Ⅰm 的余额，与Ⅱc（1）相等，则在Ⅰm 方面，又有同样的货币余额，不能转化为消费资料。

在第Ⅱ场合，Ⅱc（1）较Ⅱc（2）为小。在这场合，又会在 200Ⅰm 和Ⅱc（2）两方面，发生货币的不足，同时并发生商品的过剩，若假设Ⅰm ＝Ⅱc（2），则又在Ⅱc（2）方面，发生货币的不足和商品的过剩。

假设Ⅰm 的余额，常与Ⅱc（1）相等——因为，生产是由需要决定；并且，今年的出产，较大部分为第Ⅰ部类第Ⅱ部类的固定不变资本成分，次年的出产，较大部分为不变流动资本成分的事实，又不致在再生产上，引起任何的变化——则在第Ⅰ场合，Ⅰm 将不能再转化为消费资料，除非第Ⅰ部类用它向第Ⅱ部类购买剩余价值的一部分，所以，这个剩余价值部分，将不被消费，却会在货币形态上在第Ⅰ部类手里蓄积着；在第二场合，除假设第Ⅰ部类亲自把货币投下，别无解决之道，但这个假设，乃是我们以前排除了的。

如果是Ⅱc（1）较Ⅱc（2）为大，则要使Ⅰm 的货币过剩额实现，必须有外国商品的输入；反之，如果是Ⅱc（1）较Ⅱc（2）为小，便须有商品输出（即消费资料输出），来实现Ⅱc在生产手段上的磨损部分。在这二场合，都必须有国外贸易。

在考察规模不变的再生产时，我们虽假定一切产业部门的生产力，假定其商品生产物的均衡的价值关系完全保持不变，但使生产规模累进扩大的旨趣，仍会在Ⅱc（1）较Ⅱc（2）更大或更小的时候发生。

C　结论

就固定资本的代置说，我们可以概述如下：

假设其他一切情形不变，那就是不仅生产规模不变，并且劳动的生产力也不变。在这个假设下，如果Ⅱc的固定要素在今年要比在去年死灭更大的部分，从而必须有更大的部分，要在自然形态上更新，则固定资本中那尚在磨损中而在死灭期达到以前必须暂时在货币形态上代置的部分，必依比例减少；因为，我们会假定，在Ⅱc发生机能的固定资本部分的总额（及价值总额）是保持不变。但这必伴有下述的事实。第一，如果第Ⅰ部类的商品资本，有较大部分由Ⅱc的固定资本要素构成，则相应的，只有更小的部分，是由Ⅱc的流动成分构成；因第Ⅰ部类为Ⅱc而行的生产总额，是仍旧不变。其一部分增加，其他一部分必减少；反之亦然。在他方面，第Ⅱ部类的生产总额也保持不变。但若原料半制品补助材料（那就是不变资本的流动要素）的生产减少，这个结果如何方才可能呢？第二，转化为货币形态的固定资本Ⅱc，会有较大的部分，流回到第Ⅰ部类来，俾能由货币形态复转化为它的自然形态。换言之，除开第Ⅰ部类第Ⅱ部类间为交换商品而流通的货币不说，仍会有较大的货币，流到第Ⅰ部类上来；这种更多的货币，不是促成相互的商品交换的，只片面的，以购买手段的机能出现。同时，Ⅱc中代置磨损价值的商品额，会依比例减少。第Ⅱ部类商品中的这个数额，不是用来促成它和第Ⅰ部类的商品交换；但须与第Ⅰ部类的货币相交换。所以，将会有更多的货币，当作购买手段，由第Ⅱ部类流到第Ⅰ部类；第Ⅱ部类将只有更少的商品，以购买者的资格，与第Ⅰ部类相对立。在这情形下，Ⅰv——因为Ⅰv已经和第Ⅱ部类的商品交换了——将有较大的部分，不能转化为第Ⅱ部类的商品，却须在货币形态上被保有。

相反的情形——那就是一年间固定资本Ⅱ已经死灭必须再生产的部分较小，仅仅磨损的部分较大——是无须详论的。

在这场合，那怕再生产以不变的规模进行，结果也是恐慌，是生产恐慌。

一言以蔽之，在单纯再生产和各种条件（尤其是生产力，以及劳动的总量和强度）不变的情形下，我们必须假设，在已经死灭而待更新的固定资本，和继续在旧自然形态上发生作用而仅以磨损价值移转到生产物去的固定资本之间，有一不变的比例；否则，在一个场合，再生产的流动成分量将保持不变，再生产的固定成分量则将增大。结果，第Ⅰ部类的总生产必须增加，不然，就会引起再生产的不足。（且把货币问题存而不论。）

在他场合，如果必须在自然形态上再生产的第Ⅱ部类的固定资本之比例量减少，从而，第Ⅱ部类固定资本仍只在货币形态上代置的成分依同比例增加，则第Ⅱ部类不变资本那须由第Ⅰ部类再生产的流动成分之量不变，其固定成分之量则减少。结果，第Ⅰ部类的总生产必然减少，不然，就会引起一个过剩额（在前场合是不足），不能转化为货币。

不错，在前一场合，同一的劳动得凭增大的生产力，凭延长的时间或增大的强度而提供较大的生产物，从而，将不足弥补起来；但这样的变化，非使劳动和资本，由第Ⅰ部类某生产部门转移到别生产部门，是不能发生的；这种转移，也不免引起暂时的扰乱。又，在劳动时间和劳动强度增加的限度内，第Ⅰ部类将不得不以更大的价值，交换第Ⅱ部类的更少的价值，以致第Ⅰ部类生产物发生价值减少的现象。

第二场合的情形，正好相反：在这场合，第Ⅰ部类须缩小他的生产（这对该部类从事的劳动者和资本家，是一种恐慌），或提供一种过剩（这也是恐慌）。这种过剩，就其自体说，并不是什么弊害，宁可说是一种利益，但在资本主义生产下，那确是一种弊害。

第二场合的弊害，都可以由外国贸易来排除；在第一场合，外国贸易将使第Ⅰ部类在货币形态上保有的商品，转化为消费资料；在第二场合，外国贸易会将商品的过剩解决。但外国贸易必须将生产要素（从而在其价值方面）代置；不然，它的结果，就不过将矛盾推移入更广大的部面，使矛盾的活动范围扩大。

资本主义的再生产形态一旦废止，我们当前的命题，就会归着到下述一点：死灭掉的从而必须在自然形态上代置的固定资本部分（在这里，是指在消费资料生产上所使用的固定资本），是逐年不等的。如果在某年很大（拿人来作譬喻，就是超过平均死亡率），则在如次诸年会依比例较小。消费资料年生产所必要的原料量，半制品量，和补助材料量——在其他诸条件不变的场合——并不会因此减少，所以，生产手段的总生产，在一场合必须增加，在他场合必须减少。这个情形，只能由不断的相对的过剩生产来救治；那就是，一方面必须有一定量的固定资本，比现下需要的固定资本更多；他方面，尤其须有原料等物品的库存，比直接的常年的需要更大。这一点，在生活资料方面，尤其适合。这种过剩生产，等于是社会对于社会再生产诸物质手段的制动器。但在资本主义社会内，这种过剩，却不过是一个无政府的要素。

在再生产规模不变的情形下，这个说明固定资本的例是很适切的。固定资本生产与流动资本生产的不平衡，乃是经济学者说明恐慌时最得意的根据。但若说这种不平衡，即在固定资本仅要保存的情形下，在理想的平衡生产的前提下，在社会资本（即发生机能的社会资本）的单纯再生产下，也能发生，并且必定会发生，在他们看来，却是一个新奇的说法。

XII　货币材料的再生产

在此以前，我们曾把一个要素，完全放在考虑之外，那就是金与银的年再生产。当作奢侈品或金饰品的材料，这两种东西，是和别种生产物一样，不值得特别叙述的。但它们还有一种重要的作用，是当作货币材料，当作可能的货币。在这里，为简明起见，我们且假定只有金为货币材料。

依照以前的报告，每年金的生产总额 80 万磅至 90 万磅，约合 1100 亿至 1250 亿马克。依照塞特贝亚（Soetbeer）的计算[1]，自 1871 年至 1875 年，每年平均出产金为十七万六百七十五公斤，其价值约为 476 亿（一百万）马克。其中，澳大利亚出 167 亿马克，北美合众国出 166 亿马克，俄国出 93 亿马克，余额则由各国出产，惟各皆不及 10 亿马克。在同时期，银的年生产，差不多有二亿公斤，价值约合 $354\frac{1}{2}$ 亿马克。其中，墨西哥约出产 108 亿马克，北美合众国约出产 102 亿马克，南美约出产 67 亿马克，德国约出产 26 亿马克等。

在资本主义生产所支配的诸国，只有北美合众国，是金与银

---

① 赛特贝亚著《贵金属的生产》哥达 1879 年。

的生产者。欧洲诸资本主义国所有的金，几乎全部由澳大利亚，北美合众国，墨西哥，南美，俄国等处取得，它们所有的银，也有极大部分，是由这些处所取得的。

但我们分析年再生产时，是以资本主义生产的国家为对象；现在，我们就假设地把金矿移到这些国家去罢。我们所以这样作，是因为下述各种理由的。

资本主义生产的存在，一般不能不有外国贸易。但假设正常的年再生产是以一定的规模进行，即等于假设，外国贸易仅以使用形态不同的物品，代置本国出产的物品，不致影响价值关系；那就是不影响两部类（生产手段与消费资料）互相交换的价值关系，也不影响不变资本，可变资本，和剩余价值（每一部类生产物的价值，皆分解为这三项）的比例。在年再生产的生产物价值的分析上，把外国贸易导入，不过使我们的说明更错乱，而对于问题自身及其解决，不提供任何新的要素。就为这个理由，所以我们把它舍去了。因此，把金当作年再生产的直接的要素时，在我们眼里，金并不是从外国由交换输进来的商品要素。

金的生产，和金属一般的生产一样，只属于第 I 部类，那就是生产手段的生产。我们且假定，金的年生产等于 30（这是为便利而假定的；因为，就我们的表式说，这个数字是估计得太高）。假设这个价值得分解为 $20c+5v+5m$。当中，$20c$ 与 I c 的别的要素相交换（这个，我们且留待下面讨论）。$5v+5m$（I），则与 II c 的要素相交换。

就 $5v$ 而言，每一个生产金的营业，开始都是购买劳动力；它购买劳动力所用的，不是它自己生产的金却是在该国内存在的货币的一定量。劳动者用这 $5v$ 向第 II 部类购买消费资料；第 II 部类又用这个货币，向第 I 部类购买生产手段。比方说，第 II 部类向第 I 部类购买价值 2 的金（当作它的商品材料，那是他的不变资本的成分）；这样，2v 遂在货币（它原来在流通中的）形态上，流回到第 I 部类的金生产者手里了。如果第 II 部类不再向第 I 部类购买材料，第 I 部类也会把它所有的金，当作货币，投在流通中去，向第 II 部类购买；这是因为，金可以购买任何种类的商品。差别只在，在这场合，第 I 部类将不以卖者的资格出现，而仅以买者的资格出现。第 I 部类金的生产者，常常能够把它的商品卖掉；因为，金可随时与任一种商品直接交换。

假设有某一个棉纱纺绩家，已将 5v 支付给他的劳动者，劳动者除以剩余价值供给他外，尚给他以棉纱生产物 5。劳动者购买 II c 的 5；II c 又用货币 5，向 I 购买棉纱，从而，5v 在货币形态上，流回到棉纱纺绩家之手。但在我们以上假定的场合，I g（我们用它指示金生产者）以 5v 在货币形态上垫支给他的劳动者；这个货币，是老早就在流通中的。他的劳动者，把这个货币，用在生活资料上，在这个 5 之中，虽只有 2 会由 II 流回到 I g 手里，但 I g 依然能够和纺绩家一样，重新开始再生产过程；因为，他的劳动者已经对他提供 5 的金，其中的 2 由他去出卖，其中的 3 则在金形态上为他所保有，他只须将其铸造①，或将其转化为银行券。由此，他的全部可变资本，可以直接在货币形态上，再现在他手中，无须以第 II 部类为媒介。

单有年再生产这个最初的过程，现实的或可能的流通货币量，就会发生变化。我们假设，II c 曾购买 2v（I g）当作材料；其余的 3，则由 I g 再当作可变资本的货币形态，投到第 II 部类去。换言之，在金的新生产所供给的货币量中，有 3 会留在第 II 部类手中，不流回到第 I 部类来。依照我们的假设，第 II 部类对于金材料的需要，是已经满足了。这个 3，乃当作金的贮藏

---

① "大量的金块，……系由金采掘者直接运往旧金山的铸币厂。"——驻外使馆秘书处报告 1879 年第三部第 733 页。

（Goldschatz），保留在他手中。因为这个 3 不能当作他的不变资本的要素；因为第 II 部类早已有充分的货币资本来购买劳动力；更因为这个追加的 3g，除充作磨损要素外，不能在 IIc（它就是和 IIc 的一部分相交换的）之内，有任何的机能，〔在 IIc（1）偶然较 IIc（2）为小的时候，它才可依比例，将磨损的要素补起来〕，在另一方面，全部商品生产物 IIc，除代置磨损的要素外，必须与生产手段 I（v+m）相交换，所以，这个货币必须全部由 IIc 转位到 IIm（无论它是必要生活资料，还是奢侈品）；在反此的情形下，也须有相应的商品价值，由 IIm 转位到 IIc。结果是，剩余价值的一部分，当作贮藏的货币，蓄积着。

假设每年生产的金，是以依旧不变的比例，用作材料，则在再生产的第二年，会有 2 再流回到 Ig，有 3 再在自然形态上代置，即再在第 II 部类，当作贮藏的货币游离着。以下准此类推。

就可变资本一般而论：Ig 的资本家，是和别的资本家一样，必须不断在货币形态上垫支资本以购买劳动。用这个 v 向第 II 部类购买的，不是他，乃是他的劳动者。就这个 v 说，没有第 II 部类方面的发意，他决不能以买者的资格出现，而以货币移转到第 II 部类来。但在第 II 部类向他购买材料，从而把不变资本 IIc 转化为货币材料的限度内，（Ig）v 的一部分，会由第 II 部类流回到他手上来，像流回到第 I 部类别的资本家手上一样的。在情形不是这样时，他便是直接由他的生产物，在金的形态上，将他的 v 代置。他在货币形态上垫支的 v，越是不由第 II 部类流回，则流通中现有的货币（那是由第 I 部类流到第 II 部类手里，但不流回到第 I 部类的），越是有较大的部分，转化为贮藏货币，从而，第 II 部类的剩余价值，也就越是有大的部分，不支出在消费资料上。因新金矿不断开放或旧金矿不断重开之故，Ig 在 v 形态上垫支的货币，常有一定的比例，是金新生产以前已有的货币量的一部分，并以 I g 的劳动者为媒介，由 I g 过渡到第 II 部类来。在它不由第 II 部类流回到 I g 的限度内，它就会在第 II 部类手上，成为货币贮藏的要素。

然就（ I g ）m 说，则 I g 是不断以买者的资格出现；他把他的 m，在金的形态上，投在流通中，并从流通中取去消费资料 II c。在这场合，一部分的金，是用作材料，从而在生产资本中，当作不变成分 c 的现实要素；不如此使用的部分，则在 II m 中当作保持货币形态的部分，成为货币贮藏的要素。由此，我们知道——且把我们以后要讨论的 I c 存而不论[①]——单纯再生产虽没有蓄积，（那就是规模累进扩大的再生产）也必然包含货币的蓄积或货币的贮藏。这个过程既是逐年反复的，故可以说明我们初考察资本主义生产时所作的假定。即，在再生产开始时，已有一个与商品交换相应的货币资料（Geldmittel）量，在第 I 部类和第 II 部类资本家手中。固然，流通货币的磨损，虽不免会引起金的损失，但在这种损失扣除之后，我们依然可以发现这种蓄积。

这是自明的，资本主义生产的年代越是增进，则各方面蓄积的货币额，越是增进，每年由金新生产所加于此货币额的比例越是减小。（就绝对量说，这种增加额却可以是极大的。）在此，我们且概括的，再回来讲那反对杜克的议论。这个辩论所关的题目是：结局的说，资本家阶级既然是一切投在流通中的货币的源泉，每个资本家从年生产物中在货币形态上取出的剩余价值，换言之，从流通中取出的货币，又怎样能比他们投在流通中的货币更多呢？

我们且把以前已经讲过的话（第十七章），摘要叙述，以答复这个反对的论调。

---

① 新生产的金在第 I 部类不变资本之内的交换，是未曾在原稿内研究。——F. E.

（1）在这里，唯一必要的前提是：已有充分可以利用的货币，足以使年再生产额的各要素交换。这个前提，绝不因商品价值一部分由剩余价值构成，而受影响。假设生产全部皆为劳动者所有，他们的剩余劳动只是为自己的剩余劳动，不是为资本家的剩余劳动。流通的商品价值必依旧，而在其他一切条件相等的场合，它们流通所必要的货币额也依旧。在这二场合，我们的问题都是：使总商品价值得以交换的货币，是由哪里得来？——绝不是：剩余价值所赖以货币化的货币，是从哪里得来？

再述一遍吧，每个商品都是由 c+v+m 构成的，总商品额的流通，一方面须有一定的货币额，来流通资本 c+v，他方面须有别一个货币额，来流通资本家的所得，即剩余价值 m。就个别资本家和资本家全体说，他们垫支资本所付出的货币，和他们当作所得所付出的货币，是不同的。后一个货币额，是从哪里来呢？很简单，那即是由资本家阶级手里保有的货币额，大体说，是由社会已有的货币总量出来的；在这个货币总量中，只有一部分，是被用来流通资本家的所得。我们已在以上讲过，每一个开始一种新营业的资本家，当他的营业走上轨道时，就能把他当初为维持生活购买消费资料所支出的货币，当作剩余价值所依以货币化的货币，再收回。但一般说，困难是由两个来源发生的。

第一，我们如果只分析资本的流通和周转，从而把资本家当作资本的人格化——不把资本家当作消费者和寻乐者——我们就只看见，他是不断把剩余价值当作他的商品资本的一部分，投在流通中，但不看见，货币会在他手中当作所得的形态，不看见，他为消费他的剩余价值，会把货币投在流通中。

第二，说资本家阶级会在所得形态上，以一定量货币投在流通中，那好像是说，他对于年总生产物的这一部分，曾支付等价，从而这一部分好像并不代表剩余价值。但代表剩余价值的剩余生产物，对于资本家阶级，是毫无所费的。当作一个阶级，他们是无报酬地，把它占有，并把它拿来享用。货币流通，是不能把这个事实改变的。由流通而起的变化，不过是：每个资本家不在自然形态上消费他的剩余生产物（这件事，一般说，是不可能的），却从年社会剩余生产物中，为自己使用，而吸取各种商品，至其价值与他所有的剩余价值额相等为止。但流通的机构却说明了，资本家阶级为支出其所得，固然会将货币投在流通中，但他们会再从流通中把这个货币取出，所以能反复开始相同的过程。也就因此，所以，就资本家阶级说，剩余价值货币化所必要的货币额，是常常为他们所有。因为，资本家不仅在商品形态上将他的剩余价值从商品市场取出，以充作他的消费基金，且同时会取回他购买商品所用的货币，所以，很明显，他从流通中取出这种商品时，是不曾支付任何的代价。他虽为这种商品支出了货币，但这种商品毫无所费于他。如果我用一镑购买商品，并由不费我一文的剩余生产物，从商品售卖者处，把这一镑取回，那很明白，这种商品的取得，是不需我出代价的。这种交易虽无间断的反复，我不断有商品又不断有货币的事实，依然不受影响（虽然我在购买商品时，会暂时把货币放出）。剩余价值所依以货币化的货币，会不断由资本家取回，剩余价值是毫无所费于他的。

我们讲过，依亚当·斯密说，总社会生产物价值是分解为所得，即 v+m，从而不变资本价值是被假设为等于零。由此推论下去，我们必得如下的结论：流通年所得（JährlischenRevenue）所必要的货币，必然够流通总年生产物。就我们的例说，便是流通价值 3000 的消费资料所必要的货币，已经够流通价值 9000 的总年生产物。在事实上，这也就是亚当·斯密的意见，而为杜克氏所复述。这种说法，把所得化成货币所必要的货币额，与流通总社会生产物所必要的货币额之比例，看错了。这种错误的说法，乃是别一种误解和无思虑——那就是，误解社会总年生产物各种物质要素和价值要素自行再生产和逐年代置的方法——的必然的结果。这个误解，是已经被我们攻破了的。

我们且听听斯密和杜克自己的话。

斯密在第二篇第二章说："每一国的流通，都分成两大部分：其一是商人相互间的流通，其他是商人与消费者间的流通。虽同一枚货币（纸币或金属币），能时而在这个流通上使用，时而在那个流通上使用，但二者是在同时相并而行的。每个都需有这种货币或那种货币的一定量，以使运动不致中断。在各商人间流通的商品的价值，决不能多过商人与消费者间流通的商品的价值；因为，商人所买的东西，结局都须售卖于消费者。因为商人间的流通是批发的，所以，一般说，每个交易都需有比较大量的货币。反之，商人与消费者间的流通，却通例是零售的，只需有少额的货币就行；有时，一个先令乃至半个便士，就够用。但小额的流通，比大额的流通更速。……虽说一切消费者每年的购买，至少（这个'至少'是很有意味的！）与一切商人每年的购买，在价值上相等，但就一般而言，那可以用遥较为小的货币量来实行"云云。

关于斯密这一段话，杜克曾说（《通货原理之研究》伦敦1844年第34-36页以下）："毫无疑问，这种区别，是本质上确当的。……商人与消费者间的交换，也包括工资的支付，而工资即为消费者的主要收入。……一切商人与商人间的交易（那就是生产者或输入商人，经由各级中间制造过程等，以迄于零售商人或输出商人的交易），可还原为资本移转的运动。但就多数的交易说，资本移转，不必在移转时，包含银行券或铸币的现实的让渡——我是指实质的让渡，不指拟设的让渡——甚至不必与这种让渡相伴而起。……商人与商人间交易的总额，结局必须由商人与消费者间的交易额来决定，并受其限制。"

把最后一句单独拿来看，我们也许会以为，杜克所叙述的，只是商人与商人间的交易和商人与消费者间的交易之比例，换言之，是一年总所得的价值与生产此所得的资本的价值之比例。但事实殊非如此。他是明白承认斯密的见解。所以，特别批评他的流通学说，便成了多余的了。

（2）每一个产业资本家在开始时，都会一次一齐把若干货币投在流通中，以置备其固定成分的全部，那只能渐渐在若干年内，由年生产物的售卖再收回的。他必须先行投在流通中的货币，是比他收回的货币更多。这个情形，当总资本每次在自然形态上更新时，会复演一次；在若干必须年年在自然形态上更新其固定资本的营业上，还每年复演一次；而在固定资本每次修理或局部更新时，那还会断片的复演。所以，从一方面说，从流通中取出的货币，是比投入的货币更多，但从他方面说，也有相反的过程在进行。

有一些产业部门，其生产期间（不是指劳动期间）包括甚长的时间。就这各种产业说，会有资本家生产者，继续在这时间内，把货币投在流通中，一部分用来支付所使用的劳动力，一部分用来购买所使用的生产手段；由此，生产手段会直接从商品市场中被取去，消费资料则一部分间接（由支出其工资的劳动者），一部分直接（由不会片刻停止消费的但不会同时在商品形态上以等价投到市场去的资本家）从商品市场被取去。在这期间，由他们投在流通中的货币，是用来使商品价值（包括在其内包含的剩余价值）化为货币的。在资本主义生产颇为发达时，这个要素，在期间长延的企业（如股份公司所经营的铁道建筑、运河开凿、船坞建筑、大市政建筑、铁路建造、大规模土地排水工程等）上，尤为重要。

（3）固然，把生产金银的资本家除外，一切别的资本家（除固定资本的投资不说），从流通中取去的货币，会比他们购买劳动力及流动要素所投在流通中的货币更多。但从另一方面说，生产金银的资本家（除当作原料用的贵金属外），却只以货币投在流通内，只从流通中将商品取出。他们的不变资本（除磨损部分外），可变资本大部分和剩余价值全部（把资本家自己手中蓄积的贮藏货币除外），都会当作货币，投到流通中来。

（4）固然，从一方面说，有各种不在本年内生产的物品（例如土地等），还有各种其生产期间不止一年的生产物（例如家畜木材葡萄酒等），会当作商品来流通。但对于这一类的现象我们必须牢记着，除直接流通所需的货币额外，常须有一定量货币，在潜伏的不发生作用的状态中，在必要时拿出来用。并且，这种生产物的价值，往往是分期逐渐流通的；例如家屋的价值，会在若干年内，以屋租的形态流通。

加之，从他方面说，又并不是再生产过程的一切运动，都以货币流通为媒介。总生产过程，在一切要素购买妥当之后，即会从货币流通，排除出来。并且，生产者为直接供自己消费（无论是个人的消费还是生产的消费）而进行的生产物以及农业劳动者的现物支付，都是无需货币流通的。

总之，年生产物所依以流通的货币额，乃是渐次蓄积而原已在社会内存在的。那不是本年的价值生产物，唯补充铸币磨损的金，应为例外。

在本章的说明上，我们是假定，只有贵金属货币的流通，并且只有最单纯的现金卖买；虽然在单纯金属流通的基础上，货币也能当作支付手段用，并在历史上，曾经如此使用过，还有，信用制度及其机构的若干方面，也是在这个基础上，发展出来的。

这个假定，不纯然是为方法论上的理由，但这个理由，已经非常重要，因为，杜克和他的学派，以及他的反对派，在关于银行券流通的论战上，皆不得不求诉于单纯金属流通的假设。但他们这样做，仅为补充的目的，并且异常的皮毛。这是必然的，因为，应为分析出发点的事情，不过在分析中，当作一个偶然发生的事情罢了。

但原始货币流通——在这里，它是年再生产过程的内在的因素——的最单纯的考察，已经可以指示：

（a）在发展的资本主义生产下，换言之，在工资劳动制度支配之下，货币资本显然演有重要的节目；因为，可变资本都须以货币资本为垫支的形态。工资劳动制度越是发展，一切生产物越是要化为商品，并且必须——除若干重要的例外——化为货币，以货币为其运动所经的一阶段。流通货币额，必须够使商品化为货币；并且，这个数额的大部分，还是在劳动工资的形态上供给的，是在可变资本（那是产业资本家为支付劳动力而垫支的）的货币形态上供给的。而在劳动者手中，大量地，当作流通媒介（购买手段）。自然经济（Naturalwirtschaft）下的情形，例如以隶农制（Härigkeitssystem）——包括农奴制（Leibeigenschaft）为基础的社会的情形，是正好相反的。而多少尚以原始共同体（Primitiver Gemeinwesen）为基础的社会（不管是否已有隶农关系或奴隶关系从中混杂）的情形，尤其是相反的。

在奴隶制度下，投下来购买劳动力的货币资本，是当作固定资本的货币形态，不过要依照奴隶的能动的生活期间之终了，渐渐代置。在雅典人中，奴隶所有者直接在产业上使用奴隶所得的利益，或间接将奴隶出租于其他产业家（例如从事矿山的劳动）所得的利益，是当作垫支货币资本的利息（及偿付基金），和在资本主义生产下，产业资本家把剩余价值的一部分和固定资本的磨损，当作固定资本的利息和代置基金一样。这个习惯，就供给房屋机械等固定资本以图利益的资本家说，也是通则。担任必需劳务或仅充装饰品的家奴，是我们这里不要考察的。那与我们近代的婢仆阶级相当。但奴隶制度——在它在农业上、工业上、航业上，仍为生产劳动的支配形态的限度内（希腊罗马诸进步国家的情形，就属如此）——尚保存自然经济的要素。奴隶市场，是由战争，海上盗掠等事，来维持它的劳动力的不断的供给。这种盗掠，不能由流通过程而促进，其促成，只能依赖直接的物理的强制；这种强制，使人的劳动力，在自然形态上为他人所占有。在北美合众国，即在北部实行工资劳动诸州与南部实行奴隶劳动诸州间的中间地带，转化为南部诸州生养奴隶的地带，并以这种生养为年再生产的一个要素之后，它仍不够长期间的需要；所以，以充实市场为目的的非洲奴隶贸易，竟得维持久远。

（b）在资本主义生产的基础上，货币自然而然会在年生产物的交易中，发生一种出入的移动；固定资本必须一次以其全价值额垫支下去，但其价值必须在多年的期间内收回，换言之，固定资本必须由逐年的货币贮藏——这种货币贮藏，依其本质，和那以逐年新金生产为基础的货币贮藏并而行，但却互相不同——在货币形态上渐次再构成；货币垫支的时间的长短，须视各种商品的再生产期间的长短而定，而在这时期内，货币必须重新蓄积，到后来，它才能由商品售卖，从流通之内收回；垫支时间，还会由生产地点到销售地点距离不等之故，有种种不等；又，资本归流的数量与期间，会因各营业及同营业各资本家的生产库存品的状态（即其比较量）而异，因不变资本要素的购买期限而异。——这一切，都会在再生产年度发生的，那都是原生运动上的要素。如要计划地利用信用制度之机械的补助手段，要现实地探出可以贷付的既存资本，我们对于这种种要素，是不能不在经验上注意而加以洞悉的。

再者，这种情形，还会由如下的情形，臻于复杂。即，有一些生产，是不断以同规模在顺常状态下进行，有一些生产却会在一年的不同期间，使用不等额的劳动力，例如农业。这两种生产，是不能不加以区别的。

VIII　特斯杜·德·托拉西的再生产学说①

经济学者在分析社会再生产时是怎样混乱，怎样夸大，怎样无思虑，可以用大论理家特斯杜·德·托拉西（Destutt de Tracy）作例。（参看第二卷第一篇注三十）但里嘉图也曾郑重称这位大论理家为卓越的著作家。（《原理》第333页）

这位卓越的著作家，关于社会再生产过程与流通过程全部，曾提示如下的说明：

"有人问我，这些产业企业家怎样赚取这样大的利润，又是从谁手里赚取这样大的利润。我答说：他所以能够这样做，是因为他所生产的一切物，均以成本以上的价格出售。

（1）就他们为满足本身需要而行的消费全部说，他们将互相售卖他们的生产物；因此，利润的一部分，是他们相互支付的。

（2）他们会把生产物售于工资劳动者。这种工资劳动者——他们自己所支付的，以及游惰资本家所支付的——除少许蓄积外，会由这条路，把全部工资送回到他们手里。

（3）他们会把生产物售于游惰资本家。原来，产业资本家的所得，有一部分，是不用来直接雇用劳动者，支付工资的。这一部分所得，例如他们每年支付给游惰资本家的地租全部，就是由这条路，再流回到他们手里。"（特斯杜《意志及其效果论》

---

① 采自原稿第二册。

巴黎 1826 年第 239 页）

那就是说，资本家致富的方法，第一，是将他们的剩余价值的一部，即供个人消费或当作所得来消费的部分，用来交换，而在这种交换之际，他们会相互取得超过的利益（übervorteilen）。所以，当他们的剩余价值（即他们的利润）的这一部分，等于400 镑时，这个数额，据设想，只要相互把剩余价值的这一部分，卖贵 25%，便可以由 400 镑，增为 500 镑。但若一切人都这样做，结果就与互相以正价相售无异了。在这场合，他们不过需要 500 的货币额，来流通价值 400 的商品。这个方法，不过使他们必须以总财产的一大部分，不生产地保留在无用的流通媒介的形态上。所以，这个方法，与其说是致富的方法，毋宁说是致贫的方法。它的结果不外是：资本家阶级在名义上把一切商品的价格提高之后，仍只能有价值 400 镑的商品在他们之间分配，供他们消费。不过相互同意，以商品价值 500 镑流通所必要的货币额，来流通商品价值 400 镑罢了。

且不说他已经假设有"他们的利润的一部分"，已经假设有一个代表利润的库存商品。但特斯杜所要向我们说明的，正是这个利润从何处来的问题。其流通所必要的货币额，宁说是一个更属次要的问题。照特斯杜说来，好像代表利润的商品额，乃是由这个事情发生的：资本家不仅互相售卖这个商品额（这是一个完全妥当的深固的假定），并且互相以过高的价格售卖。好像，单是这样，我们就已窥破资本家致富的源泉。如果是这样，"监督官布莱锡"的秘密——依他说，大的贫困，是由大的 Pauvreté（贫困）发生的——也可以成立了。

第二，同资本家尚以生产物售于"工资劳动者，他们自己所支付的，以及游惰资本家所支付的这种工资劳动者，除少许蓄积外，会由这条路，把他们的全部工资，送回到他们手里"。

所以，依照特斯杜先生的说法，资本家在劳动者工资形态上垫支的货币资本，会流回来；并且，这种归流，还是资本家致富的第二个源泉。

依他说，如果资本家阶级曾以 100 镑，当作工资付给劳动者，然后这些劳动者向同资本家阶级购买 100 镑的商品，则资本家以劳动力购买者资格垫支的 100 镑，在他们以价值 100 镑的商品售于劳动者时，会流回到他们手上来，他们也即由此致富。但依照普通有常识的人看来，资本家却只会由这种交易，收回他在交易之前已有的 100 镑货币。在交易开始之时，他有 100 镑，他就用这 100 镑购买价值 100 镑的劳动力。这样购买的劳动，将生产一个商品，代替这 100 镑货币。这个商品的价值，在我们现在所认识的限度内，是 100 镑。因这 100 镑商品售于劳动者之故，资本家得回了这 100 镑货币。所以，资本家再有货币 100 镑，劳动者则有他自己生产的商品 100 镑。资本家因何可由此致富，是颇难理解的。如果这 100 镑不流回到他手里，那么，他就先须以 100 镑在工资形态上付给劳动者，继而又须无代价地以价值 100 镑的劳动生产物，即消费资料，付给劳动者了。所以，这个货币的流回，至多不过能够说明资本家为什么不会由这个交易陷于贫穷，绝不能说明他为什么能由此致富。

固然，资本家怎样取得这 100 镑，劳动者因何不能以自己的计算生产商品，却迫不得已，要以劳动力交换这 100 镑，那是另外一个问题。但这个问题，在思想家特斯杜看来，是用不着费辞去解说的。

特斯杜自己也不十分满意这个解决方法。他不曾明白说，资本家致富的方法，是支出 100 镑的货币额，然后将这 100 镑的货币额取回；他不曾明白说，资本家致富的方法，是这 100 镑货币的归流。因为，这个归流，只说明这个货币因何不致丧失。但他曾对我们说，资本家所以能致富，是"因为他所生产的一切物，均以生产成本以上的价格出售"。

所以，资本家能由他与劳动者的交易致富，乃是因为他曾以过高的价格，售物于劳动者。旨哉！"他们支付工资……但这一切，因这一切人支出之故，会流回到他们手上来，这一切入（为生产物）支付的价格，比工资所费于他们（资本家）的成本，是更高的。"（第240页）那就是，资本家以100镑当作工资付于劳动者，然后以120镑的价格，把劳动者自己所生产的物品，售于劳动者，因此，他们不仅收回他们的100镑，并且赚得20镑。这是不可能的。劳动者仅能用他们在工资形态上受得的货币来支付。如果他们在工资形态上只得100镑，他们便也只能购买价值100镑的东西，不能购买价值120镑的东西，所以，事实绝不会如此的。但还有一个方法可行。劳动者以100镑向资本家购买商品，但事实上只得到价值80镑的商品。他们无条件地被骗去了20镑。这样，资本家无条件地多得了20镑。因为他购买劳动力时所付的价值，比它的实际价值，更少了百分之二十。这等于间接扣去名义工资百分之二十。

如果资本家阶级先付劳动者以80镑工资，然后供给他们以价值80镑的商品，他们也可以达成这个目的。就资本家全阶级说，这还似乎是顺常的道路；因为特斯杜先生自己也说，劳动者阶级必须受取"充分的工资"（第219页），因为他们的工资，至少要够维持他们的生存与工作力，至少要"维持最简单的生存"（第180页）。如果劳动者不能受得充分的工资，则用同一特斯杜的话来说，无异是"产业的死灭"（第208页），这好像不是资本家致富的方法，但资本家付给劳动者的工资无论怎样高，这种工资总归有一个确定的价值，例如80镑。如果资本家阶级付劳动者以80镑，而在交换此等工资时，也不得不给他们以价值 80 镑的商品，这种归流，就不能增加资本家一点点的财富了。如果资本家付劳动者以 100 镑的工资，但在交换此 100 镑时，仅给他们以价值 80 镑的商品，那他所支付的货币，就比正常工资（normalen Lohn）更多百分之二十，而所供给的商品，则更少百分之二十。

换一句话说，资本家阶级所从以取得利润的基金，乃是由正常工资的克扣，由劳动力的给付低于其价值，低于工资劳动者顺常再生产所必要的生活资料的价值，所引起的。所以，假如工资是依照正常工资给付（特斯杜就是这样假设的），那就无论是就产业资本家说抑就游惰资本家说，利润的基金都不存在了。

关于资本家阶级如何致富这个秘密，特斯杜一定会归着到下述一点的。即这个秘密，是由于劳动工资的削减，在这场合，剩余价值的别二个源泉（他所举的第一个源泉和第三个源泉），就都不复存在了。

任一国，如其劳动者的货币工资降低，而低于劳动阶级生存所必要的消费资料的价值，那也就不会有资本家阶级的消费基金，也就不会有资本家阶级的蓄积基金，从而，也就不会有资本家的生活基金，不会有资本家阶级了。而按照特斯杜的说法，这就是一切富裕的发展的有旧文化的国家的情形。因为，在这种国家，"在我们的根深蒂固的旧社会内，工资所从而出的基金，……乃是一个几乎不变的量"（第 202 页）。

并且，即在工资削减时，资本家由工资削减以致富的方法，也不是先付劳动者以货币 100 镑，然后，为这 100 镑，供给价值 80 镑的商品，换言之，不是以 100 镑的货币额（超过百分之二十），流通价值 80 镑的商品，却不过是在剩余价值——即代表剩余价值的生产物部分——之外，再占夺劳动者应在工资形态上取得的生产物的百分之二十。实则，资本家阶级绝对不能由特斯杜所假定的可笑方法，得到利益。依照特斯杜的假定，资本家是支付 100 镑当作工资，并在他自己的生产物中，给回劳动者以价值 80 的商品，来收回这 100 镑。但在下次的交易上，他仍须为这目的，垫支 100 镑。这样，以 100 镑垫支出，而在交换时给予价值 80 镑的商品，实无异支付 80 镑货币也供给价值 80 镑的商品。那其实是一种无益的游戏。这样做，他不过不断的，无谓的，多垫支百分之二十的货币资本，来流通他的可变资本。这是一种极特色的致富方法。

最后，资本家阶级会把生产物售于游惰资本家，原来，产业资本家的所得，"有一部分，是不用来直接雇用工资劳动者，却是付给游惰资本家的。但这部分所得，例如他们每年付给游惰资本家的地租全部，就是由这条路，再流回到他们手里"。

以上我们讲过，产业资本家仅以"利润的一部分，为满足欲望，当作他的消费的全额代价。"所以，假设他们的利润，等于 200 镑。又假设他们的个人的消费，须用去其中 100 镑。但其他的一半，即 100 镑，是不属于他们，而属于游惰资本家的；那就是，属于收取地租的和贷放利息的资本家。他们必须以 100 镑，支付给这些人。我们且假设，这些人用当中的 80 为个人的消费，20 镑购买婢仆等。他们用这 80 镑向产业资本家购买消费资料。以是，当产业资本家把价值 80 镑的生产物放弃，即可在货币形态上把 80 镑收回；他们在地租利息等名称下支付给游惰资本家的 100 镑，现在是收回五分之四了。婢仆阶级——游惰资本家直接使用的工资劳动者——曾从他们的主人那里，得到 20 镑的收入；他们也向产业资本家购买价值 20 镑的消费资料。由此，当产业资本家放弃价值 20 镑的生产物时，又把 20 镑收回了；那就是，他们在地租利息等名称下支付给游惰资本家的 100 镑，又有最后的五分之一，流回到他们手里。

在交易终了时，产业资本家在货币形态上支付给游惰资本家的地租利息等项 100 镑，都流回来了；但其剩余生产物的半数 100 镑，则由他们，转为游惰资本家的消费基金。

这 100 镑如何在游惰资本家及其直接使用的工资劳动者间分割的问题，我们无须在现在讨论。事情是很简单的：他们的地租利息，总之，他们在 200 镑剩余价值中所分得的部分，是由产业资本家在 100 镑货币的形态上支付的。他们用这 100 镑，直接地，或间接地，向产业资本家购买消费资料。他们会把 100 镑货币付还他们，但从他们那里，取去价值 100 镑的消费资料。

产业资本家付于游惰资本家的 100 镑货币，就这样流回的，这种归流，果如特斯杜所梦想，为产业资本家致富的手段吗？在交易之前，他们有价值 200 镑，100 镑为货币，100 镑为消费资料。在交易之后，他们仅有原价值额的半数。他们再有货币 100，但他们已丧失价值 100 镑的消费资料；这 100 镑已过渡成为游惰资本家的所有了。所以，他们的富，是减少了 100 镑，决没有增加。如果他们不经由迂路，先支付 100 镑货币，然后在 100 镑消费资料被支付代价时，把这 100 镑货币收回，却直接以生产物的自然形态支付地租利息等，他们也不会把这 100 镑货币收回，因为他们不曾将 100 镑货币投出。在现物支付的场合，交易的结果不过是，他们自己保留价值 200 镑的剩余生产物的半数，而毫无代价地，以其余的半数，付给游隋资本家。我想，就连特斯杜自己，也不能认此为致富的方法。

产业资本家向游惰资本家借进土地和资本，但在地租利息等项形态上，以他们的剩余价值的一部分，付给他们。当然，这样借来的土地和资本，对于他们是有利益的；因为，任何一般生产物的生产，都须以它们为条件；剩余生产物——那是生产物的一部分，它代表剩余价值——的生产，也须以它们为条件。这种利益，是由所借土地与资本的利用得来的，不是由它们的价格得来的。反之，这种价格，宁可说是利益的减少。或谓，产业资本家如将剩余价值的其他半数保为己有，不将其放弃，他们并不能由此致富，反将由此致贫。若我们竟把流通的现象（如货币的流回），和生产物的分配（那仅仅以这种流通现象为媒介），混为一谈，这种错乱的说法就必定是会发生的。

同一特斯杜曾爽利说，"游惰者的所得，是哪里得来的呢？那不是从地租出来的么？地租不是由利润支付么？这种利润，不是使游惰者资本发生作用的人，运用游惰者基金，雇用劳动，以生产价值超过成本的物品的人所有的么？明白说，这种利润，不就是产业资本家所有的么？我们要发现财富的源泉，常须追溯到产业资本家。游惰者雇用的工资劳动者，实际也是由产业资本家扶养的"。（第246页）

所以，地租等物的支付，乃是产业资本家的利润的减少。但在前面，这种支付又被他认为是产业家致富的手段。

但我们的特斯杜先生，至少还有一种安慰。这些正直的产业家，看待这些游惰资本家，是像他们彼此相待或待遇劳动者一样。比方说，他们在售商品给游惰资本家时，会把商品卖贵百分之二十。在这里，有两种可能性。游惰者在100镑（从产业家那里取得的100镑）之外，或是尚有别的货币资财，或是没有。在前一场合，产业家得以120镑的价格，以价值100镑的商品售于他们。那就是，他们不仅由商品的售卖，收回他们付给游惰者的100镑，并在此外取得20镑，成为他们的实际的新价值。请问，在这场合，结算的情形怎样呢？他们无代价的，放弃了价值100镑的商品；因为，当作商品代价支付进来的100镑，乃是他们自己的货币。所以，他们自己的商品，乃是用他们自己的货币支付的。那就是，有100镑货币丧失了。但他们在此外曾由价格超过价值，取得 20 镑。这是 20 镑的利益。在 100 镑的损失中，抵除 20 镑的利益，仍有 80 镑的损失。那不是正，只是负。他们对于游惰者的诈欺，仅能减轻他们的损失，但无论如何，不能使财富上的损失，转为致富的手段。加之，这个方法也不能持久；因为，游惰者既每年只收入 100 镑，自不能年年付出 120 镑。

还有一个方法。产业家仅给予 80 镑的商品，以交换他们所付于游惰者的 100 镑。在这场合，他们仍须毫无代价地，在地租利息等形态下，给予 80 镑。由欺诈之故，他们对于游惰者应纳的贡赋得以减轻，但这种贡赋依然存在。加之，特斯杜先生的学说，是认物价定于卖者的自由意志的。若果如此，游惰者又何尝不能为他们的土地和资本，把地租利息等项，由 100 镑，增为 120 镑呢。

这位深奥的思想家，一方面，抄袭亚当·斯密的意见，说："劳动是一切财富的源泉"（第 242 页），说产业资本家"运用他们的资本，来支付劳动，劳动又再生产它的利润"（第 246 页）。但同时在他方面，又结论说：产业资本家"维持一切其他的人，只有他们能够增加公众的财富，为我们创造享乐的资料"（第 242 页）。好像不是资本家由劳动者维持，乃是劳动者由资本家维持。这当中的灿烂的理由是：所支付于劳动者的货币，不会留在劳动者手中，却会当作劳动者所生产的商品的代价，继续流回到资本家手中。"劳动者不过以一只手收，以别一只手还。所以，他们的消费，必须归功于那以工资支付给他们的人。"（第 235 页）

特斯杜在这样详尽说明以货币流通为媒介的社会再生产和消费之后，往下又说："财富的无穷运动，就是由这个事实完成的。这个运动，虽不十分被人了解（确实如此！），但名之为流通，总很适当的。因为，它在事实上是一种循环，常常会复归到它的

出发点。这个出发点，便是遂行生产的处所。"（第 239、240页）

极卓越的著作家，法兰西学士院会员，菲拉德菲亚哲学会会员，本来在庸俗经济学者中也堪称为一颗明星。最后，请读者叹赏他在说明社会过程的经过时，是怎样明畅，叹赏他在这个问题上会发出怎样的光辉。他向读者报告这种光辉从何处发出时，是十分傲慢的。这个话，我们必须引述如下：

"我希望，大家留意，这样考察我们的财富的完成，是怎样和我们关于财富生产与分配所说过的话相一致。这种考察，对于社会的整个运动，曾投下怎样的光明。这种一致，这种光明，是从哪里来的呢？因为我们以坦直的态度看待真理呀！这个事实，叫我们想起镜的作用；必须我们立在正确的焦点上，物品才会明晰地，匀称地，反射出来。或我们立得过近或过远，每一物都会像似混乱的，歪曲的了。"（第 242、243 页）

资产阶级的痴呆，在这里，有了它的至乐之境！

第二十一章

蓄积与扩大的再生产

我们已经在第一卷讲过，个别资本家的蓄积，是怎样进行的。当商品资本化为货币时，代表剩余价值的剩余生产物也化为货币。这样转化为货币的剩余价值，将在资本家手中，再转化为生产资本的追加的自然要素。在次一个生产循环内，已经增大的资本，将提供一个增大的生产物。个别资本上发生的情形，也必定会表现在年生产总体上。例如，在考察单纯再生产之际，我们就讲过，就个别资本说，固定资本的磨损部分，将逐渐以货币贮藏的形态，沉淀成为货币，但这种现象，也会在社会的年再生产上表现出来。

假设有一个资本 = 400c + 100v，年剩余价值 = 100。如是，商品生产物 = 400c + 100v + 100m。这 600 的数额，将化为货币。在这个货币中，有 400c 再转化为不变资本的自然形态，100v 再转化为劳动力，——设剩余价值全部蓄积起来，——则在此外，尚会有 100m，因转化为生产资本的自然要素，故转化为追加的不变资本。在这场合，我们假设：（1）在一定的技术条件下，这个数额，足够将机能的不变资本扩大，或足够开始一个新的营业。但如下的情形也是可能的：剩余价值必须先转化为货币，把这个货币储蓄一个很长的时间，然后才开始上述的过程，才实行现实的蓄积与生产的扩大。（2）我们还假设，生产已经依累进扩大的规模，实行。因为，货币（即在货币形态上贮藏着的剩余价值），要能转化为生产资本的要素，当然要先在市场上，已有这种要素，当作商品而供人购买。即使它们不是当作完成商品购买的，而是定造的，那也不会在这里引起任何区别。因为，代价不待商品完成，那就是不待再生产现实的规模扩大，不待从来的标准生产已经扩张，是不会支付进来的。它们必须已经是可能的，已经存在它们自身的要素上，以致生产只需有定购——那是商品尚未存在即行提前售卖的购买——作冲动，就可以实行。所以，一方面的货币所以能唤起他方面的扩大的再生产，是因为没有货币，再生产扩大的可能性就已存在了。货币本身，并不是现实再生产的要素。

比方说，有资本家 A，他在一年间或多年间，依次把他所生产的商品生产物的一定量卖掉，他也就把商品生产物中那负担剩余价值的部分，把在商品形态上生产的剩余价值，依次转化为货币，并渐次把这种货币贮藏起来，形成一种可能的新货币资本。它是可能的新货币资本，因为它可以转化并决定要转化为生产资本的要素。但在事实上，那不过是一种单纯的货币贮藏，不是现实再生产的要素。所以，他的活动，起先不过是依次把流通的货币，从流通中取出。当然，这样从流通中取出的货币，在它们以前加入流通之前，未尝不可以是别一个货币贮藏的部分。资本家 A 的货币贮藏，——那是一个可能的新货币资本——和用在消费资料上面的货币一样，不是追加的社会的富。原在流通中现今从流通中取出的货币，或曾经一度当作贮藏的货币，或曾经为工资的货币形态，或曾充生产手段或其他商品货币化的手段，或曾充不变资本部分或资本家所得的流通媒介。它不是新的财富；好比，从单纯商品流通的观点来考察，每日周转十次并实现十种商品价值的货币，仅仅是它原有的价值的担负者，不是十倍价值的担当者一样。没有货币，也可以有商品。且无论周转一次还是周转十次，货币总归是货币（在货币周转次数增加时，货币还会因磨损而减少的）。只有金的生产，在金生产物包含剩余生产物，负担剩余价值的限度内，才会把新的富创造出来（可能的货币）；在新金生产物全部加入流通的限度内，才会把可能的新货币资本之货币材料增加。

不过，在货币形态上贮藏着的剩余价值，虽不代表追加的新的社会财富，但依照它贮藏所为的机能，它是代表新的可能的货币资本。（以后我们还会知道新的货币资本，除可由剩余价值渐次货币化而发生外，还可由别的方法发生。）

货币所以会从流通中取出而当作贮藏的货币，那是因为商品出卖之后，不继以购买。所以，假设这种行为是普遍的，我们就好像无由解释以下的现象了：既然每一个人都为贮藏货币而售卖，每一个资本都在蓄积状态下，那就没有买者了。

如假设年再生产各部分的流通过程是以直线进行——这是不对的，因为当中包含少数例外的相逆的运动——我们便须从金（或银）的生产者出发。金的生产者是只买而不卖的；我们假设，一切其他的人，都卖给他。在这场合，年社会剩余生产物全部（即全部剩余价值的担当者），都会过渡到他手中；而自始即采取货币形态的他的剩余生产物（他的剩余生产物，自然就是在货币形态上存在的），则由其他一切的资本家，依比例分割开来。（在金生产者的生产物中，原有一部分，只代置他的机能资本；但这一部分，是已被拘束，并由此解决掉了。）所以，金生产者在金形态上生产的剩余价值，形成了一个唯一的基金；赖有这个基金，一切其他的资本家皆得有材料，可以将其逐年的剩余生产物，化为货币。所以，这个剩余价值，就其价值的大小而言，必须与先行转化为货币贮藏形态的社会年剩余价值的总量相等。这个假设，当然是不合理的，但这个假设已能说明：一切人未尝不能同时把货币贮藏。不过，单有这种贮藏，再生产（除金生产者的再生产外），是不能由此更进一步的。

在我们解决这个外表上的困难之前，我们且先区别第 I 部类（生产手段的生产）的蓄积与第 II 部类（消费资料的生产）的蓄积。我们先从第 I 部类开始。

I 第 I 部类的蓄积

A 货币贮藏

第 I 部类，是由许多产业部门构成的。每一个这样的产业部门，都包含许多个别的投资。第 I 部类这许多产业部门内的投资和这许多不同的个别投资，视他们的年龄，视他们已经过去的机能时间——且把各种投资的数量，其技术条件，其市场状况等，完全存而不论——而在剩余价值渐次转化为可能货币资本的过程中，处在种种不同的阶段（这种货币资本或只用来扩充机能资本，或用来创立新营业——这是生产扩大的两种形态——但在这里我们是不问这点的）。所以，有一部分资本家，会在可能货币资本已增至相当的大之后，不断把可能货币资本转化为生产资本；那就是，把剩余价值货币化所贮藏到的货币，用来购买生产手段，购买不变资本之追加的要素。别一部分资本家，则仍从事于可能货币资本之贮藏。这两种类的资本家，是一方以买者的资格，一方以卖者的资格相对立。一方是专以买者的资格，一方则专以卖者的资格相对立。

比方说，如果 A 以商品 600（$= 400c + 100v + 100m$）售于 B（那可以代表多数购买者）。他卖商品 600 时，会得回 600 货币。

其中，有 100 代表剩余价值，他把这 100 从流通中取出，当作货币贮藏。这 100 货币，不过是剩余生产物（那是 100 价值的担当者）的货币形态。一般说，货币贮藏不是生产，也不是生产的增加。资本家的活动，不过是把售 100 卖剩余生产物所得到的货币，从流通中取出，抓住它。把它贮藏起来。并且，还不止 A 一方面是这样做；在流通部面的各点还有别的资本家 A' A" A"' 在从事同样的贮藏。货币会在这许多点，从流通中取去，蓄积成许多个别的货币贮藏，即可能的货币资本。这许多点，好像会成为流通的阻碍，因为它们会停止货币的运动，使它能在或长或短的时间内，失去流通的能力。但我们必须记着，在单纯商品流通未以资本主义商品生产为基础以前许久，我们就已经在单纯的商品流通下，有货币贮藏了。社会现有的货币量，常常比现流通的货币更大；虽然现实流通的货币量，会视情形而增大或减少。在资本主义生产下，我们遇到了同样的贮藏货币，同样的货币贮藏，但在这场合，它已经是资本主义生产过程的内在的要素了。

当这一切可能资本在信用制度内累积在银行家等手中，成为可用资本，"贷借资本"（loanable Capital），货币资本时，我们不难知道，某一些人将如何愉快。这种资本，不复是被动的空中楼阁的资本，而是能动的自行增殖的资本了。

但 A 所以能成就货币贮藏的事业，仅因为，就他的剩余生产物而论，他只是卖者，而不接着为买者。剩余生产物——货币化的剩余价值的担当者——的连续的生产，乃是这种货币贮藏的前提。在我们只讨论第 I 部类的流通时，剩余生产物的自然形态及总生产物的自然形态，即是不变资本 I 的要素的自然形态，那是生产手段的生产手段。我们又将知道，它在 BB'B" 等购买者手中将成为什么，将充当什么机能。

在这里，先应把握住这一点：当 A 把他的剩余价值所化成的货币，从流通中取出，贮藏起来时，他是把商品投在流通中，不由此取出别的商品来。也就因此，所以 BB′B″ 等，是只投入货币而只取出商品。在当前的场合，这种商品依其自然形态与预定用途，便是 BB′ 等人的不变资本的固定要素，或流动要素。当我们讨究剩余生产物的购买者（BB′等）时，关于这个问题，我们还可有新的阐发。

*　　*　　*

我们且在这里附带一笔。以前讨论单纯的再生产时，我们发觉了，在这里，我们又发觉了，年生产物诸不同成分的交换，换言之，此等成分的流通（这种流通，必须包含资本的再生产，与资本诸要素，不变资本，可变资本，固定资本，流动资本，货币资本，商品资本——的恢复），决不以单纯的接着有售卖为其补充的商品购买，或单纯的接着有购买为其补充的商品售卖为前提。那就是，在事实上，决不如经济学者，尤其是重农主义者及亚当·斯密以后的自由贸易派所假定的那样，只有商品对商品的交换。我们知道，固定资本一经投下，那在其全机能时间内无需更新，而可以旧形态继续发挥作用，其价值则渐次沉淀在货币形态上。现在，我们又知道，固定资本 Ⅱc〔其资本价值全部，会转化为价值 Ⅰ（v+m）的诸要素〕的周期的更新，一方面，以 Ⅱc 固定成分（那会由货币形态再转化为自然形态）的单纯的购买及相应的 Ⅰm 的单纯的售卖为前提；他方面，又以 Ⅱc 的单纯的售卖（即沉淀为货币的固定磨损价值部分的售卖）及相应的 Ⅰm 的单纯的购买为前提。在这场合，因要使交易顺常进行，我们必须假定，Ⅱc 方面的单纯的购买，就价值的大小说，与 Ⅱc 方面的单纯的售卖相等；同样，Ⅰm 对 Ⅱc（第一部）的单纯的售卖，也在价值的大小上，与Ⅱc（第二部）的单纯的购买相等。不然，单纯再生产即被破坏；一方面的单纯的卖，必须由他方面的单纯的买来抵消。同样，我们还须假说，Ⅰm中由AA′A″货币贮藏构成的部分之单纯的售卖，与Ⅰm中由BB′B″贮藏货币化为追加生产资本要素的部分之单纯的购买，得互相均衡。

在均衡因为购买者后来会以售卖者的资格售卖等额的价值，售卖者后来会以购买者的资格购买等额的价值而成立的时候，货币的归流，会发生在这一方面，即在购买上垫支货币而在再购买之前先售卖的方面。就商品交换的本身或年生产物诸部分的交换说，现实的均衡乃以互相交换的商品有等额价值这件事为条件。

但在有片面交易（一方面有许多只购买的人，一方面有许多只售卖的人）的限度内——我们知道，在资本主义的基础上，年生产物的顺常的交易，必须有这种片面的交易——这种均衡，在下述的前提下，才能成立，即，片面购买的价值额与片面售卖的价值额，恰好相抵。商品生产为资本主义生产的一般形态这个事态，已经包含了货币当作流通媒介并且当作货币资本在这种生产上的任务，且曾为这种生产方法产生顺常交易和顺常再生产（不问是单纯再生产还是扩大再生产）的诸种条件。不过，这诸种条件，还是再生产变则进行的原因，还包含着恐慌的可能性；因为，在资本主义生产的原生姿态下，这种均衡原不过是一种偶然。

我们还知道，在Ⅰv对Ⅱc的等价值额的交易上，结局不过是商品Ⅱ由等价值额的商品Ⅰ代置，所以，总资本家Ⅱ的商品的售卖，是在事后，由等价值额的商品Ⅰ的购买来补充。这种代置确实是进行的；但这并不是资本家Ⅰ与资本家Ⅱ互相交换其商品的交换。Ⅱc以其商品售于第Ⅰ部类的劳动者阶级；这个劳动者阶级，片面的，以商品购买者的资格，与Ⅱc相对立，片面的，以商品售卖者的资格，与Ⅱv相对立。Ⅱc即用他如此得到的货币，片面的，以商品购买者的资格，与总资本家Ⅰ相对立，而总资本家Ⅰ在所论为Ⅰv的限度内，又片面的，以商品售卖者的资格，与Ⅱc相对立。就因有这种商品售卖，所以第Ⅰ部类结局能在货币资本的形态上，再生产它的可变资本。第Ⅰ部类的资本，在所论为Ⅰv的限度内。是片面的，以商品售卖者的资格，与第Ⅱ部类的资本相对立；同样，他又仅以商品购买者（购买劳动力）的资格，与第Ⅰ部类的劳动者阶级相对立。第Ⅰ部类的劳动者阶级，片面的，以商品购买者（即生活资料购买者）的资格，与第Ⅱ部类的资本家相对立，又片面的，以商品售卖者（劳动力的售卖者）的资格，与第Ⅰ部类的资本家相对立。

第Ⅰ部类的劳动者阶级不断供给劳动力，第Ⅰ部类商品资本一部分复化为可变资本的货币形态，第Ⅱ部类商品资本一部分由不变资本Ⅱc的自然要素代置——这各种必要的前提，乃是互为条件的，但都以一个极复杂的过程为媒介。这个过程，包括三个独立进行但互相交错的流通过程。也就因为这个过程如此复杂，所以有许多引起变则进行的诱因。

B　追加的不变资本

剩余生产物（剩余价值的担当者）对于它的占有者（即第Ⅰ部类资本家），是毫无所费的。为要占有它，他不必垫支任何的货币或商品。所谓垫支（avance），照重农主义派的解释，便是实现在生产资本要素上面的价值的一般形态。所以，他们垫支的，或是不变资本，或是可变资本。劳动者不仅由他的劳动，为他们保存不变资本，也不仅在商品形态上由一个等额的新造的价值部分，代置他们的可变资本价值；他还由他的剩余劳动，在剩余生产物的形态上，为他们供给一个剩余价值。他们即由这种剩余生产物的连续的售卖构成一个货币贮藏，一个追加的可能的货币资本。在我们当前考察的场合，这个剩余生产物自始就要由生产手段的生产手段构成的。当然，这个剩余生产物要到 BB′B″ 等（第Ⅰ部类）手中，才会当作追加的不变资本用。不过，就可能性说，它在货币贮藏者 AA′A″ 等资本家（第Ⅰ部类）手中，未曾出卖之前，已经是不变资本。当我们只考察第Ⅰ部类再生产的价值范围时，我们的论究，还是在单纯再生产的限界之内；因为，尚未有追加的资本，被推动来创造这个可能的追加的不变资本（剩余生产物），其所推动的剩余劳动，也不比单纯再生产基础上的剩余劳动更大。当中的区别，只在所推动的剩余劳动，有不同的形态，有不同的有用方法，和具体性质。那就是，这种剩余生产物应被用来生产Ⅰc的生产手段（生产手段的生产手段），不被用来生产Ⅱc的生产手段（消费资料的生产手段）。在单纯再生产的场合，我们假定第Ⅰ部类的剩余价值，是全部当作所得来支出，从而，支出在第Ⅱ部类的商品上。所以，这种剩余生产物，应该是由那种在自然形态上代置不变资本Ⅱc的生产手段构成。因此，要由单纯再生产过渡到扩大再生产，则第Ⅰ部类也须能使其新生产的第Ⅱ部类的不变资本减少，所生产的第Ⅰ部类的不变资本增加。这种过渡，常常不无困难，但因第Ⅰ部类的生产物，有许多，可以不加分别，在两部类充作生产手段，故困难得以减少。

仅就价值范围考察时，我们可以结论说，扩大再生产的物质基础，已经在单纯再生产之内生产好了。成为问题的，不过是第Ⅰ部类劳动者支出的剩余劳动，应直接用来生产第Ⅰ部类的生产手段，以创造可能的追加资本Ⅰ。AA′A″（第Ⅰ部类）方面，依他们的剩余生产物的渐次的售卖（他们无须以资本家的资格，为这个剩余生产物，支出任何的货币），会形成一个可能的追加的货币资本。在这场合，这个可能的追加的货币资本，不过是追加生产的生产手段Ⅰ的货币形态。

可能的追加的资本之生产，在我们当前的场合（因为，我们知道，这种追加资本还可由别的方法形成），不过表示生产过程本身上的一个现象，即生产资本的要素在一定形态下的生产。

追加可能货币资本大规模在流通范围内不可计数点上进行的生产，不外是可能追加生产资本多方面进行的生产之结果与表现。不过，这种可能追加生产资本的成立，不必要在产业资本家方面，引起任何追加的货币支出。

这个可能追加生产资本到可能货币资本（货币贮藏，那是在第Ⅰ部类 AA′A″ 等人手上贮藏的）的连续的转化（这个转化的条件是，他们连续将他们的剩余生产物出售，是反复的片面的无购买为其补充的商品售卖），结果是货币不断从流通中取出，及与其相应的货币贮藏。这种货币贮藏——除在购买者为金生产者的场合——决不表示贵金属财富的增加，仅表示一向流通的货币的机能已经改变。以前，它是当作流通媒介用，现在是当作货币贮藏用，是放在形成中的可能的新货币资本。追加货币资本的形成，原来与一国现有的贵金属量，无任何的因果关系。

所以，我们又可结论说：已经在一国内发生机能的生产资本（在其内并合的劳动力——剩余生产物的源泉——也包括在内的）愈多，劳动的生产力及生产手段的生产所依以迅速扩大的技术手段愈发展，剩余生产物的量（就其价值与其所依以表现的使用价值量而言）愈大，则：

（1）AA′A″ 等人所有的在剩余生产物形态上的可能追加生产资本；与

（2）转化为货币的剩余生产物量，从而，AA′A″ 等人所有的可能追加货币资本，也愈大。连富拉吞也不认识普通意义下的生产过剩，却只认识资本（货币资本）的生产过剩。这可证明，就连最上流的资产阶级经济学者，也完全不了解他们那种制度的机构。

直接由资本家 AA′A″（第 I 部类）生产并由他们占有的剩余生产物，虽是资本蓄积（扩大的再生产）的真正基础——不过，要到 BB′B″等（第 I 部类）手中，它才实际发生这种机能——但当它犹在金蛹形态上，当作贮藏货币，当作渐次形成中的可能货币资本时，它是绝对不生产的。它在这个形态上，与生产过程并步而进，但其进行，是在生产过程之外。这是资本主义生产一个致命的重负（dead weight）。利用这种在可能货币资本形态上蓄积的剩余价值，冀从此造出利润和所得来的欲望，是以信用制度及有价证券为努力的目标。所以，货币资本又在别一种形态上，在资本主义生产体系的进行与强力发展上，给予了莫大的影响。

转化为可能货币资本的剩余生产物之量越是大，如其已经在机能中的资本（剩余价值，就是由它的机能出来的）总额越是大。每年所再生产的可能货币资本之额绝对增加时，这个资本的分裂也更容易。因此，它也能更加迅速的，在同一资本家手中，或在别人手中（例如家人在遗产分割时），被投在一定的营业上。在这里，我说货币资本分裂，我的意思是说，它完全从原资本分离开来，当作新的货币，被投在新的独立的营业上。

剩余生产物的售卖者 AA′A″等人（第 I 部类），是把剩余生产物，当作生产过程的直接结果（那除了必须有在单纯再生产上也必须有的不变资本和可变资本的垫支外，不必有任何更进一步的流通行为作前提），把它取得，他们也就由此供给扩大再生产的实在基础，在事实上，制造可能的追加的资本。但 BB′B″等（第 I 部类）的情形，却不是这样的。（1）AA′A″等人的剩余生产物，到 BB′B″等人手里，才实际当作追加的不变资本（生产资本的别的要素——追加的劳动力，即追加的可变资本——我们且暂存而不论），（2）要使这种剩余生产物到 BB′B″等人手里，还须有一种流通行为，那就是，他们必须购买这种剩余生产物。

关于第一点，我们可以注明，由 AA′A″（第 Ⅰ 部类）生产的剩余生产物（可能的追加的不变资本）的大部分，是本年生产的，但必须到次年，甚至到还更后的年度，才实际在 BB′B″（第 Ⅰ 部类）手中，当作产业资本；关于第二点，问题是：流通过程所必要的货币，是从何处来的呢？

如果 BB′B″等人（第 Ⅰ 部类）所生产的生产物，会有一部分，再以其自然形态，参加他们自己的生产过程，那不待说，在这限度内，他们自己的剩余生产物，会有一个比例部分，直接（不经交换的媒介）转化为他们的生产资本，成为他们的不变资本的追加要素。而在这限度内，他们对于 AA′等人（第 Ⅰ 部类）的剩余生产物的货币化，即没有任何帮助。但不说此，请问货币是何处来呢？我们知道，他们以前是和 AA′等人一样，曾由各自的剩余生产物的售卖，形成货币贮藏。到这时，他们是渴求将他们贮藏的可能的货币资本，实际当作追加的货币资本用。但这样说，我们不过兜了一个圈子。问题依然是，BB′等人（第 Ⅰ 部类）以前从流通中取出而蓄积着的货币，从何处来？

我们已由单纯再生产的考察，知道必须先有一定的货币额，在资本家 Ⅰ 和资本家 Ⅱ 手中，才能使他们的剩余生产物互相交换。在那里，他们的当作所得而支出在消费资料上的货币，会与他们垫支来交换各自商品的货币额相比例，流回到这各个资本家手里来。在这里，有同样的货币会再现出来，但其机能不相同。诸 A 与诸 B（第 Ⅰ 部类）会交互供给货币，俾使剩余生产物转化为追加的可能的货币资本，并交互把新形成的货币资本，当作购买手段，投回流通中去。

在这场合，我们的唯一的前提是：国内现有的货币量（假设通流的速度等不变），不仅须够推动能动的流通，且须够形成准备的货币贮藏。我们讨论单纯商品流通时，也必须有这个前提；所不同的，不过是货币贮藏的机能，以及所需的现存货币额必须较大罢了。必须较大之故，是：（1）在资本主义的生产下，一切生产物（除新生产的贵金属及少数由生产者自己消费的生产物），都是当作商品生产的，一切生产物都须通过货币幼虫形态的阶段；（2）在资本主义的基础上，商品资本量及其价值额，不仅绝对地说，是更大，且还以更大得多的速度增加；（3）有益益增大量的可变资本，必须不断转化为货币资本；（4）因为，在生产扩大时，新货币资本的形成，也会依比例增大，这种货币资本的材料，是必须先存在货币贮藏形态上的。——以上所述，不仅在信用制度初萌，金属流通尚居主体的资本主义生产初期是适用的；即在仍以金属流通为基础的信用制度的最发展阶段，也是适用的。一方面，贵金属的追加的生产，将视其丰啬如何，在商品价格上，发生搅乱的影响；其影响，尚不以长期间为限，即在极短期间内也可发生。他方面，全信用机构虽会不断由各种操作，方法，与技术计划，将现实的金属流通，限制到相对益益缩小的最小限。——但全机构的人为性及其顺常进行的搅乱机会，也会依比例增加起来。

以可能新货币资本当作能动货币资本的 $BB'B''$ 等人（第 I 部类），也许不得不互相购买或互相售卖他们的生产物（他们的剩余生产物的部分）。在这限度内，垫支在剩余生产物流通上的货币，在顺常的进行下，会流回到诸 B 各自手里，其比例则与诸 B 为流通各自商品而垫支的货币的比例相同。如果货币是当作支付手段流通的，则在这场合（在相互的卖买不能相抵的限度内），仅有差额必须支付。但在这里，我们也须假设，金属流通是在其最单纯最原始的形态上；因为必须如此，货币资本的出入流动，差额的抵消，总之，信用制度上一切当作意识调节的要素，才表现为与信用制度相独立的东西。必须如此，一切的事情，才表现在原形态上，不表现在后起的反射形态上。

C　追加的可变资本

以上我们只考察追加的不变资本。现在，我们要考察追加的可变资本。

在第一卷，我们已经假定，在资本主义生产的基础上，劳动力是不绝准备好了；如果必要，虽不增加所用劳动者的人数，不增加所用劳动力的数额，但仍可推动较多的劳动。所以，在这里，关于这一点，我们无须乎进一步的说明。我们只须假定，新创造的货币资本中那要转化为可变资本的部分，在必要如此转化时，殆无时不能寻到劳动力。我们又在第一卷说明了，在一定限度内，以一定的资本，没有蓄积，已可将其生产库存品（Produktionsvorrat）增大。但在这里，我们是就狭义讨论资本蓄积，所以生产的扩大，乃以剩余价值化为追加资本这件事为前提，从而，以扩大的生产的资本基础为前提。

金生产者能以其金剩余价值的一部分，当作可能的货币资本蓄积着；一旦达到必要的数量，他会直接把它转化为新的可变资本，无须先把他的剩余生产物售卖。他同样能把它化为不变资本的要素。但在不变资本的场合，必须先有不变资本的物质要素已经存在；那或是像上段所说明的那样，假设生产者已经将货物制好堆着，然后以完成商品赍往市场，或已经应人定造。在这二场合，都以生产的实在扩大（即剩余生产物）为前提；惟在一场合，那是现实存在的，在他一场合，却是可能存在的，能交付的。

Ⅱ　第Ⅱ部类的蓄积

我们以上假定，AA′A″（第Ⅰ部类）以其剩余生产物售于 BB′B″等，又假定 BB′B″等也属于第Ⅰ部类。现在，我们假设 A（第Ⅰ部类）是以剩余生产物，售于第Ⅱ部类的 B，并由此使其剩余生产物化为货币。要做到这样，必须 A（第Ⅰ部类）以生产手段出售于 B（第Ⅱ部类）之后，不再购买消费资料；那就是，A 只行片面的售卖。但我们讲过，Ⅱc 要由商品资本的形态转化为不变生产资本的自然形态，不仅 Ⅰv 须与 Ⅱc（在消费资料的形态上存在）的一部分相交换；Ⅰm 也至少须有一部分，与 Ⅱc 的一部分相交换。但在这场合，A 是把 Ⅰm 化为货币了。这个情形，使这种交换没有进行的可能，并把他由 Ⅰm 售卖而从 Ⅱc 处取得的货币，从流通中取出。固然，在 A（第Ⅰ部类）方面将有追加的可能的货币资本发生；但在 B（第Ⅱ部类）方面却有等价值额的不变资本部分，被拘束在商品资本的形态上，不能转为不变生产资本的自然形态。换言之，B（第Ⅱ部类）的商品的一部分，将不能售出。一看就知道，没有这一部分商品售出，他虽要以不变资本全部转为生产形态，也是办不到的。就这关系说，那是生产过剩，而再生产——甚至规模不变的再生产——也就被阻碍了。

在这场合，追加的可能的货币资本，在 A（第Ⅰ部类）方面，诚然是剩余生产物（剩余价值）的货币化形态，但这样的剩余生产物（剩余价值），还只是单纯再生产上的一个现象，不是规模累进扩大的再生产。Ⅱc 的再生产如要以不变的规模进行，（Ⅰv+m）结局是必须与 Ⅱc 相交换的。至少，Ⅰm 必须有一部分如此。当 A（第Ⅰ部类）以其剩余生产物售于 B（第Ⅱ部类）时，他固曾在不变资本 II 的自然形态上，以其相应的价值部分，供给于 B（第 II 部类），但他既从流通中把货币取去，不会以继起的购买，补足他的售卖，所以，B（第 II 部类）的商品，将有一个在价值上相等的部分，不能售出。若我们把社会总再生产（那包括第 I 部类资本家和第 II 部类资本家的），放在眼里，则 A（第 I 部类）剩余生产物转化为可能货币资本的结果，将使 B（第 II 部类）商品资本中一个在价值额上相等的部分，不能复转化为生产（不变）资本。换言之，那不是可能的扩大再生产，只是单纯再生产的阻止，是单纯再生产的缺损。A（第 I 部类）的剩余生产物的形成与售卖，既然是单纯再生产的正常的现象，所以即在单纯再生产的基础上，我们也见到下述种种互为条件的现象：第 I 部类形成可能的追加的货币资本（从第 II 部类的观点看，那是消费不足）；第 II 部类则有商品被拘束在库存品形态上；不能复转化为生产资本（那就是第 II 部类的相对的生产过剩）；第 I 部类有过剩的货币资本；第 II 部类则发生再生产上的缺损。

关于这点，我们无须乎多论，我们只要注明，在单纯再生产的说明上，我们是假定，第 I 部类和第 II 部类的剩余价值，完全当作所得而支出。但考之事实，则是剩余价值一部分当作所得而支出，一部分转化为资本。必须在这个前提下，现实的蓄积方才能够发生。但蓄积必须以消费为牺牲这一句话，如一般人所谓，却其实是一个和资本主义本质相矛盾的幻想；因为，这个见解的前提是：资本主义生产的目的与动机是消费，不是剩余价值的获得与资本化（即蓄积）。

* * *

现在，我们细密考察第 II 部类的蓄积。

就 Ⅱc 说，第一个难点，——即商品资本 Ⅱ 的成分，如何转化为不变资本 Ⅱ 的自然形态——是与单纯再生产有关的。我们再采用上述的表式：

（1000v+1000m） Ⅰ 与 2000 Ⅱc 相交换。

比方说，如果第 Ⅰ 部类的剩余生产物的半数或 $\frac{1000}{2}$m 或 500 Ⅰm 再当作第 Ⅰ 部类的不变资本，则仍留在第 Ⅰ 部类手中的剩余生产物的一部分，不能代置 Ⅱc 的任何部分。它不转化为消费资料，却当作第 Ⅰ 部类的追加的生产手段。（我们应注意，在这场合，在第 Ⅰ 部类与第 Ⅱ 部类间的流通的这个部门，也将发现一种现实的相互的交换，发现商品的二重换位，唯与 1000 Ⅱc 在第 Ⅰ 部类劳动者手中由 1000 Ⅰv 代置的情形，是有别的。）它不能在第 Ⅰ 部类同时又在第 Ⅱ 部类担任这种机能。资本家不能既以其剩余生产物的价值，支出在消费资料上，同时又以这种剩余生产物充生产的消费，把它并合在他的生产资本中。这样，就没有 2000 Ⅰ （v+m），只有 1500，即 （1000v+500m） Ⅰ ，能与 2000 Ⅱc 相交换了。以是，有 500 Ⅱc 不能由商品形态，再转化为第 Ⅱ 部类的生产（不变）资本。以是，第 Ⅱ 部类发生生产过剩，而其过剩程度，即与第 Ⅰ 部类生产的扩大程度相应。第 Ⅱ 部类这种生产过剩，也许还会反应到第 Ⅰ 部类来，以致第 Ⅰ 部类劳动者支出在第 Ⅱ 部类消费资料上的那 1000，只能局部的流回，以致这 1000 也不能在可变资本的货币形态上，流回到第 Ⅰ 部类资本家手里来。以致第 Ⅰ 部类的资本家，因要将再生产的规模扩大，反致规模不变的再生产也受阻碍。在这里，我们必须注意，第 Ⅰ 部类实际上只有单纯再生产，不过我们表式中的各个要素，已经为未来（比方说次年）的扩张而重新加以组合罢了。

人们或许会拿下述的理由，来躲避这种困难。——资本家存在堆栈中不能立即转化为生产资本的 500 Ⅱ c，并不是生产过剩，却不过是再生产上一个必要的一向为我们所忽视的要素。我们讲过，必须有许多点，从事货币准备的蓄积。那就是，从流通中夺取货币出来一方面，使第Ⅰ部类，得形成新的货币资本，一方面，使逐渐消耗的固定资本的价值，得暂时拘滞在货币形态上。但因为这个表式的说明上，我们自始即认一切货币和商品，纯然属于资本家Ⅰ和资本家Ⅱ手中，假设没有商人，没有金融业者，没有银行家，也没有只消费不直接在商品生产上从事的阶级，所以，为使再生产的机构得以维持进行，我们还须假设，在各生产者手中，必须不断形成一种商品堆存（Warenlagern）。资本家Ⅱ堆栈中堆存着的 500 Ⅱ c，是代表消费资料的商品库存的；为要使再生产所包含的消费过程得以继续得由一年过渡至次一年，这种商品库存乃是必需的。仍在贩卖者（即是生产者）手中的消费基金，决不能等于零，而在次年以空手开始；即由今日到明日，也是不能如此过渡的。这种商品堆存（其量如何，有种种不等）既必须不断新形成，所以我们的资本家生产者Ⅱ，不能不有一个货币准备资本，俾使他们的生产过程，得在生产资本一部分被拘束在商品形态上时，依然可以继续。我们既假设，商人的业务，完全与生产者的业务相结合，所以，在再生产过程的各种机能分归各种资本家担负时，那必须已在商人手中的追加的货币资本，是必须已在这种生产者手中。

对于这个议论，我们答说：（1）这种库存品的形成及其必要，对于一切资本家（Ⅰ与Ⅱ）都是适用的。把他们当作商品售卖者来考察，他们不过由下述的事实自相区别：他们售卖的商品，属于不同的种类。商品库存Ⅱ的成立，是由预想商品库存Ⅰ的已经成立而成立的。如果我们在一方把这种库存品存而不论，我们也须在他方如此做。但若我们在两方同样做，问题是决不会因此变更的。（2）在Ⅱ方面，固然在今年结束时，必须为次年保留一个商品库存，但我们须知道，它在今年开始时，也曾从去年得到一个商品库存。在年再生产的抽象的分析上，我们必须在两方面把商品库存除去。我们在考察本年的总生产时，既然把本年为次年积存的商品包括在内，我们自然要把去年留下来为今年的商品库存除开，而实际以平均年度的总生产物，作分析的对象。（3）这里所要克服的困难，在单纯再生产的考察上，是不发生的。这个单纯的事情，已经可以证明，这个困难是一种特殊的现象；引起这种现象的，是第Ⅰ部类诸要素在再生产上的组合的变化。没有这种组合的变化，一般说，扩大的再生产，是不能发生的。

Ⅲ 以表式说明蓄积

我们且依照如下的表式，来考察再生产：

表式（a）

$$\left.\begin{array}{l} Ⅰ.\ 4000c+1000v+1000m=6000 \\ Ⅱ.\ 1500c+376v+376m=2252 \end{array}\right\} 合计=8252$$

我们且先注意：年社会生产物的总额=8252比第一个表式的总额（=9000），是更小的。当然，我们可以假设任何更大的数额，比方说，假设与其十倍相当的数额。我们在这里所以选择一个比第一表式更小的数目，正因为要证实，扩大的再生产（在这里我们把这种再生产，解作是以较大资本经营的生产），与生产物的绝对量，毫无关系，却不过在商品为一定量时，表示一定量生产物诸不同要素已有不同的组合，或不同的用途分配。所以，就价值量而说，那原来也只是单纯再生产。所改变的，不是单纯再生产诸要素的分量，乃是它们的质的配置。这种变化，便是以后发生的扩大再生产的物质前提①。

改变可变资本与不变资本间的比例，我们可得一相异的表式如下：

表式（b）

$$\left.\begin{array}{l} \text{I}.\ 4000c+875v+875m=5750 \\ \text{II}.\ 1750c+376v+376m=2502 \end{array}\right\} \text{合计}=8252$$

这个表式的配置，是适合于单纯再生产的，故其剩余价值全部当作所得而支出，毫无蓄积。在这二场合，即 a 的场合与 b 的场合，我们有价值额相等的年生产物，但在 b 的场合，其要素的机能分配是这样的，以致再生产必须以不变的规模再开始，但在 a 的场合，扩大再生产的物质基础，就树立了。在 b 的场合，$875v+875m=1750$ I（v+m）与 1750 II c 交换时，是没有任何的剩余，但在 a 的场合，（1000v+1000m）I $=2000$ I（v+m），却仅与 1500 II c 相交换，因而会留下一个余额 500 I m，供第 I 部类蓄积。

我们且更细密地考察表式（a）。我们假设，第 I 部类第 II 部类皆以其剩余价值的半额，转化成为追加的资本，那就是把它蓄积，不把它当作所得而支出。但就因为 1000 I m 的半数或 500，会在某形态上蓄积而当作追加的货币资本投下，而转化为追加的生产资本，故将仅有（1000v+500m）I，当作所得而支出。所以，在这里，1500 成了 II c 的常量。对于 1500 I（v+m）与 1500 II c 间的交换，我们是无须乎再研究的，因为我们已经在单纯再生产项下，把这种交换说明过了。4000 I c 也无须再考察；

① 这个见解，终结了詹姆斯、穆勒与培利间关于资本蓄积的论争。我们在第一卷（第22章第五节445页注②）已从别个见地，把这点加以论究了。他们的论争点是，在产业资本之量不变时，其作用能力无伸张的可能。关于这点，我们以后还会提到。

因为，4000 I c 会为重新开始的再生产（在这场合，是扩大的再生产），而重新配置，但这种配置，我们也已在单纯再生产项下，讨论过了。

我们要在这里研究的唯一的事情，是：500 I m 和（376v+376m）II，一方面考察第 I 部类与第 II 部类的内部关系，他方面考察二者间的运动。在这里，我们还假设，第 II 部类的剩余价值，也有半数蓄积着，即有 188 转化为资本，其中四分之一，转化为可变资本 47，为使数字整齐起见，假定其为 48；转化为不变资本的，仍有 140。

在这里，我们碰着了一个新的问题，其成立，在流行的见解看来，必然好像是希奇的。因为依照流行的见解，一种商品只能与他一种商品相交换，换言之，商品必须与货币交换，同一货币又只能再与别一种商品相交换。140 II m 要转化为生产资本，它必须由商品 I m 中一个价值额相等的部分代置。这是自明的，与 II m 相交换的 I m 的部分，必须由生产手段构成，这种生产手段，或是在第 I 部类和第 II 部类都能参加，或只能在第 II 部类参加。这种代置，又只能由第 II 部类的片面的购买而行，因为尚待我们考察的剩余生产物 500 I m，会全部供充第 I 部类蓄积，故不会与第 II 部类的商品相交换。换言之，它不能同时为第 I 部类所蓄积，又为其所消费。第 II 部类必须以现钱，购买 140 I m，但不能在此后以商品售卖于第 I 部类，而将这种货币取回，在扩大再生产的限度内，这个过程是会在每年新生产上，不断反复的。然则，第 II 部类是从何处取得这种货币呢？

好像第 II 部类是极不宜于形成新货币资本的；这种形成，与现实的蓄积相陪伴，且在资本主义生产下，为现实的蓄积之条件。在事实上，现实的蓄积，最初也是当作贮藏货币表现的。

我们先有 376 II v。这个垫支在劳动力上面的货币资本 376，因将购买第Ⅱ部类的商品，会不断在货币形态上，当作可变资本，流回到第Ⅱ部类资本家手里的。这种不断反复的出流和归流——流回到它的出发点，即资本家的钱袋——绝不会增加在这个循环内运动的货币，也不是货币蓄积的源泉。这个货币，决不能从流通中取出来蓄积成为可能的新货币资本。

但有人说，请停一下！这里不是有一种小利润可以赚得吗？

有人说，我们不要忘记，与第Ⅰ部类相对来说，第Ⅱ部类实享有一个优点：第Ⅱ部类所使用的劳动者，会向第Ⅱ部类购去他们自己所生产的商品。第Ⅱ部类是劳动力的购买者，同时又是商品的售卖者，他们会以商品售于他们自己使用的劳动力的所有者。所以，第Ⅱ部类能够做这两样事：

（1）他们会把工资压到平均水准以下。这种特权是他们和第Ⅰ部类资本家共有的。由此，当作可变资本货币形态的货币一部分，可以游离出来；这个过程不断复演时，可以成为货币贮藏一个顺常的源泉。并在第Ⅱ部类，成为可能追加货币资本的顺常的源泉。当然，我们这里考察的，不是偶然诈欺到的利润，只是正常的资本形成。但我们不应忘记，实际支付的顺常的工资（在其他一切情形不变的条件下，就是这个工资决定可变资本的量），绝不是因资本家慈善而支付的，那宁可说是在一定条件下必支付的。由此，这个说明方法，便被排开了。如果我们假设 376v 是第Ⅱ部类所支出的可变资本，我们决不能因为要说明一个新逢着的问题，便突然改变我们的假设，说这样垫支的可变资本为 350v，而非 376v。

（2）从另一方面说，第Ⅱ部类全体，还有一个优于第Ⅰ部类的利益；那就是，如上所述，他们是劳动力的购买者，同时又是商品的售卖者。他们会以商品再售卖给他们自己的劳动者。每一个工业国家，都提供了许多明显的实例，可以证明，他们可以怎样利用他们的这个位置，——那就是，在名义上支付正常的工资，但在事实上不付以相当的商品等价，从而，把所付工资的一部分夺回来，再偷回来。他们这种行为，一部分，以现物给付（Trucksystem）为手段，一部分以流通手段的伪造（那也许还是法律所处罚不到的）为手段。例如在英格兰和北美合众国。（在此，应列举若干实例）。但这个方法，正好和（1）项的方法一样，不过是掩饰了的，是迂回曲折的，故须和（1）项的方法一样被排开。我们这里考察的，是在实际上支付的工资，不是在名义上支付的工资。

我们知道，在资本主义机构之客观的分析上，我们决不能用机构表面上附着的异常的污点，当作借口，来排除理论上的难点。但很奇怪，资产阶级批评家大多数，竟以为我在《资本论》第一卷，是由资本家支付劳动力的现实价值，这个假定（实则，大都不是这样）——不当的，待遇资本家。（在这里，我可以凭我所有的宽宏心，把谢夫勒尔的议论，抄引下来。）

总之，我们要达到我们所期望的目的，用 376 Ⅱ v 是不行的。

但用 376 Ⅱ m，还更不能达到我们的目的。在所论为第 Ⅱ 部类的剩余价值的限度内，是只有同部类的资本家互相对立的。在这限度内，他们互相卖买他们所生产的消费资料。这种交换所必要的货币，只是流通媒介；在顺常的进行中，这种货币必定会比例于各自垫支在流通中的数额，流回到各当事人手里；必须如此，它才能不断地，重新地，通过同一的轨道。

要形成可能的追加的货币资本，似乎只有两个方法，可以从流通中把货币取出。第一个方法是，第 Ⅱ 部类资本家一部分，欺骗其中的别一部分，并将其货币劫夺去。我们知道，新货币资本的形成，不必要有流通媒介的预先的扩大。所必要的，不过是货币由某方面从流通中取出，并当作贮藏货币蓄积着。即使这个货币是偷来的，以致第Ⅱ部类资本家有一部分形成追加的货币资本，别部分则蒙受积极的货币损失，那也不致有什么变化。不过，第Ⅱ部类资本家中那受骗的一部分，不能再那样舒适罢了。

第二个方法，是Ⅱm的一部分。原由必要生活资料代表的，可以直接化为第Ⅱ部类的新的可变资本。这个方法如何实行，我们将在本章之末，加以讨究（第四节）的。

（一）第一例

A. 单纯再生产的表式

Ⅰ. 4000c+1000v+1000m＝6000
Ⅱ. 2000c+500v+500m＝3000 〉总额＝9000

B. 扩大再生产*的发端的表式

Ⅰ. 4000c+1000v+1000m＝6000
Ⅱ. 1500c+750v+750m＝3000 〉总额＝9000

假设在表式B，第Ⅰ部类的剩余价值，有半数即500被蓄积。所以，先要以（1000v+500m）Ⅰ或1500Ⅰ（v+m），与1500Ⅱc相代置。这样，第Ⅰ部类仍有4000c+500m，后者则被蓄积。（1000v+500m）Ⅰ与1500Ⅱc的代置，是一个单纯再生产的过程，那已经在考察单纯再生产时考察过了。

假设500Ⅰm中有400要转化为不变资本，100要转化为可变资本。要在第Ⅰ部类之内资本化的400m的转化，是已经说明过了；它们能立即并合在Ⅰc之内：以是，我们对于第Ⅰ部类，可得下式：

4400c+1000v+100m（最后一项要转化为100v）

从一方面说，第Ⅱ部类将为蓄积的目的，向第Ⅰ部类购买100Ⅰm（在生产手段的形态上存在的），使其在第Ⅱ部类，形成

---

* 译者注：原版"再生产"误为"蓄积"，据马恩研究院版改正。

追加的不变资本；第Ⅱ部类所付于第Ⅰ部类的货币 100 则在第Ⅰ部类，转化为追加可变资本的货币形态。这样，在第Ⅰ部类，我们就有一个资本＝4400c＋1100v（后项尚在货币形态上）＝5500。

现在，第Ⅱ部类已有不变资本 1600；要做到这样，他们尚须用 50v 的货币，来购买新的劳动力，所以，他们的可变资本，应由 750 增至 800。第Ⅱ部类不变资本与可变资本这样扩大的 150，都须出自他们的剩余价值。在 760Ⅱm 中，既然只剩下 600m，充第Ⅱ部类资本家的消费基金，故其年生产物现在是依下式分配：

Ⅱ．1600c＋800v＋600m（消费基金）＝3000

在消费资料形态上生产的 150m，在这场合，转化为（100c＋50v）Ⅱ了。它就在它的自然形态上，完全供充劳动者消费。如上所述，是 100 为第Ⅰ部类劳动者（100Ⅰv）所消费，50 为第Ⅱ部类劳动者（50Ⅱv）所消费。在事实上，第Ⅱ部类（假设其总生产物，存在蓄积所必要的形态上）的剩余价值，也须在必要消费资料的形态上，多生产 50 的数额。如果再生产实际是以扩大的规模开始，第Ⅰ部类的可变货币资本 100，即将经由他们的劳动者的手，流回到第Ⅱ部类；同时，第Ⅱ部类则以库存商品形态上的 100m，移转给第Ⅰ部类，并以库存商品形态上的 50 移转给他们自己的劳动者。

为蓄积的目的，不得不把当中的配置改变如下：

Ⅰ．4400c＋1100v＋500m（消费基金）＝6000

Ⅱ．1600c＋800v＋600m（消费基金）＝3000

总计如前＝9000

其中，资本

Ⅰ．4400c＋1100v（货币）＝5500
Ⅱ．1600c＋800v（货币）＝2400 }7900

但生产开始时，资本为

$$\left.\begin{array}{l} \text{I . } 4000c+1000v=5000 \\ \text{II . } 1500c+750v=2250 \end{array}\right\}=7250$$

如果现实的蓄积是依照这个基础进行，换言之，如果用这样增加了的资本实际进行生产，我们在次年之末，就可得：

$$\left.\begin{array}{l} \text{I . } 4400c+1100v+1100m=6600 \\ \text{II . } 1600c+800v+800m=3200 \end{array}\right\}=9800$$

假设第 I 部类继续依同比例蓄积，那就是以 550m 当作所得而支出，550m 充蓄积。如是，1100 I v 将先为 1100 II c 所代置，550 I m 也实现为等额的商品 II；合计为 1650 I （v+m）。但第 II 部类待代置的不变资本，只有 1600；剩下的 50，必须从 800 II m 内，取出一个数额来补足。在这里，我们且暂把货币存而不论，则交易的结果当如下：

I . 4400c+550m （要资本化的）；还有 1650 （v+m），充作资本家及劳动者的消费基金，实现在商品 II c 之上。

II . 1650c （其中有 50，是由 II m 取出一部分来补足的）+800v+750m （资本家的消费基金）。

但若在第 II 部类，v 与 c 保持原来的比例，则增加 50c 时，也须加投 25v。这个数额，必须从 750m 中取出。如是，我们得：

II . 1650c+825v+725m

第 I 部类有 550m 要资本化；如果要保持以前的比例，则其中应有 440 形成不变资本。110 形成可变资本。这 110 结局必须由 725 II m 支办，那就是价值 110 的消费资料，应改由第 I 部类的劳动者消费。不由第 II 部类的资本家消费；而因此，第 II 部类的资本家，也须把他们所不能消费的 110m，化为资本。这样，在 725 II m 中，就只剩下 615 II m 了，但若第 II 部类把这 110 化为追加不变资本，他们就还须有追加的可变资本 55。这也须由他们的剩余价值中取出。在 615 II m 中将此额除去，就只剩有

560，供第Ⅱ部类的资本家消费了。是以，完成一切现实的和可能的转移之后，我们将有资本价值如下：

Ⅰ．（4400c+440c）+（1100v+110v）=4840c+1210v=6050

Ⅱ．（1600c+50c+110c）+（800v+25v+55v）=1760c+880v=2640

合计=8690

如果这个情形要照常进行，则第Ⅱ部类的蓄积，必须比第Ⅰ部类的蓄积，进行得更迅速；因为Ⅰ（v+m）中与商品Ⅱc相交换的部分，在非此的情形下，将比Ⅱc增加得更迅速。这一部分是只能与Ⅱc交换的。

假设再生产依这个基础，在其他一切条件不变的情形下继续进行，则在下年之终，我们将得：

Ⅰ．4840c+1210v+1210m=7260

Ⅱ．1760c+880v+800m=3520

总计=10780

在剩余价值的分配率不变时，第Ⅰ部类先会以1210v和剩余价值的半数（605），合计1815，当作所得而支出。这个消费基金，比Ⅱc更大55。这55是必须出自880m。以是，880m中只剩下825。又，当55Ⅱm转化为Ⅱc时，Ⅱm还须受别一种减除，那就是，还须在当中扣除 $27\frac{1}{2}$，充可变资本。这样，就只留下 $797\frac{1}{2}$ Ⅱm，供资本家消费了。

现在，在第Ⅰ部类有605m要资本化；其中有484为不变资本，121为可变资本。后项是必须从Ⅱm扣除的。在此际，Ⅱm=$797\frac{1}{2}$，减去121，只余下 $676\frac{1}{2}$2。第Ⅱ部类更以121化为不变资本，并再须以 $60\frac{1}{2}$ 充可变资本。这也须由 $676\frac{1}{2}$ 中扣除。

所以，只余下616供消费。这样，我们有资本如下：

Ⅰ. 不变资本 $4840+484=5324$

可变资本 $1210+121=1331$

Ⅱ. 不变资本 $1760+55+121=1936$

可变资本 $880+27\frac{1}{2}+60\frac{1}{2}=968$

合计：
$$\left.\begin{array}{l}Ⅰ.\ 5324c+1331v=6655\\Ⅱ.\ 1936c+968v=2904\end{array}\right\}=9559$$

在年终，有生产物：

$$\left.\begin{array}{l}Ⅰ.\ 5324c+1331v+1331m=7986\\Ⅱ.\ 1936c+968v+968m=3872\end{array}\right\}=11858$$

这种计算反复下去，并把分数省为整数，则在次年之终，有生产物如下

$$\left.\begin{array}{l}Ⅰ.\ 5856c+1464v+1484m=8784\\Ⅱ.\ 2129c+1065v+1065m=4259\end{array}\right\}=13043$$

在再后一年之终，有生产物如下：

$$\left.\begin{array}{l}Ⅰ.\ 6442c+1610v+1610m=9662\\Ⅱ.\ 2342c+1172v+1172m=4686\end{array}\right\}=14348$$

在五年 * 累进扩大的再生产的进行中，第Ⅰ部类与第Ⅱ部类的总资本，由 $5500c+1750v=7250$，增为 $8784c+2782=11566$，其比率为 $100：160$。总剩余价值原来为1750，现在为2782。供消费的剩余价值，原来第Ⅰ部类为500，第Ⅱ部类为600，合计为1100；但在最后一年，第Ⅰ部类为732，第Ⅱ部类为746，合计为1478。其比率为 $100：134$。**

（二）第二例

假设年生产物9000，那完全在产业资本家阶级手中，当作商品资本，其可变资本与不变资本之一般的平均的比例为1：5。这个生产物的存在，是以下述诸事为前提：资本主义生产，社会劳动的生产力，生产规模，以及劳动阶级当中引起相对人口过剩的一切事情，均已有显著的发展。这样，我们把各分数改为整数之后，年生产物的分配将如下式：

$$\left.\begin{array}{l} Ⅰ.\ 5000c+1000v+1000m=7000 \\ Ⅱ.\ 1430c+285v+285m=2000 \end{array}\right\}=9000$$

假设第Ⅰ部类资本家只消费其剩余价值的半数（那就是500），而以其余半数充蓄积。（1000v+500m）Ⅰ=1500，将转化为1500Ⅱc。但在这场合，Ⅱc=1430，其不足之数，是必须由剩余价值70补足的。在285Ⅱm中减去此额，留下215Ⅱm。所以我们得：

Ⅰ.5000c+500m（资本化的）+1500（v+m）（资本家与劳动者的消费基金）

Ⅱ.1430c+70m（资本化的）+285v+215m

但因为在这里，有70Ⅱm直接并合在Ⅱc里面，所以，为要推动这个追加的不变资本，尚须有一个可变资本$\frac{70}{5}=14$。这14，也须由215Ⅱm中扣除，所以只余下201Ⅱm。如是，我们得：

Ⅱ.（1430c+70c）+（285v+14v）+201m

1500Ⅰ（v+$\frac{1}{2}$m）与1500Ⅱc的交易，乃是单纯再生产*上一个过程；这是我们已经讨究过的。但在这里，尚有若干的特性必须加以注意。这些特性，是由这个事实发生的：在蓄积的再生产上，Ⅰ（v+$\frac{1}{2}$m）不是全由Ⅱc代置，却是由Ⅱc加Ⅱm的一

_____

* 译者注：原版为"蓄积"，据马恩研究院版改正。

部分代置的。

这是自明的，在有蓄积的前提下，Ⅰ（v+m）将较Ⅱc更大，不像在单纯再生产的场合一样，与Ⅱc相等；因为（一）第Ⅰ部类已以其剩余价值一部分，并合在他们自己的生产资本内，而将其六分之五转化为不变资本，所以，他们不能同时用这六分之五，来交换第Ⅱ部类的消费资料；（二）第Ⅰ部类用他们的剩余生产物，供第Ⅱ部类以蓄积所必要的不变资本的材料，而第Ⅱ部类也须供第Ⅰ部类以可变资本的材料，使其剩余生产物中那当作追加不变资本用的部分，得以推动。固然，现实的可变资本，是由劳动力构成，所以，追加的可变资本，也是由劳动力构成。

第Ⅰ部类的资本家，无须像奴隶所有者那样，向第Ⅱ部类购买必要生活资料库存着，也无须为所使用的追加劳动力，蓄积这种必要生活资料。与第Ⅱ部类交易的，乃是劳动者自己。但虽如此，资本家仍不妨认追加劳动力所使用的消费资料，是他们未来的追加的劳动力所赖以生产和维持的手段，从而，是他们的可变资本的自然形态。他们自己（在这场合，是第Ⅰ部类资本家自己）的直接的行为，仅在贮藏必要的新货币资本，以购买追加的劳动力。只要他们把追加的劳动力，并合在生产资本内，这个货币就会成为劳动力购买第Ⅱ部类商品的手段。所以，这种消费资料是必须已经存在的。

附带说一笔。资本家老爷以及他们的报纸，对于劳动力支出其货币的方法，及这种货币所依以实现的第Ⅱ部类商品，都屡屡抱着很深的遗憾。在此际，他是哲化了，文化化了，博爱化了，例如，英驻华盛顿公使馆秘书德鲁蒙君就说：《国民杂志》曾在1879年10月底发表一篇很有兴味的文章，内有一节说："就文化的观点说，劳动者未曾与发明的进步，并驾齐驱。有许多物品，他们不知道怎样使用，因而为他们所不能接受；就这些物品说，他们不能构成任何的市场（每个资本家当然都愿意劳动者购买他的商品）。没有任何理由，可以说劳动者不应该和所得相等的牧师律师医师一样求快乐。（律师牧师医师能希望那样多的快乐，确实是一件必要的事啊！）但他不这样做。问题依然是：他的消费者的资格，怎样才可由合理的卫生的方法提高。这个问题是不容易解答的；因为，他的全部希望，不外是缩短劳动时间；煽动家，不叫他们设法如何由智性德性的改良来提高地位，却叫他们去争求劳动时间的缩短"（《驻外使馆秘书关于驻在国工商业的报告》伦敦 1879 年第 404 页）。

　　长的劳动时间，好像便是合理的卫生的方法。好像这个方法，就可以把劳动者的智性与德性改良，提高他的地位，使他成为合理的消费者。但因为要变成资本家商品的合理的消费者，最要紧的一着——但煽动家阻止他——便是让他自己的劳动力，任凭资本家以不合理不卫生的方法消费。资本家所谓合理的消费，在如下的场合，表示得最明显：他会在消费品贸易上，直接与他的劳动者接头，那就是实行现物给付制度。以住屋供给劳动者的办法，也包括在这种制度内。因此资本家同时又是房屋租赁者了。

　　德鲁蒙的美丽的灵魂，热衷于资本家的提高劳动阶级地位的企图。但这位德鲁蒙在同报告中，还曾说到洛威尔及劳伦斯的模范棉业工厂。工厂女工的寄宿舍与住屋，是工厂所有者的股份公司所有的。该屋的女舍监，是为该股份公司服役，并遵照该股份公司的命令行事的。上午十点钟之后，任何女工皆不得逗留屋内。但这种制度的精华，还在设立一种特别警察，在附近巡逻，以防止寄宿规则的违背。在十点钟之后，任何女工皆不许出入寄宿舍内，且不许任何女工寄居股份公司所有的地区之外。地区内每一所房屋，每星期的租金，皆约为十金元。在这场合，我们可以窥见这种合理的消费之光辉的极顶了。"女工住宿的最上等屋宇内，大多数备有全能的钢琴。在织机上不断从事十小时劳动的女工人，在单调生活之后，与其说需要实际的休息，毋宁说需要变化。于是，唱歌、舞蹈、音乐就在她们中间，有重要的作用了。"（第421页）但劳动者所依以成为合理消费者的主要秘密，是在下面。

德鲁蒙君还说，他访问杜尔讷·福尔斯（康内克提卡河）的刀物工厂时，该股份公司会计员奥克曼君曾告诉他说，美国制造的食桌小刀，在品质上优于英国货，又告诉他说："即在价格上，我们也要打倒英国；品质较优，在现在，已成为公认的事实；但我们还须有较低的价格；若我们的钢可以更便宜，我们的劳动可以更低廉，我们就可以达到目的。"（第427页）劳动工资下落与劳动时间延长，便是这种合理的，卫生的，使劳动者位置提高，并成为合理消费者的方法的核心。必须如此，他们方能成为文化及发明进步所提供许多东西的市场。

*　　　*　　　*

第Ⅰ部类必须由他们的剩余生产物，以追加的不变资本，供给第Ⅱ部类；第Ⅱ部类并须在这个意义上，以追加的可变资本，供给第Ⅰ部类。在所论为可变资本的限度内，第Ⅱ部类须为第Ⅰ部类并为他们自己蓄积；因为，第Ⅱ部类，在蓄积的场合，必须在必要消费资料的形态上，再生产其总生产物的较大部分，即再生产其剩余生产物的较大的部分。

在资本基础累渐扩大的生产上，Ⅰ（v+m）必须与Ⅱc，加剩余生产物中再当作资本用的部分，加扩大第Ⅱ部类生产所必要的不变资本追加部分之总和相等。扩大的最低限，是第Ⅰ部类现实的蓄积或生产扩充所不能缺少的。

回来讲我们刚才讨论过的情形。这情形，有这样一个特点：Ⅱc 较 Ⅰ ($v+\frac{1}{2}m$) 为小，即较第Ⅰ部类生产物中当作所得而支出在消费资料上面的部分为小，所以，为要交换 1500 Ⅰ（$v+m$），必须以第Ⅱ部类剩余生产物中与 70 相当的部分，拿来实现。就 1430 Ⅱc 说，在其他情形不变的场合，那必须由等价值额的 Ⅰ（$v+m$）代置。必须如此，单纯再生产才可以在第Ⅱ部类发生。在这限度内，我们是无须在这里对它注意的。但就补充的那 70 Ⅱm 说，却全然不是这样。此在第Ⅰ部类看来，固然仅仅是以所得换消费资料，仅仅是以消费为目的的商品交换，但在第Ⅱ部类看来，却不像在单纯再生产那样，仅仅是不变资本，由商品资本形态，转化为它的自然形态；乃是直接的蓄积过程，是其剩余生产物一部分，由消费资料的形态，转化为不变资本的形态。假如第Ⅰ部类用 70 镑货币（为转化剩余价值而预备好的货币准备）购买 70 Ⅱm，第Ⅱ部类不再用这个货币购买 70 Ⅰm，却把 70 镑当作货币资本蓄积着，这个货币虽不是重行加入生产内的生产物，但依然常常是追加生产物（第Ⅱ部类的剩余生产物，上述的 70 镑，即为其一可除部分）的表现。在这场合，第Ⅱ部类方面的这种货币蓄积，正表示生产手段形态上的 70 Ⅰm 不能售卖。所以，第Ⅰ部类将发生相对的生产过剩，相应的，第Ⅱ部类的再生产，也就同时不能扩张。

但暂不说这个。当第Ⅰ部类所付出的货币 70，尚未因第Ⅱ部类购买 70 Ⅰm 而流回到第Ⅰ部类或仅一部分流回时，这 70 货币，会是全部或一部分，在第Ⅱ部类手中，当作追加的可能的货币资本。在双方商品的相互代置，尚未完成货币归到其出发点的归流以前，第Ⅰ部类与第Ⅱ部类间的每一种交易，都是这样的。但在

事态的顺常的进行下，货币不过在这里暂时负这种使命。在一切
暂时游离的追加货币，都积极当作追加货币资本用的信用制度
下，这种不过暂时游离的货币资本，或仍会被拘束下来，推动那
留滞在其他企业上的追加生产物，例如在第Ⅰ部类某种新企业上
运用。还有一点须注意：当70Ⅰm被并合在第Ⅱ部类的不变资本
内时，第Ⅱ部类的可变资本也须扩大14的数额。这种扩大，和
第Ⅰ部类剩余生产物Ⅰm直接并入资本Ⅰc的过程一样，以第Ⅱ
部类再生产已有进一步资本化的趋势为前提。换言之，这种扩
大，以剩余生产物由必要生活资料构成的部分的扩大为条件。

＊　　　＊　　　＊

在第二例，9000的生产物，当500Ⅰm要资本化时，必须依
下法分配，方能达成再生产的目的。在这场合，我们是只考察商
品，把货币流通存而不论的。

Ⅰ．5000c＋500m（资本化的）＋1500（v＋m）消费基金＝
7000商品

Ⅱ．1500c＋299v＋201m＝2000商品

总额为9000的商品生产物。

资本化是依下法进行的。

在第Ⅰ部类，要资本化的500m，是以六分之五化为不变资
本417c，六分之一化为可变资本83v。83v会从Ⅱm取去一个相
等的数额。这个数额，是购买不变资本的要素，并追加到Ⅱc里
面去的。Ⅱc增加83，则Ⅱv也须增加83的五分之一，即17。
所以，在交易之后，我们得：

Ⅰ．（5000c＋417m）c＋（1000v＋83m）v＝5417c＋1083v
＝6500

II. (5000c+83m) c+ (299v+17m) v=1583c+316v=1899

合计 8399

第 I 部类的资本，由 6000 增加至 6500，即增加十二分之一。

第 II 部类的资本，由 1715 增加至 1899，即增加九分之一弱。在这个基础上第二年的再生产，会在年终，生出如下的资本：

I. （5417c+452m） c+ （1083v+90m） v=5869c+1173v=7042

II. （1583c+42m+90m） c+ （316v+8m+18m） v=1715c+342v=2057

在第三年之末，有生产物如下：

I. 5869c+1173v+1173m

II. 1715c+342v+342m

如果第 I 部类还是蓄积剩余价值的半数，则 I （$v+\frac{1}{2}m$）1173v+578 （$\frac{1}{2}m$） =1760，也较 1715 II c 的总数更大，即更大 45。要把此额补足，必须以等额的生产手段与 II c 相并合。所以，II c 又须增加 45。这种种增加，使 II v 须增加五分之一，即增加 9。又，要资本化的 587 I m 也是以六分之五为不变资本，即 489c；以六分之一为可变资本，即 98v。这 98v，包含第 II 部类不变资本新增加 98 的意思，从而，包含第 II 部类可变资本也增加五分之一，即增加 20 的意思。这样我们得

I. （5869c+489m） c+ （1173v+98m） v=6358c+1271v=7629

II. （1715c+45m+98m） c+ （342v+9m+20m） v=1858c+37v=2229

总资本=9858

三年累进扩大的再生产，使第 I 部类的总资本由 6000 增加

到 7629，第 Ⅱ 部类的总资本由 1715 增加到 2229，社会的总资本则由 7715 增加到 9858。

（三）蓄积下的 Ⅱ c 的交换

在 Ⅰ（v+m）与 Ⅱ c 的交换上，我们发现了诸种不同的情形。

在单纯再生产上，这二者必须相等，并互相代置；不是这样，则如上所述，单纯再生产决不能平稳进行。

在蓄积上，最要考察的，是蓄积率。在以上诸场合，我们都假定，第 Ⅰ 部类的蓄积率 = 21m Ⅰ，并且是逐年不变的。但我们只要变更蓄积资本分割为可变资本和不变资本的比例，即可得三个场合如下：

（1）$\mathrm{I}\left(v+\dfrac{1}{2}m\right) = \mathrm{II}\,c$，即 Ⅱ c 较 Ⅰ（v+m）为小。这是必须常常如此的；不然，第 Ⅰ 部类就不能蓄积了。

（2）$\mathrm{I}\left(v+\dfrac{1}{2}m\right)$ 较 Ⅱ c 为大。在这场合，交易的实行，使 Ⅱ m 必须以一相当部分，加到 Ⅱ c 里面，使其总额 $= \mathrm{I}\left(v+\dfrac{1}{2}m\right)$。这样，在第 Ⅱ 部类，已经不是不变资本的单纯再生产，而已经是蓄积。它是用它的剩余生产物的一部分，来交换第 Ⅰ 部类的生产手段，以增加它的不变资本。这种增加，同时包含如下的事实：第 Ⅱ 部类的可变资本，也由它自身的剩余生产物，取出一部分来，为相应的增加。

（3）$\mathrm{I}\left(v+\dfrac{1}{2}m\right)$ 较 Ⅱ c 为小。在这场合，第 Ⅱ 部类不能由交换，完全再生产它的不变资本，所以必须向第 Ⅰ 部类购买，以补不足。在此际，第 Ⅱ 部类的可变资本，是不必因此，就须有更进一步的蓄积的；因为，它的不变资本，就量而言，就赖有这种购买，才完全再生产出来。而从另一方面说，从事蓄积追加货币资本的那一部分资本家Ⅰ，又由这种交换，成就了这种蓄积的一部分。

单纯再生产，是以Ⅰ（v+m）＝Ⅱc为前提。这个前提，是与资本主义的生产不相容的。（不过，在十年或十一年的产业循环中，往往会有某一年的生产，比以前某年度的总生产更小，所以，比较起来，连单纯再生产也没有。）并且，如人口年年自然增殖，则单纯再生产，还须在下述场合，方才可以进行：代表总剩余价值的1500，由相应增加的不生产的婢仆所分享。但资本的蓄积，现实的资本主义生产，在这情形下，是不可能的。所以，资本主义蓄积的事实，必不许Ⅱc与Ⅰ（v+m）相等。不过，在资本主义的蓄积下，这样的情形仍然会发生，即过去若干生产期间进行蓄积的结果，Ⅱc不仅与Ⅰ（v+m）相等，甚至相较为大。这便是第Ⅱ部类的生产过剩，那只有由一次大恐慌的袭击来解救，其结果是资本由第Ⅱ部类移到第Ⅰ部类来。——第Ⅱ部类自行再生产其不变资本一部分的事实（例如在农业上使用自己生产的种子），不会改变Ⅰ（v+m）对Ⅱc的比例。Ⅱc的这部分，和Ⅰc一样，与第Ⅰ部类和第Ⅱ部类间的交易无关。又，第Ⅱ部类生产物一部分可以在第Ⅰ部类充作生产手段的事实，也不致在问题上引起变化。这一部分，将由第Ⅰ部类供给的生产手段的一部分抵消。如果我们对于两大社会生产部类（生产手段的生产者与消费资料的生产者）间的交换要加以纯正的研究，我们必须在开始时，把这个部分，在两方面都除去。

所以，在资本主义生产下，Ⅰ（v+m）不能与Ⅱc相等；那就是，二者不能在交易上相抵。假设以Ⅰ$\frac{m}{x}$指示Ⅰm中当作资本家所得的部分，则Ⅰ（v+$\frac{m}{x}$）可等于，或大于，或小于Ⅱc。但Ⅰ（v+$\frac{m}{x}$）必常较Ⅱ（c+m）为小。较小若干呢，那就看第Ⅱ

部类资本家无论如何必须在 II m 之中消费怎样大的一个部分而定。

这是要注意的，在以上关于蓄积的说明上，当作商品资本（它帮助生产的商品资本）价值一部分的不变资本价值，并没有表现得精密。新蓄积的不变资本之固定部分，不过渐次地，周期地，视固定要素的性质如何，移入商品资本内；如在商品生产上会大量使用原料与半制品，则商品资本也主要由代置流动不变资本成分及可变资本的物件构成。（就因为流动成分是如此周转，所以我们可以像上面那样说明。在以上的说明上，我们假设，在一年内，流动部分以及固定资本所给予的价值部分，是周转得这样频繁，以致所供给的商品总额，与在年生产上参加的总资本价值相等。）但若在机械经营上仅有补助材料参加，毫未使用原料，则商品资本的大部分，将为劳动要素 v 的再现。在计算利润率时，我们虽以剩余价值与总资本相比而计算，不问固定成分周期移转到生产物去的价值是多是少，但就每个周期生产的商品资本的价值说，我们在计算不变资本的固定部分时，却认定，它只由使用，平均地，以价值移转到生产物去。

IV 补论

就第 II 部类说，原来的货币源泉，是第 I 部类金生产者用以交换 II c 一部分的 v+m。必须金生产者蓄积其剩余价值或将其转化为第 I 部类的生产手段，他的 v+m，才不会加入第 II 部类去的。但从另一方面说，也必须金生产者方面的货币的蓄积，结局会引起扩大的再生产，金生产的剩余价值中不当作所得用的部分，才会当作金生产者的追加的可变资本，加到第 II 部类去，才能促进第 II 部类的新的货币贮藏，才使第 II 部类能在它向第 I 部类购买新手段时，无须立即以商品再售于第Ⅰ部类。不过，在这种由金生产的Ⅰ（v+m）生出的货币中，必须除去一部分，因有一部分金，会在第Ⅱ部类某一些生产部门，当作原料之类的东西，那就是当作不变资本的代置要素。总之，在第Ⅰ部类与第Ⅱ部类间的交换上，预先的货币贮藏要素（为未来的扩大的再生产的），就第Ⅰ部类说，必须在Ⅰm的一部分，片面的，出售于第Ⅱ部类，当作其追加不变资本，但不为对当的购买时，方才发生；就第Ⅱ部类说，必须第Ⅰ部类方面需要追加的可变资本，又或Ⅰm当作所得用的部分，不能由Ⅱc相抵，以致Ⅱm有一部分，会由此被购去，转化为货币时，方才发生。如果Ⅰ（$v+\dfrac{m}{x}$）较Ⅱc为大，则Ⅱm之中，必须有一部分提出来，供第Ⅰ部类消费，这一部分，为Ⅱc单纯再生产的目的，是无须用第Ⅰ部类的商品来代置的。还有一个问题是，在第Ⅱ部类诸资本家间的交换上，——这种交换，不外是Ⅱm的相互交换——货币贮藏可以在什么程度内发生呢？我们知道，第Ⅱ部类之内的直接的蓄积，是由Ⅱm一部分直接转化为可变资本发生的（这好比，在第Ⅰ部类，Ⅰm的一部分，会直接转化为不变资本）。第Ⅱ部类各营业部类之内，及个别资本家的个别营业之内的蓄积，是在不同的阶段的。单有这一层，已经可以和第Ⅰ部类之内的情形一样（只需加以必要的修正）把问题说明了；那就是，当一方从事货币贮藏，单卖而不买时，他方则从事再生产的现实的扩大，从而单买而不卖。又，追加的可变货币资本，最初是投在追加的劳动力上，但劳动力却向从事货币贮藏的人购买消费资料，因为他们同时又是追加的供劳动者消费的消费资料之所有者。这种货币，在这种所有者从事货币贮藏的限度内，不会流回到它的出发点。他们会把它蓄积起来。

I 马给恩

（一八六三年七月六日）

寄来的"经济表"，是我用来代替魁奈（Quesnay）经济表的。等你有工夫，请仔细看一遍，并且把你的感想告诉我。那包括全部的再生产过程。

你晓得，亚当·斯密把"自然价格"或"必要价格"认为是由工资，利润（利息）和地租构成，所以会全部分解为所得。这个谬误，传留给里嘉图了，虽然他把地租只当作加额，在目录中，把这一项除去。几乎一切经济学者都采纳斯密这种见解。反对这种见解的人，则落到别一种错误中去。

斯密自己犯了这种错误。他把社会的总生产物分解为单纯的所得（那会逐年消费掉的），虽然他对于各个别的生产部门，是把价格分解为资本（原料机械等）和所得（工资、利润、地租）。照他说，社会每年就须重新在无资本的状态下开始了。

我的表，是当作这一卷的最后一章的结论；所以关于这两个表，须先有如下的了解。

一、数字是无关重要的，那可以是以百万为单位。

二、在生活资料一项下面，一切会逐年加入消费基金的东西（或在无蓄积的状态下——在这些表里面，蓄积是不包含在内的——能加入消费基金内的东西），都计算在内。

在第二部类（生活资料），全部生产物（700）是由生活资料构成。依照事物的性质，它是不加入不变资本（原料、机械、建筑物等）内的。在第一部类，全部生产物是由形成不变资本的诸种商品构成，那就是由当作原料机械再加入再生产过程的诸种商品构成。

三、向上升的线都用虚线，向下降的线都用实线。

四、不变资本就是由原料机械构成的资本部分。可变资本就是与劳动相交换的资本部分。

五、同一生产物（如小麦）一部分形成生活资料，它的别一部分，则在自然形态上，（例如当作种子）当作原料，再加入再生产过程。这个情形，例如在农业上，就可以看到。但这无影响于我们的问题。因为，这样的生产部门，依照它的一种性质，是属于第一部类，依照它的别一种性质，是属于第二部类。

六、第一表的大要如下：

第二部类生活资料。劳动材料和机械，（即当作磨损加入年生产物内的那一部分机械，不被消费掉的机械部分等，没有在表内表示出来）等于400镑（假设如此），用来交换劳动的可变资本等于100，那会当作300再生产出来，其中100代置工资，200代表剩余价值（无给的剩余劳动），生产物等于700，其中有400代表不变资本的价值，那全部移转到生产物内了，必须代置，必须更新了。

我们就在可变资本和剩余价值的这种比例上，推知劳动者是

以劳动日的 $\frac{1}{3}$ 为自己，以劳动日的 $\frac{2}{3}$ 为他的天然的上层阶级。

100 可变资本，（如虚线所示）是当作工资，在货币形态上支付的。劳动者用这 100，（如实线所示）购买 100 这部类的生产物（即生活资料）。这样，这个货币，就回到第二部类资本家手里了。

200 的剩余价值，在它的一般形态上，是等于 200 的利润，那分为企业利益（商业利润包括在内），分为产业资本家在货币形态上支付的利息，分为地租，那也是产业资本家在货币形态上支付的。这种当作企业利益、利息、地租支付的货币，会流回来，（如实线所表示）因为第二部类的生产物，就是用这个买去的。所以，由产业资本家投在第二部类的货币，全都会流回到他手里来，而 700 生产物中的 300，则由劳动者、企业家、金融家和地主消费掉。至此为止，第二部类之内，尚有 400 的生产物（生活资料）多余下来，但也感到不变资本有 400 的缺少。

第一部类是机械和原料。

因为这部类的生产物全部——不仅指代置不变资本的部分；那代表工资等价和剩余价值的部分也包括在内——是由原料和机械构成，所以这一部类的所得，不能实现在它本部类的生产物上，只能实现在第二部类的生产物上。把蓄积搁在一边（我们这里就这样做的），第二部类是只向第一部类，购买它代置不变资本所必要的量，同时第一部类也只能在它的生产物内，以那个代表工资和剩余价值（所得）的部分，用在第二部类的生产物上。所以，第一部类的劳动者会投下货币 $133\frac{1}{3}$ 在第二部类的生产物上。就第一部类的剩余价值（那是在第一部类之间分为企业利益、利息和地租）说，会发生同样的情形。这样，400 货币就由第一部类流回到第二部类的产业资本家手里了；第二部类的产业资本家，也就由此把他的生产物的余额（＝400）交渡出来。

第二部类用这个货币400，向第一部类，购买代置不变资本400所必要的东西。第一部类也就这样，把那在工资和消费（产业资本家自己、货币贷放者、地主们的消费）形态上支出的货币收回。在第一部类总生产物中，还剩下 $533\frac{1}{3}$。他们就用这个代置它自身消耗掉的不变资本。

这当中的运动，一部分发生在第二部类之内，一部分发生在第二部类和第一部类之间。这种运动，会指示，货币是怎样流回到这二部类的产业资本家手里，他们又重新用这个货币，支付工资、利息和地租。

第三类（第二表）表示总再生产。

第一部类的总生产物，在这里，表现为全社会的不变资本，第二部类的总生产物，就当作这样一个生产物部分。可变资本（工资的基金）和瓜分剩余价值的诸阶级的所得，就是用这个生产物部分代置的。

一八六三年七月六日，伦敦。

Ⅱ 马给恩
（一八六七年八月二十四日）

我现在写第二卷，讨论流通过程，在结束这卷的时候，我要再向你提出一点来。许多年前，我曾对你提过这一点的。

比方说，固定资本要经过十年，方才要在自然形态上代置。在这当中的时间内，它的价值会部分地，渐渐地，由它所助成的商品的售卖，流回来。这种渐进的归流，结果要用来代置固定资本（且不说修理之类的事情），但这种代置，要到固定资本的物质形态（例如机械的形态）归于死灭的时候，方才有必要。在当中的时间内，资本家会把这种继续的归流，保留在手里。

多年以前，我仿佛曾写信给你说，会有一个蓄积基金形成起来，因为在资本家必须用流回的货币，来代置固定资本以前，会在当中的时间以内，运用这种流回的货币。你在一封信内，曾浅近的，论到这一点。以后我发觉了麦克洛克（MacCullock）是把这种偿付基金，称作蓄积基金。因为想到麦克洛克从来不能有正确的思考，所以我就把这个问题搁起来了。麦克洛克的辩护的意图，早经马尔萨斯派反驳了，但他们也承认这个事实。

你，以工厂主的资格，必定知道，在固定资本须在自然形态上代置以前，你是怎样处置固定资本的归流。关于这一点，你必定要答复我（不要说理论，单是举事实）。

一八六七年八月二十四日。

Ⅲ 恩给马
（一八六七年八月二十七日）

里面附来两个关于机械的表，那会对你把问题说得明明白白。通例是，我们每年就原额打一个折扣，普通是 $7\frac{1}{2}$%。但为计算的简单计，我们假设它是 10%。就许多的机械说，10% 也不算过多。所以举例来说：

1860 年 1 月 1 日	购买	1000 镑
1861 年 1 月 1 日	折旧 10%	<u>100 镑</u>
		900 镑
	新购	<u>200 镑</u>
1862 年 1 月 1 日	就新总额 1200 镑	1100 镑

折旧 10%		120 镑
（1000 镑 + 200 镑 = 1200 镑）		980 镑
	新购	200 镑
1863 年 1 月 1 日	就新总额 1400 镑	1180 镑
	折旧 10%	140 镑
（1000 镑 + 200 镑 + 200 镑 = 1400 镑）		1040 镑

在第一表我假定，工厂主以折旧之故，把他的货币，为生息而存放下来。在旧机械必须重新代置的时候，他已经不止有 1000 镑，而是有 1252 镑了。第二表假定，他是逐年立即把它的货币投在机械上。像最后一行所指示（十年间每年最后一日的总购买价值，就在这一行表示），他在机械上所有的价值，仍只有 1000 镑（他不能有更多的价值，因为他只把磨损的价值投回去，机械的总价值是不能由这个过程增大的），却逐年把他的工厂扩大了。十一年平均计算，他所用的机械，计共费去 1449 镑，与原来的 1000 镑比较，会生产更多得多的东西，提供更多得多的劳务。假设他是一个纺绩业者，每一镑代表纺绩机上的一个纺锤，那他平均就是用 1449 个纺锤，不是用 1000 个纺锤。在原来那 1000 个纺锤死灭之后，将会在一八六六年一月一日，出现一个新时期，它所使用的，将是 1357 个在这十年间购置的纺锤，再加以一八六五年的折旧费的投下，又有 236 个纺锤加进来，合共 1593 个纺锤。因折旧费重新投下之故，他不须从他的真正的利润内，投下一个铜板，但已经能够由旧机械，把机械增添 60%。

就这两个表说，修理都没有计算在内。机械的修理费，是应包括在 10% 的折旧费内。但这个情形，不会影响我们的问题，因为如果修理费包括在这 10% 内，机械的经用期间就会相应地延长。结果是一样的。我希望，第二表已经够明白。如果要重写一遍，我还有它的副本在这里。

附： 第一表

I 工厂主把更新基金，用五厘利息存放：

日期	项目	金额	金额
1858 年 1 月 1 日	购置机械	1000 镑	
1857 年 1 月 1 日	磨损，10％的折旧		100 镑
1858 年 1 月 1 日	磨损，10％的折旧	100 镑	
	100 镑的利息	5 镑	
			205 镑
1859 年 1 月 1 日	205 镑的利息　15.15 镑（即 10 镑 5 先令）		
	10％的折旧	100 镑	110. 5 镑
			315. 5 镑
1860 年 1 月 1 日	315. 5 镑的利息	15. 15 镑	
	10％的折旧	100 镑	115. 15 镑
			431 镑
1861 年 1 月 1 日	431 镑的利息	21. 11 镑	
	10％的折旧	100 镑	121. 11 镑
			522. 11 镑
1862 年 1 月 1 日	552. 11 镑的利息	27. 13 镑	
	10％的折旧	100 镑	127. 13 镑
			680. 4 镑
1863 年 1 月 1 日	680. 4 镑的利息	34 镑	
	10％的折旧	100 镑	134 镑
			814. 4 镑
1864 年 1 月 1 日	814. 4 镑的利息	40. 14 镑	
	10％的折旧	100 镑	140. 14 镑
			954. 18 镑
1865 年 1 月 1 日	954. 18 镑的利息	42. 15 镑	
	10％的折旧	100 镑	142. 15 镑

		1097.13 镑
1866 年 1 月 1 日　1097.13 镑的利息	54.18 镑	
10％的折旧	100 镑	154.18 镑
十年终所得的结果……1252.11 镑		

那就是，在一八六六年一月一日他有现金 1252.11 镑，代替一个已经磨损掉的值 1000 镑的机械。

第二表

II 更新基金逐年新投在机械上：

	新投资	磨损％	1866 年 1 月 1 日依然保留的价值
1856 年 1 月 1 日 购置机械	1000 镑	100	——
1857 年 1 月 1 日 10％的磨损			
新投资	100 镑	90	10 镑
1858 年 1 月 1 日 1000 镑的折旧 10％ 100 镑			
100 镑的折旧 10％ 10 镑　110 镑	80	22 镑
210 镑			
1859 年 1 月 1 日 1000 镑的折旧 10％ 100 镑			
210 镑的折旧 10％ 21 镑　121 镑	70	36 镑
331 镑			
1860 年 1 月 1 日 1000 镑的折旧 10％ 100 镑			
331 镑的折旧 10％ 33 镑　133 镑	60	53 镑
464 镑			
1861 年 1 月 1 日 1000 镑的折旧 10％ 100 镑			
464 镑的折旧 10％ 46 镑　146 镑	50	73 镑
610 镑			
1862 年 1 月 1 日 1000 镑的折旧 10％ 100 镑			

610 镑的折旧 10%	61 镑	161 镑	40	97 镑

771 镑

1863 年 1 月 1 日 1000 镑的折旧 10% 100 镑

771 镑的折旧 10%	77 镑	177 镑	30	124 镑

948 镑

1864 年 1 月 1 日 1000 镑的折旧 10% 100 镑

948 镑的折旧 10%	95 镑	195 镑	20	156 镑

1143 镑

1865 年 1 月 1 日 1000 镑的折旧 10% 100 镑

1143 镑的折旧 10%	114 镑	214 镑	10	193 镑

1357 镑

1866 年 1 月 1 日 1000 镑的折旧 10% 100 镑

1357 镑的折旧 10%	136 镑	236 镑	——	236 镑

新机械的名义价格 = 1593 镑

新机械的实在价格 = 　　　　　　1000 镑

假设每个纺锤值一镑，他逐年运用的纺锤数如下：

1856 年用 1000 个纺锤

1857 年用 1100 个纺锤

1858 年用 1210 个纺锤

1859 年用 1331 个纺锤

1860 年用 1464 个纺锤

1861 年用 1610 个纺锤

1862 年用 1771 个纺锤

1863 年用 1948 个纺锤

1864 年用 2143 个纺锤

1865 年用 2357 个纺锤

十一年合计用 15934 个纺锤

每年平均用 1449 个纺锤

在 1866 年开始将有 1357 个纺锤加

$$\frac{236 \text{ 个纺锤}}{1593 \text{ 个纺锤}}$$

Ⅳ 马给丹尼尔孙
（一八七九年四月十日）

现在我要诚恳地报告足下，据柏林传来消息，如现时的政权照样维持下去，我的第二卷将会不能出版。在这种状态下，这种新闻并不使我惊奇，我还须承认，那也全然不使我气愤。理由是：

第一，在今日英吉利的产业恐慌未发展到它的最高点以前，在任何情形下，我都不能把第二卷发表。这一回的现象，从许多点看，都是不平常的；不说其他各种事情，单有这一个事实，已经可以把这点说明：以前，在北美合众国、南美洲、德国、奥国等处，从来没有可怕的经历五年的恐慌，发生在英国的恐慌之先。

为了这个缘故，我们必须把现在的事态的演变，观察到它的成熟时期。要这样，我们才能有"生产的消费"，那就是"理论化"。

现状上稀有的现象之一是，足下知道，在苏格兰和英格兰若干州（主要是指西部诸州，如科恩沃利和威尔斯），曾发生银行恐慌。不过，在现今以前，货币市场的现实中心（不只是联合王国的货币市场中心，并且是世界的货币市场中心），伦敦，还是较少恐慌景象。除少数例外不说，那些非常大的股份银行，如英格兰银行，直到现在，还是只会由一般的衰落，得到好处。但只要想到那些总期望情况转好的工商业上的俗物，是怎样失望，足下就可以判断，衰落的程度是怎样大了。我从来没有见过同样的情形，我也不知道有类似的衰落情形发生过，虽然自一八五七年至一八六六年，我是径住在伦敦。

这是没有疑问的，使伦敦货币市场处有利地位的诸种情形之一，是法兰西银行的状态。自二国的关系挽近大有发展以来，法兰西银行已经变成英格兰银行的一个分行。法兰西银行拥有异常大的贵金属库存。这是因为该行银行券尚未恢复兑现，并且在伦敦证券市场表示不安时，法国货币常流进来，购买那种暂时跌价的证券。设在去秋，法国货币竟突然提出去，则在这异常的情形下，英格兰银行定然会采用最后手段，把银行法撤废的：在这场合，我们就有金融恐慌了。

从别方面说，北美合众国兑现制度的恢复，是平稳进行的。因此，英格兰银行准备金由北美方面受到的压迫，得以除去。但至今使伦敦货币市场爆裂不至于发生的主要原因，还是兰克夏和其他工业区域（除了西部的采矿区域）诸银行的平稳状态，虽然这也是确实无疑的事实：这些银行不只把它们的金融手段的大部分，保留在汇票贴现和不利的制造业的垫支上，并且像在奥特汉一样，把它们的资本的大部分，投在新工厂的设立上。同时，存货（尤其是棉产物）是堆存着，不仅堆存在亚洲（主要是印度，他们是用委托制度，把货物运到那里去）并且堆存在孟彻斯德等处。我们极难了解，怎样这种事态，能不致在工厂主间，继之在地方银行间（地方银行又会直接影响到伦敦的市场），引起一般的恐慌。

在这情形下，到处都发生罢工和不安的现象。

在这里，我且附带说一笔，在去年，一切其他的职业都很凋敝，独有铁路业很繁荣，这应当归功于各种异常的情形，例如巴黎博览会等。但实在说，铁路业也是在债务堆积，资本账户天天增加的时候，维持生意兴旺的外观。

无论这次恐慌是怎样进行的——它对于资本主义生产研究者和理论家，极其重要，可惜他们只就它的孤立性考察它——它总会像以前历次恐慌一样渡过去，经过它的一切阶段（例如繁荣时期等），并开始一个新的"产业循环"。

英国社会在表面上虽然很安定，但在这个表面的下面，也包含别一个恐慌，会在英国的社会结构上，引起大的严厉的变化。关于这一点，以后有机会，我还要论到。但现在讨论这个问题，是嫌太远了。

第二，我从俄国以及美国等处得到的资料，很愉快地给了我一个"口实"，让我继续研究，毋庸急于发表。

第三，我的医生劝告我，我的"劳动日"必须大大缩短，如其我不愿再陷到一八七四年那十二年间的状态。那时候，我只要专心做几点钟事，就会眼花，不能继续下去。

一八七九年四月十日，伦敦。

V　恩给丹尼尔孙
（一八八五年十一月十三日）

我确信无疑，这个第二卷的出版，足下对之，定然会和我一样感到愉快。这一卷的论述，实际包含这样高的要求，普通的读者也许不会耐心去把握它，把它读到终卷。现在德国正在一种这样的状态内，在那里，一切历史科学，包括经济学在内，已经陷下那样深了，几乎深到无可再深的地步了。我们的讲坛社会主义者（Katheder-Sozialisten）在理论上，并不比可怜的慈善的庸俗经济学者更强，现在甚至已经变成俾斯麦国家社会主义的单纯的卫士了。在他们手里，这个第二卷将永远不会翻开来。这正是一个好例，可以说明黑格尔所说的世界史的反语法（Ironie）。那就是，德国一跃而为欧洲的强国了，但德国的历史科学却再落到难看的卑陋状态。当三十年战争后德国政治腐败时，它也曾陷在这种卑陋状态内的。但这是事实。所以，德国的"学问界"，对于这新出的第二卷，将会麻木到不想去理解它；在这个续卷前面，一种合理的恐惧，将使他们不敢公开地批评它；官家的经济学界也想以沉默把这一卷闷死。但第三卷总会强迫他们开口的。

一八八五年十一月十三日，伦敦。